本著作系江西省社会科学"十三五"（2019年）规划项目"中小学社会主义核心价值观教育实效性的调查研究"（项目编号：19JY06）的部分研究成果

教师德性论

黎玮 著

MORAL

中国社会科学出版社

图书在版编目(CIP)数据

教师德性论 / 黎玮著. . —北京:中国社会科学出版社,2022.6
ISBN 978 - 7 - 5227 - 0226 - 1

Ⅰ. ①教⋯　Ⅱ. ①黎⋯　Ⅲ. ①师德—研究　Ⅳ. ①G451.6

中国版本图书馆 CIP 数据核字(2022)第 089139 号

出 版 人	赵剑英
责任编辑	许 琳　周怡冰
责任校对	谈龙亮
责任印制	郝美娜

出　　版	中国社会科学出版社
社　　址	北京鼓楼西大街甲 158 号
邮　　编	100720
网　　址	http://www.csspw.cn
发 行 部	010 - 84083685
门 市 部	010 - 84029450
经　　销	新华书店及其他书店

印刷装订	北京君升印刷有限公司
版　　次	2022 年 6 月第 1 版
印　　次	2022 年 6 月第 1 次印刷

开　　本	710×1000　1/16
印　　张	16
字　　数	229 千字
定　　价	98.00 元

凡购买中国社会科学出版社图书,如有质量问题请与本社营销中心联系调换
电话:010 - 84083683

序

　　黎玮的博士学位论文准备正式出版，作为她的导师，我感到很高兴，并且，我也认为这部具有理论思辨色彩的书籍也值得出版。

　　思辨类的著作首先要确定一个核心概念。黎玮选择了德性这个概念，这受益于读博期间我们开设的德育原理课程，这个课程其实是我给学生推荐学习几部名著，其中就有亚里士多德的《尼各马可伦理学》。德性这个概念是理解尼各马可伦理学的关键。黎玮通过认真阅读，基本弄懂了德性这个概念。尤其难得的是，毕业以后，作者继续深入研读亚里士多德德性思想。目前著作里对德性概念的论述更加显得完整、准确。其次要对这个概念一以贯之地使用。教师德性是体现教师本质和职能的那些德性，诸如快乐、幽默、善良、热爱真理、渴望自由、诚实、有同情心这些被一些人当作好教师的品质其实只是"好人"德性，没有体现教师职能。同时，教师德性不是教师职业道德，而是教师之为教师的职业素养，外延要大于职业道德。由于我们通常把 virtue 翻译成"美德"，这就给理解和使用这个概念制造了困惑。值得肯定的是，作者在这部书里，对德性没有出现偷换概念的使用。德性具有历史性、个别差异性。在不同的历史阶段，教育的功能并不一样，教师的职能因而也会发生调整。每个教师的工作环境不同，应对的教育问题也千差万别，其职能的优秀表现也会存在差异，因而不能对所有的教师形成统一刻板的评价。这些情况，作者在书里都做了合理的论述。作者提出要以中庸原则理解教师德性，这个说法与亚里士多德德性论伦理学是一脉相承的。再次，一篇好的思辨文章不仅要在理论上自圆其说，而且要对实践有回应。黎玮是在做了十多年教师以后，带着"什么是好教师"的困惑来读博，学位论文的写作帮助她对这个问题有了较好的澄清。她也用自己的思考反思了当前教师功能的种种不足，如滞后、超前、脱域、错位等，并且提出了相应的对策，对实践具有一定的指导价值。正确理解教师德性是教师职业成长的根本，是教师获得职业幸福感的根本。教师的幸福不是外求的，而且直接深植于职能的优秀发挥之中。对于好的教师，其功能的发挥与其职业的幸福是同步的。可见，作者对教师德性的研究也为教师幸福找到了本体上的依据。

选择思辨性的论文是需要学术勇气和学术底气的。今天，不少研究生倾向于走实证路径，这当然是无可厚非的，不仅仅是因为实证本来也是一种研究范式，而且今天的教育研究大有实证压倒思辨的气候。但是，实证是要以思辨能力作为基础的，没有思辨素养，实证研究要么走不远，要么流于格式化框架的浅薄。研究生阶段，包括博士研究生阶段，不少学生还是缺乏思辨素养的，于是，选择实证往往成为他们躲避思辨的策略。我一直认为，思辨是学术素养的基础，思辨训练是研究生培养阶段不宜跳过的环节。鉴于这样的认识，我对黎玮的这项研究成果表示由衷的欣慰和敬意，也祝愿黎玮在未来的专业发展上有美好的前景。

刘次林

2022 年 2 月 27 日

目　　录

第一章　绪论 ……………………………………………………（1）

第一节　研究的缘起 ……………………………………………（1）

　　一　社会对教师的希望与失望 ………………………………（1）

　　二　教师队伍建设的困境 ……………………………………（3）

　　三　我的"好教师"梦 ………………………………………（4）

　　四　"好教师"评价的两种类型 ……………………………（5）

第二节　研究界定 ………………………………………………（7）

　　一　研究问题 …………………………………………………（7）

　　二　研究假设 …………………………………………………（8）

　　三　概念界定 …………………………………………………（9）

第三节　相关研究的述评 ………………………………………（15）

　　一　教育本质 …………………………………………………（15）

　　二　教师功能 …………………………………………………（18）

　　三　"好教师" ………………………………………………（21）

第四节　研究思路与方法 ………………………………………（25）

　　一　研究思路 …………………………………………………（25）

　　二　研究方法 …………………………………………………（27）

第二章　德性伦理思想的历史谱系 ……………………………（30）

第一节　中国的德性思想 ………………………………………（31）

一 先秦以前的德性思想 …………………………………（31）

二 先秦儒家德性思想 ……………………………………（33）

三 先秦以后的儒家德性思想举隅 ………………………（41）

第二节 西方的德性伦理思想 ………………………………（44）

一 古希腊德性思想 ………………………………………（45）

二 中世纪神学德性思想 …………………………………（47）

三 现代德性思想 …………………………………………（49）

第三节 本研究的理论基础：亚里士多德德性伦理学 ………（52）

一 思想来源 ………………………………………………（52）

二 德性之"源" ……………………………………………（56）

三 德性伦理的内容 ………………………………………（61）

四 德性的结构 ……………………………………………（72）

第三章 教师德性及其演进 …………………………………（80）

第一节 教师德性 ……………………………………………（80）

一 教师德性之源 …………………………………………（81）

二 教师德性的生长 ………………………………………（84）

三 教师德性的内容 ………………………………………（88）

四 教师德性的本质 ………………………………………（90）

五 教师德性的特征 ………………………………………（91）

第二节 教师德性的演进 ……………………………………（101）

一 社会的发展与教育的演进 ……………………………（102）

二 教育与教师德性的演进 ………………………………（107）

第三节 当前中国社会转型与教师德性 ……………………（115）

一 当前中国社会转型对教育的"应然"期待 …………（115）

二 当前中国社会转型中教育的"实然"状况 …………（119）

三 教师德性：实现教育"实然"向"应然"

转变的关键 …………………………………………（122）

第四章　教师功能发挥的现状与反思 ………………………… （126）

　第一节　教师功能发挥的现状 ………………………………… （126）

　　一　滞后 ……………………………………………………… （126）

　　二　超前 ……………………………………………………… （137）

　　三　脱域 ……………………………………………………… （138）

　　四　错位 ……………………………………………………… （141）

　第二节　归因分析 ……………………………………………… （143）

　　一　教师对教育本质理解的偏误 …………………………… （144）

　　二　教师的教育教学能力欠佳 ……………………………… （148）

　　三　教师的生存哲学欠清晰 ………………………………… （152）

第五章　教师德性的实现 ……………………………………… （156）

　第一节　教师德性实现的始基 ………………………………… （157）

　　一　认识自己 ………………………………………………… （158）

　　二　教师是? ………………………………………………… （161）

　　三　教师认识自己的实现机制 ……………………………… （168）

　第二节　教师德性实现的关键 ………………………………… （181）

　　一　审时度势 ………………………………………………… （182）

　　二　教师审时度势的内涵 …………………………………… （184）

　　三　教师审时度势的实现机制 ……………………………… （190）

　第三节　教师德性的实现 ……………………………………… （197）

　　一　德性的实现：成己成物 ………………………………… （197）

　　二　教师德性的实现：成己成人 …………………………… （203）

　　三　教师成己成人的黄金法则 ……………………………… （207）

结　语 ……………………………………………………………… （215）

参考文献 ………………………………………………………… （219）

附　录 ·· （240）

　　附录一　教师访谈提纲 ··· （240）

　　附录二　教师日志 ··· （240）

　　附录三　课堂观察实录 ··· （241）

致　谢 ·· （245）

第一章　绪论

第一节　研究的缘起

一　社会对教师的希望与失望

百年大计，教育为本，教育大计，教师为本。教育发挥着民族振兴、社会进步的基石作用，教师是基石的基石，有好的教师才有好的教育。于个人而言，遇到一位好教师是学生的幸运。正如习近平总书记与北京师范大学师生代表座谈时指出，"教师重要，就在于教师的工作是塑造灵魂、塑造生命、塑造人的工作。一个人遇到好老师是人生的幸运，一个学校拥有好老师是学校的光荣，一个民族源源不断涌现出一批又一批好老师则是民族的希望。"[①] 特别是人民对教育的期待已由"有学上"转变为"上好学"，"上好学"包含着对"好老师"的期待。近年来热度不减的择校和学区房，家长们不辞辛劳地削尖脑袋把孩子送进名校，其中一个关键因素是这些名校拥有名师或者教师素质普遍比较高，这反映出社会对优质教育，优秀教师的期盼。我国的教育传统中教师是"圣洁"的形象代表：他们是社会的道德榜样，他们是蜡烛燃烧自己照亮学生，他们是默默耕耘的园丁。教师圣洁的形象仍是当今社会世人对教师的价值诉求。由光明日报社和中央电视台共同发起的大型公益活动"最美乡村教师"，中宣部和教育部表彰的"最美教师"，都有

[①]　习近平：《做党和人民满意的好教师——同北京师范大学师生代表座谈时的讲话》，《人民日报》2014 年 9 月 10 日第 2 版。

"无私奉献""任劳任怨""尽心尽责"等美德。

然而在市场经济大潮中，一些教师挣脱传统的"道德榜样"形象加入逐利者行列。于是课外辅导被变形的"有偿家教"取代，家长与教师之间的权钱交易等现象并非个案。"世俗化最基本特征的商业主义、功利主义、实用主义和消费主义无情地解构着由公正、义务、良心建筑的教育神圣和教师神圣，教育从而教师职业道德面临前所未有的紧张"①。教师不再被信任为"人类灵魂的工程师"，特别是一些教师的极端恶劣事件（"虐童""性侵学生"）见诸于媒体时，社会给教师一个别称——"叫兽"，反映了社会对教师的强烈不满。部分"捞钱教师""禽兽教师""收礼教师""无良教师"的出现，使人们不禁怀疑：这样的教师还像教师吗？好教师哪去了？

如果说上述那些"禽兽教师"属于教师中的个例或极端案例，那么现实中不少教师的平庸状态却是不可忽视的事实。他们既不对工作做过多的积极投入以便使工作完成得更好，也不去触碰底线，以免陷入"教师职业红线"的禁区，就这样"做一天和尚撞一天钟"。一份师德调查显示21.3%的被调查教师在工作中处于被动应付状态，②11.9%的教师很少对自己的教学行为进行道德方面的反思。③ 与一线教师交流的过程中经常可以听到"教育制度就这样，高考不变，老师也没辙"，"公开课就是面子课，这谁都心知肚明""其他老师都给学生布置额外任务，我不布置考分不就落后了？"这些貌似有理的论述实质是汉娜·阿伦特所说的"平庸之恶"。"平庸之恶"就是恶的出现不是由"凶残""卑劣"造成，而是那些"无名之人"不对现实做任何思考，完全屈从于制度，服从制度的安排，默认制度所隐含的不道德或反道德，最终成为制度的有力执行者。如阿伦特所言"犯下最大的恶的是

---

① 高伟：《教师职业道德的现代性困境》，《现代教育论丛》2002年第6期。
② 檀传宝：《走向新师德——师德现状与教师专业道德建设研究》，北京师范大学出版社2009年版，第147页。
③ 檀传宝：《走向新师德——师德现状与教师专业道德建设研究》，北京师范大学出版社2009年版，第169页。

无名之人"。①

诚然，我国现行教育制度的确还存在一些不如人意的地方：高考仍旧是评价学生学习成就的最重要指标；班额大教师难以兼顾学生的个性需求；各种名目繁多的行政检查造成教师工作繁重而身心疲惫等。但教师毕竟是一个能动的存在者，用体制这块遮羞布是无法掩盖个人德性中的冷漠的。另一方面，一些教师对教育作纯粹功利化和庸俗化理解，把教育窄化为谋取物质利益的工具，于是对学生宣传"读书是为挣了大钱娶美女"等。当教育越来越多地专注于可见、可测、物化的教育目标，忘记了教育善——把学生培育成拥有健全人格的人，"空心"的教育只能造就"空心"的人——"精致的利己主义者"。

社会一方面对教师充满希望，希冀"好教师"能托起民族的希望，而现实中一些教师功利的"平庸"状态，甚至"败德"案例的发生使世人对教师感到失望。回应社会对"好教师"的期望，最终还得回归教师本身，因为一切外因最终要靠内因才能发挥作用，所以，只有教师不甘平庸才会主动积极地去求"好"、爱"好"，唯有由内而外激发教师对德性的追求才是根本出路。

二　教师队伍建设的困境

面对国家、社会、家长和孩子对"好教师"的期待，国家、社会和学校都做了一定努力。总体上，当前教师队伍建设遵循"以规范为目的"自上而下的建设路径，旨在通过制定相关准则来规约教师行为，通过"外铄"方式培养好教师，例如国家层面颁布了《中小学教师职业道德规范》《高校师德建设长效机制》，一些地市或学校颁布的《教师十不准》等。这些规范并没有完全彰显教师职业的特性，是"技术主义"管理思维的产物。它忽视了刚性的规范如果没有教师的认同只能导致教师被动应付，因而无法拥有持久的行动力。另外，规范的普遍

---

① ［美］汉娜·阿伦特、杰罗姆·科恩：《反抗"平庸之恶"》，陈联营译，上海人民出版社 2014 年版，第 124 页。

性，难以兼顾教师个体的差异和教育现场的复杂性，可能导致教师工作时的机械僵化。如果不从教师这个行为者本身着手调动教师的主动性、积极性，帮助教师体验到教育生活的幸福，那么教师难以形成职业认同，可能的结果是教师在职业行为中既不去触碰职业底线，也不主动追求职业崇高。没有主体认同的外在规约永远无法从根本上为教师职业提供持久的动力支持。

严格来说，教师建设单纯依靠外部力量是难以奏效的，如理查德森所言："教师对变革的抵制根本不是问题，但让教师按照别人期望的那样做出改变则会成为一个问题。"① 这提醒教育行政管理者须重视培育教师对本职业的价值认同和热爱，因为"某一事物是有价值的，当且仅当，它能够实现自身注定的目的"。② 为此，只有当成就教师和促进教师发展成为现实，唯有教师得到发展和获得成就才有推动学生全面发展的动力，从而在师生之间实现教育幸福的良性循环。所以，调动教师的主动性、积极性与能动性使教师在照亮学生的同时自身也得到持续的发展，这需要教师的价值观、态度和角色等多方面发生系统性转变，而不仅仅是遵守规范。不要忘记了教师是一个整体丰富的人，他的智力、能力、情感、欲望、气质等相互融通造就了一个鲜活的个体，这是规范伦理所无法顾及的，因此要超越规范，向规范中加入人道的情怀，这需求助于德性伦理。

三 我的"好教师"梦

2003 年本人成为了一名教师，我一直是按照自己良心驱使"用心、尽力、尽职"去做教师，所以，每天早上我会早早地出现在班上，带领学生早读；晚上因为学生事务需要毫无怨言地工作到很晚下班；备课时我尽量把自己能获悉的知识点都收集出来；课堂上也注意调动学生的积极性，同事们的言谈之中我是个"好老师"。当班主任时，我用民主

---

① 尹弘飚、李子建：《论课程改革中的教师改变》，《教育研究》2007 年第 3 期。
② 赵汀阳：《论可能生活》，中国人民大学出版社 2010 年版第 2 版，第 19 页。

治理班级，当学生生病或遇到困难时，我会毫不犹豫地尽己所能为学生排忧解难，被一些学生称为"好老师"。然而在学校的优秀教师考核中我仅有一次被评价为优秀，"现实的打击"告诉我，我还不够"好"、不够优秀。我开始思索作为一个教师的"好"应该体现在哪些方面，例如学校对教师的评价通常反映在教学的专业知识和技能上，我深知离作为专业人员的"好老师"、优秀教师还有距离——我的课堂至少还不是学生期待的课堂，我还不能适宜地应对学生的学习需求等等。于是，逐渐地我开始留心那些名师、开始思索优秀、卓越是怎么练就的？"好教师"的标准是什么？哪些核心要素是优秀教师必备的？如何提升职业素养使学生更受益？毕竟"教师在下降到"洞穴"中施教于学生之前，自己必须首先从"洞穴"里艰难地上升，提升自己的水平，接受真理的教诲"。① 我清楚既然选择了以教师为业，教师就不仅仅是一份糊口的职业而是我生命中重要的一部分，是能否让我的生活有色彩、有滋味，增加我生命意义感和价值感的那部分。为了对自己的选择负责，为了不被生活的"平庸"所吞噬，我需要向"好"，爱"好"，展示教师的"好"成为我生活追求的重要内容。人的一生中是需要一些乌托邦思想的，否则没有希望，前进就没有了动力和方向。

四　"好教师"评价的两种类型

人通过行为表明人的存在，人与行为一体。评价一个人就是评价其行为。一些人以行为动机的"好坏"或者"善恶"作为评价依据，另一些人看中行为的结果是否达到预期，鉴于此，生活中形成了道德判断和道德评价的两个派别：动机论和结果论。

动机论以动机善恶作为衡量行为性质及价值的主要依据，认为判定行为的善只能依据无条件的"善良意志"——"并不因它所促成的事物而善，并不因它所期望的事物而善，也不因它善于达到预定的目标而

---

① 徐龙、杜时忠：《论教师爱好》，《教师发展研究》2014 年第 8 期。

善",① 它是无条件"自在的善",是确保行为纯洁且道德的必要条件。其代表人物康德认为,凡是符合"善良意志"的都是善、好的,而不论取得的效果如何,从善良意志出发人对其行为负有绝对的责任和不可逃避的义务。以动机论视角评价教师,意味着"好教师"的一切教育活动必须始于无条件的善意,这是教师职业对教师发出的绝对命令,教师必须排除任何个人经验、偏好,不折不扣地在善念指示下教育学生,这样行事才与教师德性要求相符。然而,除去了经验的绝对命令是空洞和经不起考验的。如叔本华批评的"一些先验的、纯粹的概念,这些概念不包括任何由内在经验或外在经验而来的东西。因此,这些概念仅仅是没有内容的空壳,无异于'绝对的假设'。"② 虽然善良动机是衡量"好教师"的一个必要条件,但教育活动所面对的是复杂和有差异的学生,一味地没有例外地执行"道德法则"无视情感对人存在的意义和价值会导致教师教育的机械化,原本需要情感滋润的教育生活可能会变成程序化操作。同时,教师是一个有理智的成年人虽然可以排除经验的干扰但不可能完全从经验中抽离,要求教师与经验的绝对分离既不现实,也在客观上否定了教师经验在教育中的效用。更有甚者,一些教师对"善良意志"做庸俗化理解,把它泛化或窄化,打着"为学生好"的旗号,为自己不道德的行为做幌子。那些以非人道方式教育学生的教师,都认为自己的所作所为初衷是"为学生好"。显然,所谓的"好动机"并不能掩盖其行为不道德的事实。

与动机论不同的效果论则认为人的行为动机无非是趋利避害追求快乐,如边沁在《道德与立法原理导论》开篇说:"自然把人类置于两个主人公——'快乐'和'痛苦'——的主宰之下。只有它们两个才指示我们应当干什么,决定我们将要干什么。是非标准,因果联系,俱由其定夺。"③ 人们追求快乐避免痛苦就是追求幸福,所以人行为的动机

---

① [德]康德:《道德形而上学原理》,苗力田译,上海人民出版社1986年版,第43页。
② 万俊人:《现代西方伦理学史》(上),中国人民大学出版社2010年版,第47页。
③ [英]边沁:《道德与立法原理导论》,时殷弘译,商务印书馆2000年版,第57页。

是自明的，对人行为的善恶进行评价无需考虑动机，而应从行为所产生的结果来衡量。如果人的行为能增加所有成员最大的利益则是善的。依此理念评价教师，动机的善恶不在考量范围之内，只关注教师行为所产生的后果。然而教师行为的动机与结果割裂难免有把学生当作工具的嫌疑。另外，结果论所强调的每个成员的最大利益，因为现实中每个人的利益诉求是不一样的，会导致结果的多元化，教师可能会在尊重多元的名义下不自觉滑入道德相对主义和价值虚无。同时，在具体的教育实践中，教师的很多行为有时要面对群体学生、有时要面对个体学生，教师如何计算所有学生的最大利益是一个难题，因此很难绝对实现所有学生最大利益。况且，现实中一些人对结果做功利化引申，把教师教育活动的结果等同于学生的分数、成绩，这种功利思想会助推一些看似"好教师"的教师把学生变为实现自我功利目的的工具。若把教师对学生的教育结果窄化为分数而忽视其他方面，这有违教育的初衷，不符合教育对教师职责的基本要求，怎能说是"好教师"？

第二节　研究界定

一　研究问题

针对社会对好教师的期待，一个前提性问题是怎样的教师是好教师？动机论和效果论对好教师的评价方式各有其局限性：（1）它们只注意到行为的一端：要么注重行为起因——动机，要么注重行为的结果，而忽视了行为是由行为者——教师将动机、过程、结果串联起来。所以要将行为者（教师）置于研究的中心，才能将动机与结果联结避免评价的片面性，行为者是德性伦理学研究的核心。（2）它们都没有解决评价的前提性问题。对"谁"评价是开展怎样的评价的前提。具体到教师评价，明了教师"是"谁是如何评价教师的前提。动机论从动机出发认为教师具有绝对的义务，却没有告诉教师为什么"应当"。同样结果论只看重结果，对行为主体"是"谁毫不关心。而没有确定教师之所"是"会使教师之"应当"漫无边际，教师无法朝着明确的方向努力成为"好教师"，也会造成对教师评价的随意化。亚里士多德的德性伦理学特别强调德性是"事物之所是"的出色发挥，事物因为"是其所是"才有"应当"行为的发生。（3）这两种评价方式都强调理性对人行为的作用。动机论强调人用理性排除非理性的干扰执行绝对命令，效果论要求人动用理性来计算利益。诚然人是理性的动物，但人也是有感情的非理性的存在者。德性伦理学看到了人的灵魂中理性与非理性俱存，虽然理性占据核心位置，但并不排除非理性的功效，而是把人看作一个理性与非理性综合的整体来认识。

从德性视角研究教师，并不排斥规范，并不否定动机和结果，而是注意到这些因素都是构成行为者鲜活生命的一部分，从整体上对教师进行全面的观察和分析。明确教师之所"是"，规定了教师行动的方向，教师德性就是对所"是"的完善过程，此过程中须调动教师的主体性，自觉地去认同和履行"是"所规定的"应当"，甚至不断地超越当下之"应当"朝更高、更"好"逼近。这个过程就是教师德性实践的过程，是教师如何成为"好教师"的过程，是教师建构自我生命的意义和价值的过程，所以本研究须解决教师是什么，教师德性是怎样的，最终落实教师德性如何实现。

二　研究假设

（一）前提性假设

当前社会对教师的希望与失望并存，教师队伍建设的困境，难以对教师做出公正的评价，上述这些问题都是因为对教师是什么这个前提性问题不清楚所导致的。因此，本研究的前提性假设是一些人不明了教师是什么，所以社会对教师期望过高，当面对现实中教师的状况时产生了失望。因为不清楚教师是什么，所以对教师队伍建设时从外在于教师的规范着手，希望通过强制的方式提升教师整体素养。因为不明白教师是什么，所以教师在职业生活中不确定哪些应该为，哪些可以不为，哪些不能为，因而找不到职业努力发展的方向。因为不追问教师是什么，所以对教师的评价要么绝对化，要么可能导致功利的倾向。这都意味着，只有对教师是什么，这个前提性问题有了清楚的认识和定位，才可能避免困惑，走出困境，让教师做真实的自我，从而在"做教师"的过程中，不断地将潜藏于体内的"善"发展成为德性，教师德性的实践提升了教师整体素质，实现了自我价值，也用实践呈现的事实回应社会对好教师的期待。

（二）结论性假设

践行教师德性能让教师走出困境，实现国家、社会、教师和学生的共赢，这是本研究的结论性假设。从前提推导出结论的关键是理解教师德性，理解教师德性就是从教师本身对"好教师"进行定义。因为理解是"从事情本身出发来清理前有、前见和前把握，从而确保课题的科学性"，[①] 这意味着教师从自身出发，围绕本质、本职规定进行筹划。这种筹划是调动理智和道德实现最佳状态，达到教师功能的最佳发挥所进行的筹划；是教师通过对教育善的回应展示作为教师的"我"是如何存在的筹划。"'我在'的恢复并不只是属于直观描述意义上的现象学，而且还属于一种解释，恰恰是因为'我在'已被遗忘；它必须通过一种去蔽的解释来重新获得"，[②] 研究教师德性并不仅仅为教师德性提升提供实践方略，更在于恢复教师的本真，让教师在敞开自我中获得一种去蔽的解释，帮助教师发现自我，在对自我的确认中开放各种可能性成为自我，从而获得作为教师存在的意义和价值。

三 概念界定

为了清楚地论证教师德性，需要对几个核心概念进行必要的解释和界定。谢弗勒在《教育的语言》一书中，探讨了 3 种定义：规定性定

---

① ［德］伽达默尔：《诠释学Ⅱ：真理与方法》（修订译本），洪汉鼎译，商务印书馆2010 年版，第 73 页。

② ［法］利科：《解释的冲突：解释学文集》，莫伟民译，商务印书馆2008 年版，第 284 页。

义（the stipulative），描述性定义（the descriptive）和纲领性定义（the programmatic）。其中规定性定义是创制的定义；描述性定义，不是"我将用这个术语表示什么"这样的规定性主张，而是适当地描述被界说的对象或使用该术语的方法；纲领性定义明显地或隐含地告诉我们，事物应该怎样。① 本书的定义属于规定性定义。

（一）善与教育善

"善"或"好"（Good）作为一个评价词，起初并不局限在伦理的范围内使用。西方所讲的"善"来自于拉丁文 gout，本身的意思是合适、适合。② 合适是指一切事物是否对另外一个事物相契，是否有助于另外一个事物。如果一个事物对另一个事物是合适的，那么它就是"善"的。"善"字的始祖（ἀγαθος）与德性（αρετη）这个词是同源的，都有表示履行了职责要求的意思，所以，荷马史诗中描述荷马贵族可以被赞扬为"善"或有"德性"，当且仅当其履行了职责的要求。如阿伽门农打算占有阿基里斯的女奴布莱斯时，内斯特对他说："虽然你是善的，但不要夺走他的姑娘"，③ 这里阿伽门农是否夺走阿基里斯的女奴都是"善"的，他"善"在于他履行社会对其职责要求与道德品质没有直接关系。

历史发展过程中，"善"的含义发生了惊人的变化。不同哲学家对"善"的具体理解有差异，如毕达哥拉斯企图用数学的方式、几何的方式来确定善、恶，他认为善属于正方形，长方形不平均所以属于恶。柏拉图把善理解为合乎目的的完善，亚里士多德认为善是所有行为所指向的目的。逐渐地"善"被伦理学所专用，它与恶一同作为一个道德评价词。现代伦理学创始人摩尔认为"善"是自明的、不能定义的。斯宾塞从生物进化的角度认为任何有助于提高物种与环境直接适应性的行

---

① ［美］索尔蒂斯：《教育的定义》，转引自瞿葆奎《教育学文集》（教育与教育学卷），人民教育出版社 1993 年版，第 32 页。

② 邓晓芒：《中西文化心理比较讲演录》，人民出版社 2013 年版，第 341 页。

③ ［美］阿拉斯代尔·麦金太尔：《伦理学简史》，龚群译，商务印书馆 2003 年版，第 29—32 页。

为就是"善的"。

虽然"善"所表达的内涵在不同时代和文化背景语境中有差异，但是无论何时代，无论何内容，善都包含了"合适""适合""符合"的含义。古希腊时荷马史诗中贵族的善是他的行为与资历适合。柏拉图、亚里士多德的善是人的行为适合了目的。罗素把善定义为愿望的满足。① 中国孔子说"工欲善其事必先利其器"指人的主观与客观的符合。斯宾塞表达了物种与环境相适合。据此，本研究不仅仅从道德的层面来理解善，而是从善的本源所包含的"合适""符合"的角度来理解善。把客体符合主体的需要、目的称为善。这个概念借鉴了王海明教授的理解，他认为："客体有利于满足主体需要、实现主体的欲望、符合主体的目的的属性，便叫正价值，便叫做好，也就是所谓的善。"②

基于上面对善的理解，那么教育善的指向是教育这种社会活动与学生需要的契合。学生作为一个立足于社会的人，其需要受社会需要的制约，同时，每个学生又是一个独一无二的个体。因此，教育善要求教育活动既需要满足学生的个体需要又要兼顾社会对学生的需要，把学生培育成为身心健康有社会性和个性的人。社会随人类生活的改变而改变，反过来社会对人的要求也随之改变，因此，社会的变迁影响教育善的改变。因之，教育善的具体内涵在不同时代有不同的表现。

（二）德性

在中国，德性第一次合在一起使用是《中庸》中"故君子尊德性而道学问"，这里指人对未知世界的探寻须依循自然之道。中国古人对自然怀有敬畏之心，"德"是遵"道"所得，"道"是自然之规律——"道法自然"。逐渐地人将对自然规律关注转向对人本身的兴趣，认为人与人相处也有一定的规律，这规律就是人伦规范，出色地对人伦规范的遵循就是德性，自此德性与道德等同，所以中国古代直接把人的道德

---

① ［英］罗素：《伦理学和政治学中的人类社会》，肖巍译，中国社会科学出版社 1992年版，第66—69页。

② 王海明：《伦理学导论》，复旦大学出版社 2009 年版，第 13 页。

理解为德性。① 故有人直接把德性定义为道德品质②或道德③。

在西方，德性（arete）这个词，从战神（Arete）派生而来，拉丁语对应于 virtue. vir 词根的意思是"男子的"，virtue 的字根意思是"优秀"，结合两者从词源上可知，德性表达"卓越和优秀"的含义。virtue 在中文中也被译为"美德"。本书采用苗力田先生的译法用"德性"，认同苗先生的观点：virtue 译为美德，少了 virtue 的阳刚之气。德性该词在古希腊时代最初可以指任何事物属性的卓越、优秀，如马的德性擅长奔跑，眼睛的德性是目光明亮。包括亚里士多德在内，很多古希腊人都是从这一意义来使用德性这一词。如柏拉图在《理想国》中首次使用德性一词是当苏格拉底与玻勒马霍斯的对话中，苏格拉底以马、狗等动物因受伤德性受损为例，质疑正义就是助友害敌的原则。④ 这里的德性是指所有事物本质属性的优秀。逐渐地德性排除了对事物属性卓越的描述，专用来指人。中世纪的奥古斯丁把德性理解为人去除恶完成神规定的使命的属性。康德把德性理解为人的道德力量。卢梭认为德性是人灵魂的力量。斯宾诺莎干脆把德性与力量等同"德性即是人的力量的自身，此种力量只是为人的本性所决定。换言之，只是为人努力保持其存在的努力所决定"。⑤ 罗尔斯说"德性就是感情，也就是说，它是与由一种较高层次的欲望所规范的那些气质和倾向相关联的。"⑥ 麦金太尔概括了德性在演进中的三种含义："德性是一种能使个人负起他或她的社会角色的品质（荷马）；德性是一种使个人接近实现人的特有目的的品质，不论这目的是自然的还是超自然的（亚里士多德，《新约》和阿奎那）；德性是一种获得尘世或天堂的成功性方面公用性的品质（富兰克林）。"⑦

---

① 陈根法：《德性论》，上海人民出版社 2004 年版，第 1 页。
② 宋希仁等：《伦理学大辞典》，吉林人民出版社 1998 年版，第 1142 页。
③ 曾创新、李建华等：《德性的心灵奥秘：道德心理学引论》，辽宁人民出版社 1992 年版。
④ ［古希腊］柏拉图：《理想国》，张竹明译，译林出版社 2012 年版，第 12 页。
⑤ ［荷］斯宾诺莎：《伦理学》，贺麟译，上海人民出版社 2009 年版，第 157 页。
⑥ ［美］罗尔斯：《正义论》，何怀宏等译，中国社会科学出版社 1988 年版，第 192 页。
⑦ ［美］麦金太尔：《德性之后》，龚群等译，中国社会科学出版社 1995 年版，第 234 页。

　　尽管中西方不同思想家对德性的理解和解释有差异，但基本上统一了将德性专门指人，都表达了人之为人，通过一定的方式将人性出色、卓越地表现出来。只是中国习惯从关系中认识人，认为德性是人在所处关系中出色地履行了相应关系的规定。西方则有人认为人的本质是理性，德性是人理性方面的出色。也有人认为人的本质是非理性的情感或意志，所以德性是情感、意志方面的表达的合乎中道。所以，无论人性是理性还是非理性，德性都表明它是人性的美好或卓越。据此，本研究把德性理解为美好的人性，是人出色或卓越地将人的功能展现出来，所表现出的美好的人性状态。

　　（三）教师

　　在日常生活中教师经常在以下四种情况下被使用：一种是学校中正在教育学生的人，学生称之为某"老师"，此时教师正代表国家行使教育学生的职责；第二种情况是某人曾经是教师，现已离开教职，人们仍旧习惯称此人为某"老师"，此时"教师"是一种敬称，"某教师"已不承担教育学生的责任与义务；第三种情况是某人当下的职业是教师，但现在并不属于其工作的时间，例如春节，但春节时学生见到了此人仍称他为某"老师"，此时出现在学生面前的是教师的私人身份，而非职业身份；第四种情况是生活中人们习惯上把长者称谓"老师"，这完全是一种对长者的尊称。[①] 由此，可知"教师"这个概念既可以表示一种私人身份，例如，对长者称"老师"或者对离职教师仍旧称为某"老师"；也可以表示一种功能。功能是规定事物是其所是，表明该事物与其他事物的区别所在。教师之为教师的规定性在于专门发挥教书育人的功能。

　　根据《教育大辞典》的定义，教师是学校中传递人类科学文化知识和技能，进行思想品德教育，把受教育者培养成为一定社会需要的人才的专业人员。[②]《现代汉语词典》把教师解释为担任教学工作的专业

---

　　① 刘次林：《师德之反思：德性的视角》，《教育发展研究》2015年第15期。
　　② 顾明远：《教育大辞典》（增订本），上海教育出版社1997年版，第700页。

人员。[①] 可知，教师作为专业人员，其工作的区域是学校，因此《教育大辞典》在将教师限定在"学校中"是非常合理的，这样教师的工作区域与私人生活区域进行了区分。第二，词典中表述了教师的功能是对学生的教育和教学。

综上，本书从功能角度将教师界定为在学校中对学生进行教育教学的专业人员，这意味着本研究中的"教师"是：（1）教书育人社会职责的专业人员；（2）学校规定了教师社会职责的履职时空，这意味着不涉及教师的私人身份和私人生活时空。据此，可知教师是用职业身份和职业行动来诠释其生命价值、意义和生存方式的人。

（四）教师德性

本书所论述的教师德性不是作为私人身份的教师的个人德性，而是研究教师作为一个教育者在履行教书育人职能时的教育德性，是教师这一特定职业的德性，但这并不意味着教师的个人德性与教师的职业德性之间没有关联，教师的个人德性可以在具体的教育时空转化为教师的职业德性，同样教师的职业德性也会在工作中不自觉地被内化为教师个人德性。结合上文对教师和德性的界定，德性是美好的人性，而人性是人之为人其本质力量的显现。那么教师德性即为教师本质属性的出色或卓越。根据亚里士多德的观点，事物的本质是由事物的功能决定的，功能决定了事物之所是。教师功能是教书育人，教师德性就是教师把教书育人功能发挥出色或卓越。教师擅"教书"的前提须尽可能把握"书"（知识）之"真"，这需要教师的理智。"育人"不仅需要理智还需要教师的道德，所以，从内容构成上，教师德性包含理智德性和道德德性。从教师德性的实现来看，教师德性是教师在教育活动中智慧地将教师功能规定之"应当"出色、卓越地实现出来，是既成人又成己，不断超越、完善和丰盈生命的活动。

---

① 中国社会科学院语言研究所词典编辑室编：《现代汉语词典》，商务印书馆 2012 年版，第 656 页。

第三节 相关研究的述评

教师德性是教师本质属性的卓越。哲学中本质是事物之所是，是一事物区别于其他事物之所在。本质由事物的特殊功能决定的。据此，教师德性是教师功能的出色、卓越的发挥，而教师功能由教育的功能（本质）决定。所以研究教师德性须跳出教师德性就是教师道德的理解，从"本质""功能"的角度还原教师德性的本来面目。功能发挥出色的教师是"优秀教师"即"好教师"。综合上述几方面，本研究从教育本质、教师功能、"好教师"三方面进行文献综述，希望可以找出研究的新生长点。

一 教育本质

教育本质是教育学中一个根本性的理论问题，它决定着教育活动的其他方面。我国对教育本质的争论始于 20 世纪 70 年代，起初受凯洛夫教育学思想和当时社会环境影响，认为教育是上层建筑。[①] "文化大革命"后教育界的拨乱反正逐步深入，人们开始讨论教育到底是不是一种上层建筑，对这个问题形成了五种看法。[②] 后来有学者认为教育不仅受制于生产力，还为经济基础所制约，提出教育是一种生产力。[③] 这场争论过程中也形成了折中的观点认为教育既是上层建筑又是生产力，如"社会主义的教育本质是大生产性与阶级性的统一"。[④]

本质是哲学中的一个重要概念，出自拉丁文"essence（本质）"，希腊文本质是用系词"是"表达，对应的英语是"being"，常用的表述是"某某是什么"。一事物的本质就是表达此事物是，且"恰恰是这个

---

① 金一鸣：《教育原理》，安徽教育出版社 1995 年版，第 32 页。
② 李克敬：《关于教育本质讨论的情况》，《中国社会科学》1980 年第 4 期。
③ 金一鸣：《教育原理》，安徽教育出版社 1995 年版，第 37 页。
④ 成有信：《社会主义教育本质是大生产性与阶级性的统一》，《北京师范大学学报》1980 年第 10 期。

事物的东西",① 是一事物区别于其他事物的质的规定性。根据矛盾论的观点:"任何运动形式,其内部包含着本身特殊的矛盾。这种特殊的矛盾,就构成一事物区别于其他事物的特殊本质。"② 据此,研究教育的本质确定教育之为教育,须分析教育内部的特殊矛盾。上述关于教育本质的争论,其实是对教育归属问题的讨论,并没有从教育内部的主要矛盾来分析教育本质,因而无法反映教育的特殊性。

　　在 20 世纪关于教育本质的讨论中,一些学者已经开始从教育本身的特殊矛盾着手思考教育的本质,③ 逐渐教育是一种特殊的社会实践④或活动的观点被接纳。现在的分歧在对"特殊"认识的差异上。马克思认为事物的本质由事物本身包含的特殊矛盾构成,而事物的特殊矛盾由事物内部的基本要素的对立统一运动决定。所谓"要素是指构成活动必不可少的、最基本的因素,但它并不包含活动中涉及的所有因素"。⑤ 关于构成教育的要素,有三因素、四因素的观点,其中四因素包含了三因素,据此,可以认为教育活动至少包含教师、学生和教材(知识)三个要素。⑥ 对这三者之间关系的不同认识,构成教育本质的不同理解。概括起来形成了三类观点:

　　(1)外烁论观点,认为教育的主要矛盾在教师与学生之间,教育是教师通过教知识来影响学生的学习活动。我国古代认为教育是"上所施,下所效"的活动,洛克的白板说,社会本位的教育观都属于这类观点。现在这种观点仍可见于教育学类的著作中,如"教育是教育者根据一定社会(或阶级)的要求,以及受教育者的身心发展规律,有目的、有计划、有组织地对受教育者的身心施加影响,以期受教育者

---

　　① 张世英:《"本质"的双重含义:自然科学与人文科学——黑格尔、狄尔泰、胡塞尔之间的一点链接》,《北京大学学报》(哲学社会科学版)2007 年第 11 期。

　　②《毛泽东选集》(第 2 卷),人民出版社 1952 年版,第 775 页。

　　③ 卢曲元:《论教育的本质——兼评"教育是阶级斗争的工具"》,《湖南师院学报》(哲学社会科学版)1979 年第 5 期。

　　④ 段作章、傅岩:《教育的本质究竟是什么》,《学术研究》1983 年第 3 期。

　　⑤ 叶澜:《教育概论》,人民教育出版社 1999 年版,第 10 页。

　　⑥ 陈桂生:《教育原理》,华东师范大学出版社 2012 年版,第 166 页。

身心发生预期变化的活动。"① 换句话说这类观点认为"受教育者发生变化的基本过程是通过教育者有目的的活动实现的。因此，离开了教育者和有目的的教育活动，就不存在教育和教育过程。"② 另外，从他们对教育要素给予的名称——教育者、受教育者上也反映出，教育是一方施予而另一方接受，由外而内施加影响的活动。

（2）内发论观点，认为教育的主要矛盾是学生与教材（知识）之间的矛盾，教育的发生最终必须调动学生的主体性才能完成。如苏格拉底推行教育"产婆术"，卢梭认为教育是顺应儿童的天性。杜威以儿童为中心提出教育即生长，人本主义的教育观属于这类观点。随着社会知识生产、传播方式的变革，如今学生作为教育主体的地位愈来愈被认识和承认，联合国教科文组织最新把教育理解为"有计划、有意识、有目的和有组织的学习"。③

（3）双向建构观点，这种观点其实是上述两种观点的折中，认为教育是主体与客体相互建构知识的过程，相互建构既包括教师对学生的影响，也承认学生发挥主体性与周遭环境建构属己的知识。建构主义教育观是这种观点的典型代表，把教育理解为教师、学生与环境互动中建构知识的活动。④

从教育构成基本要素的矛盾来认识教育本质，揭示出了教育的某些属性，加深了人们对教育是什么的认识。"外烁"论的观点，将学生视为被动的"空壳"，无视学生是有能动性、有思想的人这一基本事实。况且，即使教师非常擅教，如果学生排斥或拒绝，教育活动呈现的只是"假相"实际上真实的教育活动并没有启动。尽管教育过程中教师代表社会对学生进行文化传递，教师与学生之间存在矛盾，但师生的矛盾根

---

① 唐汉卫：《教育学基础》，山东人民出版社 2010 年版，第 4 页。

② 鲁洁：《教育本质试探》，《教育研究与实验》1984 年第 8 期。

③ 联合国教科文组织：《反思教育：向"全球共同利益"的理念转变？》，联合国教科文组织总部中文科译，教育科学出版社 2017 年版，导言第 9 页。

④ 谭继培：《教育即建构——教育建构论》，硕士学位论文，西南大学，2011 年，第 9—13 页。

本上还是由于学生的学习而引起，因而后者更为根本。所以本研究认为"内发"论的观点相对而言更贴近教育本质。况且本质是事物一以贯之的特殊矛盾所决定的事物之所是。本研究认为从古至今，穿越任何时代、国界，教育都是学生受教育，学生的存在是教育的前提，没有学生也就无须实施教育，故学生是教育主体。同时，因为学生是未成熟的人，与社会对人的要求（这种要求通过知识表达出来）存在差距，所以学生需要学习，这样学生的已知、已能与未知、未能的对立统一的矛盾运动构成了教育矛盾运动的核心，而学生学习过程中为了保障学习的方向性、质量、效率才专门委派教师承担起帮助学生更好学习、成长的任务，教师是学生成长的外部力量，外因是条件，内因才是根本。由此可知教师是学生有效学习的中介，是助力学生成长的力量。教育是在教师帮助下，学生从已知到达未知，变未知为已知或自身成长的力量，这样一种人类专有的社会活动。"双向"建构的教育本质观，其实是内发和外烁两类观点的折中，应当承认师生人格上是平等而无差别的，但在知识能力上的差距是客观存在的，不能因为师生双方都需要与教育环境相互作用就无视了教师知识和能力实质性优势的存在，否则教师就没有资格成为教师，而"双向"建构这类教育本质的论述，以教育中的部分现象代替教育本质，以折中的方式掩盖了教育内部主要矛盾，也没有反映出教育的本质。

二 教师功能

因为对教育基本要素之间关系认识存在差异，导致对教育本质的不同理解；同样，这将直接造成各要素在教育活动中的"位置"、功能认识的差异。

外烁论将教师与学生间的矛盾当做教育的主要矛盾，认为教育是教师使用教材教学生学习的活动，教师是教育主体，学生是教师认识的对象，是客体。教育主体对教育活动拥有掌控权，他决定教育活动的一切。在实践方面，我国"汉代以来，教育工作一般是以教师为主体；

教育的诸环节，尤其是在材料与方法中，充满了成人的主观偏见，很少从青年、儿童出发表现出客观的态度。因而，就算是天真活泼的优秀学生，也会受到教师的支配，被迫在书本教育的圈子里打滚"。① 西方，赫尔巴特是"教师中心论"的坚决拥护者，他提倡教学要以教师为中心，教材为中心。现在这种观点仍然有市场，② 特别是实践中"教师中心"仍然普遍存在。有研究者发现现实中存在"教师主体"地位的"虚"让，③ 一些调查研究的结果也证实了这种现实的存在。④ 如此，教师在教育过程中承担知识的传递者，通过对学生管训方式落实教育功能。

与外铄论相反的内发论，认为教育是教师促进学生成长的实践活动，学生是教育主体，教材是客体。这类观点强调教育须以"学生为中心"，充分调动学生的主体性激发学生自身向善的力量，主动地将客体主体化。教师在教育活动中存在的意义和价值在于发挥激发、促进学生更高效学习的功能。尽管这类观点承认学生是教育主体，但还是存在一些分歧：

（1）学生是教育主体，又是教育客体。⑤ 因为学生可以自己教育自己，又要受教师教育，同时"教学相长"帮助教师提升。学生自己教育自己其实是自学，教师所谓的因"教学相长"也并不意味着是教师角色的转变，上述表达用教育中可能出现的现象代替教育，犯了以偶然代替必然的错误。

（2）教师与学生都是教育主体。⑥ 如果教师和学生都是主体，教师与学生之间的认识活动就没有了客体，这如何可能？可能此部分学者认

---

① 严元章：《中国教育思想源流》，生活·读书·新知三联书店 1993 年版，第 21 页。
② 宋兵波：《简论教师主体》，《河北师范大学学报》（教育科学版）2001 年第 12 期。
③ 洪菲菲：《教师主体地位的"虚"让出》，《中小学数学》（小学版）2015 年第 3 期。
④ 黄伟：《教学对话中的师生话语权——来自课堂的观察研究》，《教育研究与实验》2009 年第 6 期。
⑤ ［苏联］巴拉诺夫：《教育学》，李子贞译，人民教育出版社 1979 年版，第 77 页。
⑥ 何齐宗：《教育原理与艺术》，中国社会科学出版社 2004 年版，第 133 页。

为师生面对的共同客体是知识（物），但不能用人与物的认识关系涵盖教育中的一切关系，以部分代替整体似"盲人摸象"。

（3）教师是教的主体，学生是学的主体。① 这把教育中一体的教学人为地肢解，严格意义上教师开始教也同时开启了学生的学，教是为了学，教师功能发挥以学为起点、过程和旨归，所以教育主体只能是学生。

（4）教师与学生是"主体间"关系。② 这种观点将师生人际活动取代了教育中最根本的矛盾，企图用主体间关系取代主客体关系，其实是对主客体关系的误解。主客体只是实践活动的两极，他们在地位上是平等的，不存在占有关系。但主体并不比客体尊贵，客体比主体卑微，主客体仅为认识活动的两极，虽然对立但可以统一。企图用"主体间"来取代客体，并不能真正消灭教育中客体存在的事实，因为该观点掩盖了矛盾，所以无法揭示矛盾，无法正确把握教育本质。

（5）教师主导，学生主体。③ 这种观点看似尊重了学生的主体地位，又凸显了教师作为引导者的功能，实际上却犯了逻辑错误，对学生使用主体概念，而对教师却使用另一个概念，二者不在一个话语体系之内。表面上虽然避免了矛盾，实质上却掩盖了矛盾。

内发论、外烁论教育本质观下出现的对学生、教师定位混乱的原因在于他们将教育主体与教育中主体概念没区分。主体是指实践活动和认识活动的有目的的承担者；客体是实践活动和认识活动所指向的对象。离开具体的、现实的活动，无所谓主体和客体。活动中的主体是有主体性的，主体性包含自主性、能动性和主观性等，因而无论何活动主体只能是人。客体是与主体相对而言的，是主体认识活动所指向的对象，客体可以是人也可以是事物。在教育活动中存在多层次的主客体关系，因

---

① 成有信：《论教育活动及其诸要素》，《北京师范大学学报》（社会科学版）1990 年第4 期。

② 张传萍：《师生教学关系的走向：从主客体走向主体间交往》，《襄樊学院学报》2001年第12 期。

③ 王道俊、扈中平：《教育原理》，福建教育出版社 1998 年版，第 28—29 页。

而教育中某一具体活动会有不同的主客体，他们是教育中的主客体。而教育主体是指整个教育活动之主体。外烁论将教育中的某一主体（教师）当成了教育主体，所以教师在教育中宣兵夺主忘记了其功能在于帮助学生学习。"内发"论虽然承认了学生的主体地位，但一些人在教育中主体与教育主体之间混乱地打架，出现了一会儿学生是主体，教师也是主体；或者教师主导，学生主体等之类摇摆不定的论述。

解决上述分歧的出路必须回到对教育本质的认识，确定学生教育主体地位，这样才能赋予教师在教育中应有的意义和价值——教师存在是为服务学生学习，这是规定教师之为教师的关键所在，是教师区别于其他职业的特有功能。教师在教育过程中发挥的其他作用都是教师特有功能的派生或者说服务于特有功能的。为更好地促进学生学习，需要高效地传递知识、对学生进行管理、组织学生间交往、反思教学过程、终身学习等等。而内发论之下出现的那六种分歧，实质上都没有给予教师功能明确定位，会使教师没有主心骨，更有甚者偏离"本位"出现"越位"重返"教师中心"或者消弭教师本应该执行的功能。

三 "好教师"

我国教育传统认为"教是上所施，下所效"，很多人认为教育是教师从外部塑造学生的社会活动。外烁论教育本质观下教师是教育主体，控制着教育活动的一切方面，学生是被动的客体，只能接受主体施于的一切教育行为。教师主要承担知识传递者和学生管训者角色。这样日常生活中评价一个教师是否好，可以将教育中的伦理忽略，可以将教师的专业性忽略，而以教师主体作用发挥的程度作为评价好教师的标准，越是把教师主体地位发挥到极致的教师就越好，根据这样的评价标准"好教师"有这些类型：

（1）人性彰显型。这类老师因其身上独特的人性让学生觉得非常好。很多人对老师的美好回忆可能因为老师在他或她生病的时候给以了关心、照顾，学生记住了老师的好。有学者对好教师的定义是"好教师是一个内涵丰富、完整的人，包括快乐、幽默、善良、热爱正义、渴望自由、诚实、有同情心等特点"。① 的确爱心、善良、幽默这些都属于人性美好的一面，但这些品性是构成"好人"的某些要素，"好人"是好教师的前提，② 如果教师仅仅与其他人一样对学生"好"，最多是一个"好人"换了地方来做"好事"，没有体现教师的好。好教师是带有专业属性的好人，他应该比好人多一点，这"一点"表现为教会学生去分辨和掌握知识、形成能力、养成健全人格。

（2）积劳成疾型。这类"好教师"是媒体经常颂扬的"好教师"。如电影《烛光里的微笑》颂扬教师牺牲家庭、带病工作，最后积劳成疾不幸离世。他们为了教育事业，不顾自己身体健康，带病坚持教学。他们是"蜡烛"燃烧自己照亮学生。这类好教师堪称道德模范。但是非常不幸的是他们要么已经不在人世，要么身患绝症不久将离开人世，这样的教师评价方式无疑传递这样的信号：好教师应该牺牲自己，成全他人。如此沉重且病态的教师形象，往往是绝大多数教师不愿复制也无法复制的，调查显示51.5%的教师认为社会对教师的期待过高，③ 他们不想复制也没有必要以这种"飞蛾扑火"般样式去践行教师的"好"。

（3）兢兢业业型。在我国的教育现场，存在大量这样的"好老师"，他们对工作兢兢业业，不敢有任何怠慢，凡事都事必躬亲，他只顾耕耘却不问收获，自认为是对得起良心的"好教师"。如有研究者通过分析我国关于教师主题的电影，发现其中多宣扬教师的敬业、师风端正，但对教师教学水平则要求不多。④ 敬业是好教师必备的一个素质，但是敬业并不意味着只讲"苦劳"不求"功劳"，教师敬业是为了学生成人，这是教师应该追求的"功劳"。

① 赵书林：《什么是好教师》，《福建论坛》2007年第5期。
② 郑富兴：《好人与好教师》，《教育学报》2014年第10期。
③ 檀传宝：《走向新师德——师德现状与教师专业道德建设研究》，北京师范大学出版社2009年版，第94页。
④ 严玉梅：《论中外电影中的优秀教师形象》，硕士学位论文，福建师范大学，2016年，第45页。

（4）结果定论型。这里的结果多为可见、可视、可测的结果作为评价好教师的标准。这种评价标准多出现在官方对优秀教师、骨干教师、特级教师的评价标准中。如某区评选骨干教师中要求每学期骨干教师所教班成绩要名列同类班级前列，成为学科教学的带头人。[1] 某县评选"优秀教师"规定：有较高的教学水平，对教学工作认真负责，认真执行、落实教学常规，教学各个环节的工作落实到位，教学成绩优异。本学年学校绩效考核中教学质量得分名列同学科前茅。[2] 某校评选优秀教师条件之一：教学成绩突出，任教学科成绩在统考联考中位居前列。[3] 诚然，我们都希望教师能把学生教育成人，帮助学生成人的过程，让学生取得好成绩是衡量教师教育教学质量非常重要的一个指标，但是这类可测指标在操作过程中被人为窄化为学生的好成绩、老师发表多少文章，因为考核知以数据量化指标，却不管教师是如何实现这些结果的。这样就出现了教师通过剥夺学生正常休息时间让孩子沉浸在题海中的"好教师"；出现用紫外线照射学生为了让学生安静下来的"优秀教师"。[4] 一个教师首先是一个人，即使帮助学生成人，也不能用非人道的方式达到此目的。

（5）严格管教型。中国古语有"严师出高徒""棍棒底下出孝子"这样的说法，表明严师是受人们赞许的一种好教师。诚然教师的权威是必要的，但是把严格等同于教师可以采取极端方法和手段，如体罚、殴打，这样的好教师虽然可能得到某些家长的理解和原谅，但无法逃避教师伦理道德的谴责甚至法律的制裁。"严格"本来与好教师并不必然对

---

① 《北碚实验中学骨干教师管理办法》，https://wenku.baidu.com/view/b5009b47d15abe23492f4d1a.html，2022 年 2 月 18 日。

② 会昌县教育局：《关于评选和表彰 2012—2013 学年全县"优秀教师"、"优秀班主任"、"优秀教育工作者"的通知》，https://ishare.iask.sina.com.cn/f/30IAWdVpLZF.html，2022 年 2 月 18 日

③ 武安市第十一中学：《关于践行五种精神评选优秀教师、优秀教育团队实施方案》，https://www.docin.com/p-1397091515.html，2022 年 2 月 18 日。

④ 余靖静：《优秀教师'"为何失控？用紫外线灯照射孩子》，《新华每日电讯》2012 年 5 月 27 日第 4 版。

立，但如果超越了教师职业道德的底线，则教师即使动机纯正，也无法掩饰教师事实上的"恶"，甚至是非人性的一面。

（6）茶壶煮饺型。这类教师自己学识很高、满腹经纶，却不知如何将自己的知识转变为帮助学生成长的力量——不知道如何教学生去学知识，也不知道如何帮学生解决学习中遇到的难题。因此，他最多算是一个学识渊博的人，却不是一个好教师，因为教师的职责在教学生，不会教的教师何以为师？

（7）越俎代庖型。这类教师总认为学生是未能年人、他们年幼，于是为让学生少"受点苦""少走弯路"就出现"越俎代庖"。出于这样的"好心"教学中可能出现不问学生是否理解，是否愿意去尝试，一股脑地帮助学生直抵目的，学生只需要记住结果或答案，能考高分意味着教育目标达成。一位优秀教师在总结自己的教学时，反思到原来自己唯恐学生不知，唯恐学生出错，致使自己在课堂上"一枝独秀"，后来这位老师反思教学的意义发现教育不仅是传递知识，而且在于让学生形成智慧，这需要留足够的时间和空间给学生，让学生在困难和荆棘中搏击，学生才能走得更远。①

（8）自得其乐型。这类"好教师"课堂表现非常"精彩"，能根据教学预设顺利地由一个阶段推进到下一阶段。学生被教师顺顺利利地送达到教学目的地，教师沉浸于完美无误地课堂表演而沾沾自喜。他是课堂的主角，学生是为配合他完成表演的配角，甚至是完成他"教学秀"的道具，总体上课堂是他一个人的独角戏而"不是师生共建的实践共同体，而是一个由教师主导的等级制度"②，完全不管学生的感受，自娱自乐，自得其乐。

"好教师"一定须是一个好人，但好人并不一定是"好教师"。同样

---

① 卓德刚：《越俎代庖，勿言课堂话语权——以人教版小学数学"圆的面积"为例》，《新课程》2017 年第 5 期。

② ［美］R. 基思·索耶：《剑桥学习科学手册》，徐晓东等译，教育科学出版社 2010 年版，第 216 页。

教师需要一定的学识，但有学识的人也并不必然能成为好教师。内发论将学生置于教育主体的位置，认为衡量教师存在的意义和价值是教师在多大程度上帮助了学生更好地学习、更好地成长，所以教师是学生学习的助力者、服务者。教师是用其专业知识和能力来助力学生、服务学生。据此，可以理解好教师不能仅仅是一个好人，须是能卓越完成专业使命的好人。好教师不能仅是技术高超的演员或者茶壶里煮饺子的饱学之士，他的知识、能力须转化为教育智慧助力于学生的成长、成人。故，好教师是切实落实"以生为本"的教师，这一点中外名师莫不如此，他们都将学生主体地位真正落实，从学生的学习需求、学习状况出发，结合已有资源，运用教育智慧帮助学生从未知、未能过渡到有知、有能力。

上述"好教师"的类型多为日常生活中人们对"好"教师的认识，它们多源于个人的主观感受，没有学理依据。本研究将从学理上认识"好教师"。据亚里士多德德性伦理学观点，事物的"好"在于事物功能发挥出色，事物功能发挥出色也即为德性，这种从事物本质属性上定义事物"好"的论点，恰好契合本研究对好教师的理解。故本研究选取教师德性作为研究论题，以期从学理上厘清人们日常生活中对"好教师"认识的偏误，一方面给以教师公正的评价，另一方面为"爱好（hǎo）""向善"的教师提供一个行动指引。

第四节　研究思路与方法

一　研究思路

"问题"是研究的核心，研究围绕问题才有意义和价值。本研究围绕的核心问题是一个看似很清晰却是见仁见智的问题——教师德性是什么？采用提出问题—分析问题—解决问题的研究思路展开。其中绪论提出问题：由"好教师"的关注和评价问题引出德性，第二、三、四章分析问题：从理论上分析德性、建构教师德性和教师德性的演进规律，并提出现时代教师德性的新要求。以新要求为标尺审视当前的教育和教师功能，并进行归因分析。最后一章解决问题：如何走出当前教师功能、德性的困境，并给出解决策略。具体思路如下：

教师对教育的重要性毋庸赘述。公民对接受好教育的诉求中最重要的是对"好教师"的期盼，然而当前一些教师的行为使世人对教师存有矛盾心理——既希望遇见"好教师"又不免对教师失望。针对民众对好教师的期盼，国家已经着手"好教师"培育工程：从国培到校本培训，从各种规章制度的制定到完善，这些举措取得了一定的效果，但义务论、规范视角下开展的各种培训多关注教师外显的技术或行为，却无法从根本上，由内而外调动教师主动去"爱好"追求"更好"。怎样的教师才是"好教师"？这个问题从本人成为教师以来一直困扰着我，现实中人们对好教师的评价有动机论、结果论及"庸俗"的动机论和结果论，这些都没能给予教师全面、客观公正的评价。教师成为名副其实的"好教师"根本出路在于在保障教师"外在善"的同时，激发教师的"内在善"，即激发教师本人爱好、求好的情感、提升其能力。评价教师不能只执一端，那样未免片面，而应将教师的教育动机、过程、结果结合起来，"德性"视角能拓展和丰富对教师、教师德性的认识。

德性伦理学是伦理学中历史最悠久的一个学派。中西方的伦理学都发端于德性伦理学。通过对中西方历史上主要的德性伦理思想的梳理，本研究选择亚里士多德的德性伦理学作为研究的理论基础。

以亚里士多德的德性伦理学为理论基础紧接着本研究着手对教师德性开展具体研究。研究从"共时"与"历时"两方面进行。"共时"的教师德性研究主要揭示一以贯之的教师德性之所是。"历时"主要分析不同时代背景下教师德性演进，时间的长河中分析不同时代教师德性因时代变迁而引起的变迁，因为教师德性不是单子式存在，须"按照这一事物的因素以及将这些因素构成这一整个事物的交织的方式，来理解这一事物。"① 通过理解教师德性与教师功能，教师功能与教育善，教

---

① ［英］怀特海：《思维方式》，刘放桐译，商务印书馆 2010 年版，第 44 页。

育善与社会的变迁之间的关系，探寻教师德性演进规律。从规律中推演出当前我国社会转型、教育变革情况对教师德性的新要求。

第四章以前一章教师功能、德性的新要求为标尺，审视当前我国教育的现状，分析教师功能现实状况，通过对现实状况的分析找寻导致现状的原因。

最后一部分解决问题，如何突破当前教师功能现状，符合时代要求让教师功能实现转变、德性得以提升。辩证唯物主义认为内因是事物变化发展的根本原因，所以教师功能的转变、德性的提升须从内在动力上寻找源泉。其次，本研究认为教师德性不在于提取抽象的德目，而认为教师德性在于德性的实践，教师功能的转变要在实践中转变，研究相关实践原则帮助教师在实践中提高功能发挥的效率。本研究试图从教育学、教师教育学、学习科学的视角提出一些操作性的实践原则为教师功能提升提供一些出路。教师德性实践的结果必然是师生共赢的幸福教育生活。

二 研究方法

研究方法是"从事研究的计划、策略、手段、工具以及过程的总和，是研究的思维方式、行为方式、程序以及准则的结合"。[1] 采取何种方法来研究问题，取决于我们将要解决的问题和问题的类型。[2] 本研究旨在揭示怎样的教师才是好教师，也即教师德性是什么？这是从共相层次揭示教师德性。同时教师又有时代特点和特殊功能的职业，在不同的时空背景下教师功能的变迁又展示出教师德性怎样的时代"殊相"。故本研究持有这样一种哲学方法论层次上的基本倾向——"研究问题置于研究对象之进化变迁之中加以考察"。[3] 质性研究符合本研究的期待。

---

① 陈向明：《质的研究方法与社会科学的研究方法》，教育科学出版社 2000 年版，第 5 页。

② Strauss A. & Cobian J.：《质性研究入门：扎根理论研究方法》，吴芝仪、廖梅花译，涛石文化 2001 年版，第 18 页。

③ ［美］米德：《心灵、自我和社会》，霍桂恒译，译林出版社 2014 年版，译者引言第24 页。

本研究主要选用三种质性研究方法：文献分析法、访谈法、案例分析法。

（一）文献分析法

文献分析法指在全面把握与研究主题相关的文献基础上，运用逻辑分析去粗取精、比较鉴别、归纳总结等方式对文献进行信息加工和处理的一种研究方法。在论文主题确定之后，研究者大量占有了有关德性伦理学、教师道德、教师德性、教师教育、教育心理学等方面的文献，通过精读和泛读相结合的研读方式，对它们进行选择性吸收。根据研究需要，主要在三个方面运用文献研究方法：（1）通过对文献的研究了解教师德性或道德研究的发展历史和研究动态。对德性伦理学的发展脉络和主要流派思想进行系统研究之后，本研究选择亚里士多德的德性伦理学作为研究的理论基础。（2）通过文献研究，分析社会、教育、教师功能、教师德性之间的关联，从教师德性发展的轨迹中发现规律。（3）通过文献研究掌握伦理学、社会学、教育学、学习科学的相关知识为教师德性的实现提供知识背景，从而为教师德性实践提供理论支持。

（二）访谈法

访谈法是质性研究中常用的一种方法，通过面对面与访谈对象进行深入交谈、讨论、追问等方式收集研究资料，尽可能完整、清楚地挖掘所访谈教师对教育的理解。访谈主要采用两种形式：一种是结构式访谈；另一种是自由式访谈，这是深入合作学校时对学生、家长和教师进行的自由访谈。结构式访谈的教师主要来自研究合作学校的教师和经朋友介绍的教师，对他们一般采取面谈为主，电话访谈为辅的访谈方式。自由访谈对象是随机选择，来自平时工作中遇到的学生、家长和教师，在与他们非正式的教育讨论过程中对他们进行访谈。所有的访谈资料的记录整理都是在访谈结束后当天完成，确保了访谈资料的完整性，真实的再现现象，这符合质性研究需要"原始的、前反思性的、前理论性的"[①] 直

---

① ［加］马克斯·范梅楠：《生活体验研究》，宋广文等译，教育科学出版社 2003 年版，第 9 页。

观研究要求。

（三）案例法

案例是对特定情境下或特定条件下某一事件或行为的发生过程的记录，① 其意义在于解决"为什么"和"怎么样"的问题。不同的人对好教师、教师德性的理解不尽相同，案例恰好能对这些不同的理解进行深度的分析，并有助于研究者发现有意义和价值的问题，本研究的问题即来源于对特定案例的观察和思考。另外一些典型案例所反映的问题，有以点带面的研究效用。研究过程中需要借助典型案例分析教师德性的现状，造成现状的原因以及有德性的教师其德性实践的真实样态。而案例是呈现这些研究最适合的方法。本研究选取的案例既有从教育现场中获得的一手教育案例，也有来自其他研究者记录的案例，它们都尽可能遵循从"本真"中"寻找因果关系，追问事物发生的缘由"。②

---

① Sharan B. Merriam. *Qualitavive reserch*：*a guid to design and implementation*，San Francisco：Josey-Bass，2009，p. 16.

② ［美］马格丽特·赫姆莉、帕特丽夏 F. 卡利尼编：《从另一个视角看：儿童的力量和学校标准——"展望中心"之儿童叙事评论》，仲建维译，高等教育出版社 2005 年版，第 115 页。

第二章　德性伦理思想的历史谱系

　　"人是什么"即对人本身进行追问，是人一直苦苦思索的问题，对此问题的思考不同文化背景下生活的人有不同的观点。

　　中国是在人伦中认识人。中国古人认为人之所以不是动物而是人在于人遵守"人伦"，所谓人伦指人所处的关系，而不同人伦对人有不同要求，惟有遵守人伦规范行事才为"人"。孟子叙述尧舜时代的事迹说："人之有道也，饱食，暖衣，逸居而无教，则近于禽兽，圣人有忧之，使契为司徒，教以人伦：父子有亲，君臣有义，夫妇有别，长幼有序，朋友有信。"① 根据人所处的社会关系，做到为人父时慈、为人子时孝、为人兄时悌、为人臣时忠、为人友时信，当人身处一定的"伦"中符合其规定性，遵守了不同"伦"之"理"时，人超越了动物成为一个真正意义上的人。人遵守的伦理在社会上表现为道德，所以中国人认为一个具有人性的人，其区别于动物的关键在于其道德性，没有道德则人与禽兽异与几希？是道德将人从动物中分离出来成为了"人"。人本质上是道德人，人的德性在中国概括为人在五伦中按照相应"伦"的规定出色地遵行了相应的道德规范。在中国，人的德性即其道德性，美好的人性是通过践行伦理道德要求展示出来，惟其如此，方被认为是"善"的。

　　西方拥有理性的传统，认为人与动物的区别是理性，人在理性作用

---

　　① 《孟子》，万丽华、蓝旭译注，中华书局 2016 年版，第 114 页。

下实现了某目的，此人即被认为是"善"的。古希腊人起初不自觉地用理性去探寻世界的本源，直至苏格拉底认为知识即德性，人们才惊喜地发现人之为人原来在于理性。把理性作为人的本质自此在西方延续下来，即使在中世纪也是如此认为。基督教虽然认为上帝是一切智慧之源，但人因偷吃了分别善恶之果，有了聪明智慧，才成为现在的人。启蒙运动更是用人的理性代替了神的智慧，把人世间一切事物置于理性的范围内考量。虽然在现代有人主张人的本质在于情感、意志，如叔本华，但把人定义为理性的动物一直影响至今。总体上西方人认为，把人性美好呈现出来在于人的理性，当理性战胜了非理性时，也就是人性最佳的彰显之时，这就是人的德性。这些差异思想共筑了西方的德性思想。

有学者把西方德性伦理发展概括为四个阶段[①]：古代德性伦理思想的形成时期、近代德性伦理的衰退时期、当代德性伦理的复兴时期、近年来德性伦理的兴盛时期。中国的儒家德性伦理的演进经历了："圣贤时代""英雄时代"、封建时代和开放时代[②]。本研究仅从中国和西方德性发展史中选取其中有代表性的人物的德性思想进行论述。

第一节　中国的德性思想

一　先秦以前的德性思想

我国是人类历史上较早进入文明社会的国家，尧、舜、禹等圣贤的出现和夏朝的建立是进入文明社会的标志。那个时期圣贤辈出，是孔子向往的时代，他曾说："大哉尧之为君也！巍巍乎！""巍巍乎舜禹之天下也而不与焉"[③] 基于此有学者把先秦以前的这一时期称为"圣贤时

---

①　江畅：《西方德性思想史概论》，人民出版社 2017 年版，第 17—20 页。

②　王华：《美德论——传统美德与当代公民道德建设研究》，山东人民出版社 2002 年版，第 15—51 页。

③　《论语》，陈晓芬译注，中华书局 2016 年版，第 102 页。

代"。这一时代虽然没有出现德性一词，基本上是用德代表德性。那时社会生产力落后，多依赖自然天赐人才能生存，人还没有完全从自然中独立出来，没有思考人的本质是什么。当时的人们仅仅知道人如果遵循自然就可以有所"得"，有所"得"方能使人继续存于天地之间。如"德"字在商代卜辞中有出现，有"循"的意思与"直"通用。"德"所依循的是天（自然），《尚书》中有"经德秉哲""敬德""明德"的表达。此外，在西周以前，"德"还与"得"相通，有"获得""占有"的意思。

随着生产力发展，族群、部落或国家之间出现了实力差距，它们之间通过战争重新分配资源，胜利一方实力进一步巩固。随着文明的进步人们逐渐意识到要"受民受疆土"的长久之计不在战争而在于"尽人事"。所以"德"由对外物的掠夺转为通过"系民""惠民"方能得民心、得天下，出现了"德以柔中国"① "唯德是举"② 的思想。人的"德"逐渐有了"外得于人，内得于己"的含义，既强调与他人和谐相处又要求人反躬自省。

"性"字在中国最初没有区分人性、物性、神性，通指万事万物所具有的特点、属性和品性。如《诗经》《书经》中将具有人格、意志的神意称为天命，《中庸》中有"天命之谓性"，性是不可改变或者违抗的"天命"，这样把"性"的含义普遍化了。随着古人逐渐从天命的关注转向人事，"性"逐渐专指"人性"，而人性是通过人心来解释。《说文解字》对性的解释："性，人之阳光，性善者也，从心、生声。"后来孟子索性把"恻隐之心""羞恶之心""恭敬之心""是非之心"作为人性的发端。在《中庸》中第一次将"德""性"合用之前，"德"所传递的思想就是德性思想的内容。《书经》中记载了圣贤的道德须"克明俊德，以亲九族；九族既睦，平章百姓；百姓昭明，协和万邦，

---

① 《左传》，上海古籍出版社 2016 年版，第 221 页。
② 《左传》，上海古籍出版社 2016 年版，第 160 页。

黎民于变时雍。"①　这里告诉天子，作为天子的本分要明晓道德的重要性，以德服人就可能皇族和睦，而皇族和睦相处了就可以影响百官知晓亲和之礼，百官贵族都和睦相亲，那么诸侯邻邦会友好，而天下百姓因此而变得友善礼貌。《尧典》的这段文字反映出古代圣贤已经意识到人根本上是关系中的人，在关系中友好相处就是"德"，并因此生活才会美好和谐。《诗经》是自周朝以来数百年间我国劳动人民的思想反映，从中可管窥到当时人民对"德"的崇尚。如"乃如之人兮，德音无良"②　意思是光说好话的人并不是善良的人。"三岁贯汝，莫我肯德"是《硕鼠》中的诗句，表明人要有感恩之心，报恩之心。"天生烝民，有物有则。民之秉彝，好是懿德。"③　意思是上天生下人民，上天安排了事物的法则。人民要保持本性，循天意而为，这样才是"有德"的，循"道"才能"德"（得）道。这些思想都反映出当时人民对德的认识不仅包括物质上的所得，而且传递了德行向善、精神富足的含义。所以，孔子概括"诗三百，一言以蔽之，思无邪。"人们崇尚纯正，教导人遵循自然、友善待人才是人应有的德性。

二　先秦儒家德性思想

先秦时期是我国古代思想、文化最活跃的时期，诸子百家思想和而不同，其中包括他们所秉持的德性思想。这一时期，儒家思想形成并对中国后续文化产生了深远影响，因此，本书仅以儒家德性思想为代表分析这一时期德性思想的主要内容。儒家这一时期的代表人物有孔子、孟子和荀子。

（一）孔子的德性思想

孔子是儒家的创始人，在孔子那里人之为人的本质在于人有"仁"。一个人对"仁"的把握和运用的程度决定了人德性的层次，反

---

① 张道勤：《直解：书经》，浙江文艺出版社 1997 年版，第 2 页。
② 《诗经》，张南岣注译，河南人民出版社 2020 年版，第 25 页。
③ 《诗经》，张南岣注译，河南人民出版社 2020 年版，第 304 页。

映了人境界的高低。

第一，孔子认为德性的核心是"仁"。在孔子看来一个人能不能称之为人，要看他的行为是否符合或者包含"仁"。那么什么是"仁"？"仁"从人从二，意味着"仁"发生在至少两个人之间，一个人无所谓"仁与不仁"，"仁者爱人"说明仁者之"仁"是对他人而言，与他人相交往时向对方传递关心、关爱、友善。这反映出孔子是在人与人交往的关系中定义人，有"仁爱"的人才是人。在不同关系下，人所处身份的变化，需要对"仁爱"以不同的内容和方式践行。作为儿子，"仁"表现为"孝"；身为朋友，"仁"表现为"信"；作为为政者，"仁"应符合"正"的要求。但是，无论境遇有何不同，角色如何变换，"仁"都有其共性的准则："仁"由心生，都不可"巧言令色"，与其花言巧语还不如"刚、毅、木、讷近仁"。[①] 可见，"仁"是发自内心的对人的真情实感的流露，是人的本真之情。"仁"发端于人生存最初也是最亲密的家庭之中"孝悌也者，其为仁之本欤"。[②] 这表明孔子认为人是从家庭中出发，从家庭关系中产生了最初的"仁"——孝悌。但是人生于家庭其活动和交往不止于家庭，而是以家庭为原点和参照物，将对家人的爱推广至他人、众人，所以有"泛爱众，而亲人"之教导。一个人如果能从爱家人的小爱推衍到爱他人甚至宇宙中的"民胞物与"，那么他把人性展现得淋漓尽致，是大爱无疆的德性之人的表现。人要始终保持仁，只能用推己及人的办法"己欲立而立人，己欲达而达人"。把他人视为己出，始终把他人放置在自己的位置来思考，以敞开包容的心胸去接纳他人、成全他人，这样才能确保人不至于用私心遮蔽了人本应成全的"仁"，使人不至于处于"不仁"或"不是人"的境地。至于怎样才能成为一个"仁"者，孔子认为"为仁由己"，一切全在自己，"我欲仁，斯仁至矣"。[③]

---

① 《论语》，陈晓芬译注，中华书局2016年版，第178页。
② 《论语》，陈晓芬译注，中华书局2016年版，第2页。
③ 《论语》，陈晓芬译注，中华书局2016年版，第90页。

第二，为仁由礼践行德性。如何把一个自然人变成一个拥有"仁"内核的道德人，孔子认为应该从"礼"着手。"礼"不仅仅是礼仪，在古代社会"礼"代表一定的社会秩序、执行着那个社会的道德法则，一个人要在社会上立足必须学习礼，"不学礼，无以立"。① 至圣先师孔子"明确地意识到，礼仪不仅是一种动作、姿态，也不仅是一种制度，而且它所象征的是一种秩序，保证这一秩序得以安定的是人对于礼仪的敬畏和尊重，而对礼仪的敬畏和尊重又依托着人的道德和伦理的自觉，没有这套礼仪，个人的道德无从寄寓和表现，社会的秩序也无法得到确认和遵守"②。儒家要求在日常生活中"非礼勿视，非礼勿听，非礼勿言，非礼勿动""入公门，鞠躬如也，如不容。立不中门，行不履阈。过位，色勃如也，足躩如也。……"③ 培养人遵循礼节的自觉习惯，如果每个人都根据礼仪来规范自己的言行举止，那么人人都生活在有序的道德氛围之中。其次要根据个人的身份在生活中依礼行事，不可无"礼"。孔子认为礼不仅是一种仪式，而是内在的包含着伦理制度，所以个人要根据身份来行礼，不能越礼。孔子认为"八佾舞于庭""三家者以《雍》彻"④ 都是做家臣的"无礼"，"是可忍，孰不可忍"。⑤ 这表明礼仪要遵循"君君臣臣父父子子"，各按其身份行礼。最为关键的是礼要从"仁"而出。礼的执行不是为礼而礼，"礼之用，和为贵"，⑥礼的践履是为了在生活中人们能和谐相处，要发自本心。所以当林放问孔子礼的本质是什么，子曰："大哉问！礼，与其奢也，宁俭；丧，与其易也，宁戚。"⑦ 当宰我说："三年之丧，期已久矣。君子三年不为礼，礼必坏；三年不为乐，乐必崩。"孔子对宰我的回答是"食夫稻，

① 《论语》，陈晓芬译注，中华书局 2016 年版，第 228 页。
② 葛兆光：《中国思想史》（第一卷），复旦大学出版社 2014 年版，第 88 页。
③ 《论语》，陈晓芬译注，中华书局 2016 年版，第 122 页。
④ 《论语》，陈晓芬译注，中华书局 2016 年版，第 23 页。
⑤ 《论语》，陈晓芬译注，中华书局 2016 年版，第 23 页。
⑥ 《论语》，陈晓芬译注，中华书局 2016 年版，第 7 页。
⑦ 《论语》，陈晓芬译注，中华书局 2016 年版，第 24 页。

衣夫锦，于女安乎？"曰："安。""女安，则为之！"① 这里反映出孔子关注的是礼仪所代表的德性情感是否能够在人生活中充盈，使人别于禽兽，而成为真正有感情、懂人伦的人。

第三，划分了德性的层次。在孔子看来人践行"仁"的过程也就是人的本质展现的过程，这个过程中由于人的努力程度不一，所以对"仁"呈现的程度不一，说明人的德性层次有高低之分。圣人的德性是常人难以企及的。有一次，"子贡曰：如有博施与民而能济众，何如？可谓仁乎？子曰：何事于仁，必也圣乎！尧舜其犹病诸！夫仁者，己欲立而立人，己欲达而达人。能近取譬，可谓仁之方也已。"② 这表明在孔子看来至圣的德性只有如尧舜这样的圣贤才能达到。孔子自认为至圣的德性"巍巍乎"可望而不可即。"泰伯，其可谓至德也已矣。三以天下让，民无得而称焉。"③ 孔子认为这些圣人把"仁"践行得最全面、彻底。其次对德性践行次之的人属于君子。对儒生而言，要力求成为一个君子，君子与他人相交要"喻以义""坦坦荡荡""周而不比，群而不党""言而有信""君子无所争""其争也君子，揖让而升，退而饮"君子会自动地"就有道而正焉"不断地自觉提升德性境界等等，这些是君子践履"仁"应有的表现。当然对德性践行能做到君子也不是容易的，孔子就自谦"文，莫吾犹人也。躬行君子，则吾未之有得。"④据此一般人只能竭力成为君子，在日常生活中以孝悌为本、忠信爱人、推己及人，不断亲近"仁"，依礼而行，使自己尽量以人的要求——"仁"，来行事为人。

第四，提出了德性修养的一些原则。孔子认为不同角色的人有不同的德性要求，这些德性是"仁"的具体化，仁的具体化是按照"人伦"关系来遵守相应的"理"，这"理"构成了一定社会的道德规范和秩

---

① 《论语》，陈晓芬译注，中华书局 2016 年版，第 241 页。
② 《论语》，陈晓芬译注，中华书局 2016 年版，第 75 页。
③ 《论语》，陈晓芬译注，中华书局 2016 年版，第 95 页。
④ 《论语》，陈晓芬译注，中华书局 2016 年版，第 91 页。

序。例如做父亲的德性要求是慈，子的德性是孝，做兄长的德性是悌，朋友之间的德性要求是信。虽然德性是每个人不断成人的需要，但它不会自然而然地生长出来，要人主动去寻求"仁"。"为仁由己，而由人乎哉？"① 它不是依靠外力强制推行的，须发自内心的自觉自愿，人不仅要明白作为不同身份的人应该做与身份匹配的举动，更在于身体力行，"力行近乎仁"，在实践中证明自己的身份，提升德性境界。为此，孔子提出了德性修养应当遵循的一些原则。（1）立志。他认为立定志向，不为外界所动摇笃定坚持志向，对人的德性修养是非常重要的。他说："苟志于仁矣，无恶也。"② 如果一个人志向在成仁，那么就会远离邪恶。坚守志向的人须做到"笃信好学，守死善道"，为实现志向专注于志事，不宜过多计较物质享受，否则，志向会被物欲遮蔽，所以，"士至于道，而耻恶衣恶食者，未足与议也"。③（2）克己。在处理自己与他人关系时，孔子强调克己，约束自己的言行，使之符合礼、仁的要求，这样才与君子身份相符。"君子求诸己，小人求诸人。"④ 当与他人产生矛盾时应当"躬自厚而薄责于人"。⑤ 严于责己，宽以待人，进行自我批评，宽容他人，方体现人的修养。（3）力行。对一个真正有修养的人来说，要言行一致，"言必信，行必果"。⑥ 他告诫人们观察一个人不能只听他说的，更应察看他如何做，要"听其言而观其行"⑦ 这才是一个人真实的德性水平。（4）中庸。中庸既是人德性修养的至善境界，也是人修养的方法。过和不及孔子认为都不够好，最好的状态就是恰到好处，人在践行"仁"时既无过也无不及，符合"中庸"。子贡曾问孔子："师与商也孰贤？"子曰："师也过，商也不及。"曰："然则师

---

① 《论语》，陈晓芬译注，中华书局2016年版，第152页。
② 《论语》，陈晓芬译注，中华书局2016年版，第39页。
③ 《论语》，陈晓芬译注，中华书局2016年版，第41页。
④ 《论语》，陈晓芬译注，中华书局2016年版，第211页。
⑤ 《论语》，陈晓芬译注，中华书局2016年版，第210页。
⑥ 《论语》，陈晓芬译注，中华书局2016年版，第175页。
⑦ 《论语》，陈晓芬译注，中华书局2016年版，第52页。

愈与?"子曰:"过犹不及。"① (5)内省。内省是一种自我省察、自我检查,看自己在特定境遇下是否依身份要求将"仁"执行出来,所以曾子说:"吾日三省吾身,为人谋而不忠乎?与朋友交而不信乎?传不习乎?"② 这样可以提高自己的道德觉悟也能问心无愧,活得心安理得,也可以"见贤思齐焉,见不贤而内自省也"。③ 通过内省看清自己,虚心向他人学习,引以为戒,防止类似错误在自己身上发生,这样做到"有则改之无则加勉"。(6)改过。孔子认为圣贤是人的"仁"最卓越和出色地践履之人,然而生活中难得一见,所以,常人非圣贤,孰能无过?犯过错并不可怕,关键要知错、改错。"君子之过也,如日月之食焉。过也,人皆见之;更也,人皆仰之。"④ 如果自己不知错,他人帮助你指出了错误,而且给出了正确的意见,应该虚心接受,并且改正。孔子认为正确的对待批评的态度是"法语之言,能无从乎?改之为贵。巽与之言,能无说乎?绎之为贵。说而不绎,从而不改,吾未如之何也已矣。"⑤ 对待他人的意见要运用头脑理性分析,如果他人的意见正确合理则改过迁善。

(二)孟子的德性思想

孟子是孔子的嫡系传人,他的思想继承孔子思想而来。孔子阐述"仁"是人的内核,但是没有追问"仁"来自何处?孟子继承孔子思想,将"仁"发展为"善"。孟子认为人天生就有"善"的种子,具体表现为:"恻隐之心,仁之端也;羞恶之心,义之端也;辞让之心,礼之端也;是非之心,智之端也。"⑥ 这些"善"端为人"成人"提供了可能性,如孟子说:"乃若其情,则可以为善矣,乃所谓善也"。⑦ 把这

---

① 《论语》,陈晓芬译注,中华书局 2016 年版,第 142 页。
② 《论语》,陈晓芬译注,中华书局 2016 年版,第 8 页。
③ 《论语》,陈晓芬译注,中华书局 2016 年版,第 43 页。
④ 《论语》,陈晓芬译注,中华书局 2016 年版,第 263 页。
⑤ 《论语》,陈晓芬译注,中华书局 2016 年版,第 115—116 页。
⑥ 《孟子》,万丽华、蓝旭译注,中华书局 2016 年版,第 70 页。
⑦ 《孟子》,万丽华、蓝旭译注,中华书局 2016 年版,第 246 页。

四端扩充出去变成人真正的德性需要不断地主动学习，"学问之道无他，求其放心而已矣"，① "求则得之，舍则失之"。② 如果把人的这四端扩充出去，则人的德性发挥的效果如火之燎原、水进入大海一样可以惠及众人，一个能惠及他人的人是一个"善"者，也是孟子眼中把人的属性发挥出色的人，他说："凡有四端于我者，知皆扩而冲之，若火之始然，泉之始达。苟能充之，足以保四海；苟不充之，不足以事父母。"③ 否则，一个连自己的父母都伺候不好的人，更别期望此人能在社会上有益于他人。

孟子认为人的德性在"人伦"中生成，又维护了人伦的稳定。孟子眼中美好的人性有四种表现形式：仁、义、礼、智，它们存在的意义和价值在于维护人伦。人伦就是人与人相处时，形成的五对关系："父子，君臣，夫妇，长幼，朋友。"在这五伦关系中人按仁、义、礼、智、信"五常"规范行事为人，则社会太平且能长治久安。每个人在社会中应该明了自己所处"人伦"的位置，根据"人伦"确定身份，根据人伦规范匹配相应行为，如事父母要仁，事兄长要义，与朋友交要言而有信，这样社会有序，人人生活和谐。

"大丈夫"是孟子眼中具有完美人性的典范，他"富贵不能淫，贫贱不能移，威武不能屈"，④ 不向权贵低头，不做无原则的顺从，只敬畏真理和正义。"大丈夫"身上有一股浩然正气，至于什么是浩然正气，孟子也无法描述清楚，只说他是一种"至大至刚""塞于天气之间"⑤ 之气，这是大丈夫立于天地之间的一股凌然正义之气，是一股强大的道德自律、自觉的伟大精神力量。要成为"大丈夫"在孟子看来关键是要主动提高内心的修养，具体内容有：（1）持志养气。高尚的志向和追求，结合道义，浩然正气就可以自然生发出来。（2）动心忍

---

① 《孟子》，万丽华、蓝旭译注，中华书局 2016 年版，第 255 页。
② 《孟子》，万丽华、蓝旭译注，中华书局 2016 年版，第 290 页。
③ 《孟子》，万丽华、蓝旭译注，中华书局 2016 年版，第 70 页。
④ 《孟子》，万丽华、蓝旭译注，中华书局 2016 年版，第 126 页。
⑤ 《孟子》，万丽华、蓝旭译注，中华书局 2016 年版，第 59 页。

性。也就是孟子说的"天将降大任于斯人也，必先苦其心智，劳其筋骨，饿其体肤，空乏其身，行拂乱其所为，所以动心忍性，曾益其所不能"。[①] 在恶劣的环境下，磨炼人的意志，锻炼人的毅力，大丈夫因战胜艰难困苦被造就出来。（3）存心养性。要把人的善性保存须排斥耳目之欲，排除物欲干扰。（4）反求诸己。孟子说："爱人不亲，反其仁；治人不治，反其智；礼人不答，反其敬，行有不得，皆反求诸己"，[②] 当与他人交往未得到对方肯定时，应该从自身找原因，对自己严格要求，省察自己是否有做得不好的地方，严于律己，宽以待人。

（三）荀子的德性思想

孟子认为人的德性是从自然本有的善端发展而来，而荀子却认为，孟子把性和伪搞混淆了。荀子认为"性"即人性，是人与生俱有的自然属性，"凡性者，天之就也，不可学、不可事。礼义者，圣人之所生也，人之所学而能，所事而成者也。不可学、不可事而在人者，谓之性；可学而能，可事而成之在人者，谓之伪，是性伪之分也。"[③] 这些可被学习的内容不属于人天生具备的"性"而属于"伪"。至于人性，荀子认为人性本恶，"今人之性，生而有好利焉，顺是，故争夺生而辞让亡焉。"[④] 人的本性中的恶，如不加限制任其发展必然出现混乱、暴力，所以要通过教育化性起伪，把人本性中的恶驱除，用社会上认可的善来重新填充人的内心，使人成为一个符合人伦秩序要求的人，这样人同样可以成就人之美好。如何在社会上来化性起伪呢？荀子赞成孔子的观点"克己复礼为仁"，他认为用社会约定俗成的礼来教化人，敬畏真理和正义可以约束人的恶，帮助人成为符合社会伦理秩序的人。他说："夫行者，行礼之谓也。礼也者，贵者敬焉，老者孝焉，长者弟焉，幼者慈焉，贱者惠焉。"[⑤] 如果人人都能根据社会的礼制要求规范自己的

---

① 《孟子》，万丽华、蓝旭译注，中华书局 2016 年版，第 286 页。
② 《孟子》，万丽华、蓝旭译注，中华书局 2016 年版，第 150 页。
③ 《荀子》，方勇、李波译注，中华书局 2015 年版，第 377 页。
④ 《荀子》，方勇、李波译注，中华书局 2015 年版，第 375 页。
⑤ 《荀子》，方勇、李波译注，中华书局 2015 年版，第 434 页。

行为，对老年人孝敬，对孩子慈爱，对贫困者施予帮助，那么人人将成"仁"，这是人德性的一种至高的境界。礼在荀子这里得到进一步强化，它不仅有纲常的意义也具有法的意义，如果不履行某种德性而触犯"礼"，是要受到相应的处罚的，"礼"使社会人伦系统得以固定，而且强化了人的德性自觉。当然人的德性养成是一个渐进的过程，环境、教育和个人努力都非常重要。他说"蓬生麻中，不扶自直"，① 不同的环境对人的影响不同，所以人应该选择好的环境、借助教育，加上个人的努力才能养成好的德性，把习得的德性知识和德行相结合，这样知善行善，才能"长迁而不反其初"②。

三　先秦以后的儒家德性思想举隅

（一）韩愈的德性思想

韩愈在唐朝主张复兴儒学，认为要维护国家的统一，就必须以孔孟之道为思想支柱，这是先王之道、先王之教。他在《原道》说："夫所谓先王之教者，何也？博爱之谓仁；行而宜之之谓义；由是而之焉之谓道；足乎己无待于外之谓之德。"③ 他继承了孔孟认为人之为人在于仁义，"仁"系人与人相交往时彼此互爱，义指以仁为实践原则人的行为要适宜，而所谓适宜是在自己所属的有限的人性范围内做到恰切，这意味着你活出了与你身份匹配的样子。根据自己对"仁义"的理解，韩愈设计了一套人们为人处事必须遵守的纲常。与西方最初并不把奴隶当做人相似，韩愈也并不认为所有的人都可以活出他所认定的"人的美好的状况"，因为他认为人自出生上天已经安排了人属于哪一种类的人，君臣之分是天命所为，人性所定。他在《原性》这篇文章中阐释了人性有三个等级：上品、中品和下品，即所谓的"性三品"。上品人身上具备了成为出色人所需要的仁义礼智信等全部内容，这类人属于不

---

① 《荀子》，方勇、李波译注，中华书局2015年版，第3页。
② 《荀子》，方勇、李波译注，中华书局2015年版，第32页。
③ 柳公权：《柳公权原道碑》，文化艺术出版社1988年版，第1页。

学而能的人，他们是其他人行为的榜样和模范，能在社会上充分、自如地按照礼制和人伦要求将人性完美呈现。中品人其人性所包含的"仁"的内容和数量是不确定的，可上可下，需要教育引导这部分人，通过对仁义礼智信的践行，中品人可以提升自己向上品人靠近，尽可能在人伦关系中把自己变得更完善、美好。而下品人在韩愈看来本性是恶的，且恶性天生而来不可改变，所以，德性与这类人无关，对下品的人只能依靠刑法使他们望而生畏。德性作为人本质属性的出色发挥，在韩愈这里只对上品和中品的人有意义和价值。下品人是恶的只能被动接受法律管理和惩罚，不具备善的可能性。上品人天生可以把"仁义"践行达到至善境界，这样的人不多，只有少数的圣贤才属于这类人。对大多数中品人，需要不断在实践中养成德性，而德性的养成不能一蹴而就，是人在日常生活中持之以恒学习和执行以"仁义"为核心的一套伦理纲常，这个过程中，人要不断内省，严于律己、宽以待人，时刻小心谨慎，德性修养就会越来越高。

（二）朱熹的德性思想

人的德性在朱熹这里变为人对天命所规定的秩序的遵守。朱熹所理解的人是天生就应该遵守伦理纲常的人，这是人本源的、自然的规定性。他把人性分为"天命之性"和"气质之性"，性即是他所谓的"理"。朱熹的德性思想是以"理"为基础和核心建构起来的。他认为"理"是一种超越时空，存于天地之间，主宰宇宙一切秩序的存在，一切的伦理纲常都由"理"而出，"宇宙之间，一理而已。天得之为天，地得之为地，而凡生于天地之间者，又各得之而为性。其张之为三纲，纪之为五常，盖皆此理智流行，无所适而不在"。① 那么"理"到底是什么？"理"就是朱熹所言的人性，也是"仁义礼智"道德规范。他说："性只是理，以其在人所禀，故谓之性。"② 又说："性者人之所受

---

① 《朱文公文集》（卷七十），上海涵芬楼影印嘉靖本，第2549页。
② 《朱文公文集》（卷五十九），上海涵芬楼影印嘉靖本，第2145页。

乎天者，其体则不过仁、义、礼、智之理而已。"① 这样就出现了问题，既然理是人性，理又是仁义礼智，理又是天地之间本来的存在，那么现实中为什么会有不同的人。对这个问题朱熹的解释是人性分为"天命之性"和"气质之性"两种。前者是对理而言的，完美无缺的至善；后者是相对于人心而言的，有善有恶，需要用教育、教化才能祛除恶养成善。在朱熹看来人的"恶"都来自"人欲"，"天理"与"人欲"是互相对立的，所以"学者须革尽人欲，复尽天理，方始是学。"②

"理"在自然界是"天理"，它规定着宇宙秩序，"理"在社会表现为"人伦"规范君、臣、父、子、弟、兄等相应的伦理秩序，如仁、忠、慈、孝、友等，无论"天理"还是"人伦"都是天命所为人必须无条件遵守。恪守伦理规范践行规范要求，这样的人是有人性的人，也是有德性之人。反之，则可能君不君，臣不臣，父不父，子不子，违背秩序规定，人不像人混乱不堪，天理不存，社会暴乱将是迟早之事。要把人体内的"理"显现出来，要在学习中践行，朱熹把学习划分了两个阶段：小学和大学。小学主要通过学习洒扫应对进退之事，初步知晓和践行"忠""孝""悌"等伦理规范。大学阶段学习的内容如《大学》中记载的，有格物、致知、诚意、正心、修身、齐家、治国、平天下，最终达到"明明德"和"止于至善"的德性境界。

如何做到"存天理，灭人欲"？朱熹认为须提高个人修养。（1）他认为要向圣人学习，以圣人为榜样。（2）立志。树立远大志，这是做人的根本。朱熹说"人须先立志则有根本，譬如树木先有根本然后成合抱之木。"③ 如果没有志向，人前进就失去了方向。（3）居敬。居敬就是要专心致志，做事情要谨慎认真，内心无妄想，外无妄动，就能做到"敬则天理常明，自然人欲惩窒消治"④。（4）存心养性。存养本心，

①《四书或问》（孟子或问·卷十四），日本刻本，第639页。
②（宋）黎靖德编：《朱子语类》，岳麓书社1996年标点本，第200页。
③《性理精义》（卷七），《四部备要·子部》，上海中华书局据通行本，第103页。
④（宋）黎靖德编：《朱子语类》，岳麓书社1996年标点本，第188页。

收敛人心，把心安放在理义上，如若能安顿在义理上，则人不会做出为非作歹不合人伦秩序的事情。（5）内省。反省检查，时刻省察，这是保持人心不堕落的良方。朱熹认为当有不良思想初露端倪时，就应该省察，将其消灭在萌芽状态。如果不良言行已经出现，要及时纠正、反省原因，不让此种情况以后再次发生。（6）力行。要将存于天地之间的人伦天理付诸行动，身体力行，知而不行是知之不深，知是行的前提，而行是对知的检验，言行一致才是德性的根本。

第二节　西方的德性伦理思想

德性是人本质属性的美好显现。在西方的文化视域里，苏格拉底把西方人认识的兴趣从宇宙带到人自身，开始思考人是什么？总体而言，西方认为人与动物的区别在于人所特有的理性。理性是人的本质属性，将理性完满地呈现出来或者达到了理性的要求就是德性。因各思想家对理性的来源或者理性的认识存在差异而导致了德性思想的差异。西方德性思想的发展经历了四个阶段[①]：第一个阶段是古代德性伦理的形成时期（从公元前 5 世纪到 16 世纪），这一阶段西方德性思想出现了两次高峰，形成了不同的德性伦理思想体系，即以亚里士多德为代表的世俗德性伦理学的形成和以托马斯·阿奎那为代表的神学德性伦理体系的形成。第二阶段是近代德性伦理学的衰落时期（大约从 17 世纪至 20 世纪中叶），这是西方在文艺复兴、启蒙运动之后资产阶级革命确立了资本主义社会，从关注个人德性问题转向规范问题，聚焦规范伦理学，德性变为规范伦理的附庸。第三个阶段，是当代德性伦理学复兴时期（大约从 20 世纪中叶至 20 世纪 80 年代），西方个人主义、自由主义、消费主义导致的现代性危机，人们意识到个人德性对个人和社会发展的根本意义，1981 年麦金太尔的《德性之后》问世，将复兴德性伦理推向高

---

① 江畅：《西方德性思想史概论》，人民出版社 2017 年版，第 17—20 页。

潮。与此同时，社会德性问题也被关注，罗尔斯的《公正论》出版，引发了对社会德性问题的研究热潮。第四个阶段，近几十年德性伦理学的分化，随着德性伦理研究向纵深发展，学者们开始关注不同领域内的德性问题，如德性教育论，德性法学，德性环境论等。本研究基于德性思想发展的顺序选取其中几个代表人物的德性思想进行梳理。

一　古希腊德性思想

（一）荷马史诗中的德性思想

古希腊有悠久的德性思想历史，一直可以追溯到公元前 13 世纪的"英雄时代"。在古代希腊"德性"（aretê）的意思是"优秀"和"卓越"，这个词可以指一切事物的优秀。例如，马的德性是速度；身高是篮球运动员的德性。德性对应的英文词语是 virtue，vir 的词源意思是男子气或勇敢、英勇。荷马史诗中描写的英雄的德性都具有英勇、男子汉气质。荷马史诗的主题是讴歌氏族社会的英雄，这些英雄完美地履行了当时社会角色对其职责的要求，一个人的所做所为就是这个人的本身，所有的英雄身上都展示作为英雄和男人所应该具有的"男子气"，他们为维护集体利益无条件地表现出勇敢、尚武的德性。总的来说，英勇善战、足智多谋、刚毅、忠贞、节制这些英雄们身上展现出来的德性力量成就了群体利益而被颂扬、讴歌。荷马史诗描写的英雄所具有的德性符合当时社会发展需要，唯有拥有这些德性才能维持家族或部落的生存和发展。

（二）苏格拉底的德性思想

苏格拉底是古希腊第一个将德性思想进行理论化的思想家。他虽然没有明确给出"人是什么"的命题。但借助"德性即知识"这个命题，表达了人的德性在于对知识的把握，而知识是人理性作用的结果。所以可以看出他心中的人是理性的人，有智慧的人就是把人的本质发挥出色的人，是有德性的人，"德性就是逻各斯"[1]。苏格拉底把知识认定为德

---

[1]　［古希腊］亚里士多德：《尼各马可伦理学》，廖申白译，商务印书馆 2013 年版，第 190 页。

性的充分且必要条件。他惯用三段论来论证：凡是善的都是有益的，知识是有益的，所以知识即是善，是德性。苏格拉底认为人运用智慧可以认识和把握事物的本质，"他把科学的真知和道德的真知看作一回事——都是知识"。[①] 拥有知识就知善，知善必然会行善，这样的人生活是幸福的；恶是因为人无知，也会导致人的不幸。按照苏格拉底的理解一个真正有智慧的人，他的灵魂一定会引导他实现善的目的。一个人只是口头上了解某些道德的规矩而不采取实际行动，在苏格拉底看来不是真正的拥有道德知识。苏格拉底认为，意志和行动是统一的，都是灵魂的性质和表现，真知一定会通过灵魂在行动中表现出来，知与行是并行不悖的关系。

另外，苏格拉底认为存在具体的知识和具体的善，但在具体之上还存在一般的、普遍的知识和善、至善。所有的善都是和一定的目的相联系，实现了一定目的才能称为善。善是具体的，同时又是相对的，例如一个东西既可以是善的也可以是恶的，如肉对饥恶的人来说是善的，而对于发烧的人却是恶的，也即是说同一件东西不能对所有人都是善，只能是对特定的受益人来说是善的、有用的，换言之，凡是有益的就是对受益人来说是善的，这里面包含了最初的功利主义思想。所以说，善、恶的评价是因为对象的不同而不同，在不同范围，不同情况下，会有不一样的评价结果，不能离开具体对象的情况，抽象地进行评定。在进行德性评价时，苏格拉底已经涉及了目的和手段之间的关系，强调了目的决定手段，手段要服从目的的意思。

（三）柏拉图的德性思想

柏拉图认为人的灵魂由情欲、意志和理性组成，其中理性把人从其他生物中区分出来，理性在这三者中居于最高和统帅地位，其次是意志，情欲最低。人本质上是理性的人。理性能带领人透过现象认识理念，这个过程中理性发挥出色其德性是智慧，意志在理性管束之下的德

---

① 宋希仁：《西方伦理思想史》（上卷），中国人民大学出版社 1985 年版，第 107 页。

性是勇敢，欲望在理智的统御下发挥出色就是节制。按照灵魂三部分情欲、意志和理性在人体内成分的多少，柏拉图把人划分为三类。统治者或者哲学家他们的灵魂是理性占据主导，他们出色地运用理性获得的德性就是智慧。武士的灵魂中意志居首位，用理性来把意志运用好，其德性是勇敢；生产者灵魂中情欲最盛，需要用理性来节制欲望，节制是生产者的德性。个人德性的实现是理性对意志、欲望统帅实现了对善理念的把握，而对城邦而言，这三类人各安其分，各司其职，既是对个人的公正也使城邦的公正得以实现，公正是城邦的首要德性。

此外，柏拉图把苏格拉底关于善的思想进行了系统化发展。他认为对不同的人、不同的技术、不同的行为都有属于自己的善，这些都是善的现象，在现象之上存在一个最高的、绝对的善理念，这个善理念就是"多中的一"，它是善的本质，高于一切真理和知识，居于理念世界的最高层。人的目的就是通过灵魂中的理性认识善的理念，达到至善，至善的人是幸福的，但幸福不是快乐，幸福需要克制自己的情欲用智慧和合德性的实践活动才能获得。

二 中世纪神学德性思想

托马斯·阿奎那的神学德性思想

托马斯·阿奎那是中世纪最著名的经院哲学家，在当时被称为"圣哲"，他吸收了亚里士多德的很多哲学概念来解释神学理论。他一生著作颇多，主要论证了基督教关于上帝创世教义的合理性，阐述了三种德性及其之间的关系，德性如何产生及实现至善——幸福。阿奎那最重要的代表作是《神学大全》。

作为一个神学家阿奎那坚信人是神创造的理性动物，人本质在于理性，人虽由神创造，但并非完全被动，在理性范围内可以有主动性，所以人不能把所有的行为责任推向神。但理性最终只有指向对神的理解和遵从才能获得永恒的幸福。他把德性理解为人理性的习惯。人运用理性把握真理，在实践中与人相处，都是为了证明神对人创造的合理性，人最终只有将理性纳入神的考量中才可以达到至善。因此他把德性分为三种：理智的德性、实践的德性和神性的德性。德性是什么？他说："德性就是一个力量之完善。任何事物的完善，主要地视其目的而定，而力量的目的是行动，所以说一个力量是完善的，乃是因为它被决定去作它的行动"①。自然界的动植物由它自身的力量决定动作，人异于动物有理性所以其行为不是完全被动的，可以在理性支配下，由积累而来的多方面习惯影响其行为，从这个意义上，阿奎那认为"德性乃是习惯"。理智的德性就是理性思维的习惯，是一种理智的能力，是用理智的思维活动使真理的思考达到完善。实践的德性指人的习惯品质，它是存在于意欲中的能力，这是一种通过践行德性行为才能获得的德性，阿奎那也认为实践的德性是一种在实践中不断完善的德性，获得完善的实践德性还要有理智的德性和神性的德性。所以，从这里可以看出，阿奎那认为理智的德性高于、优于实践的德性，实践的德性是被动的，它受制于和听命于理智的德性，但实践的德性并非完全没有自主性、完全被动，有时候甚至会反抗理智的德性。理智的德性是使实践中的意志、欲望趋于完善，而实践的德性使思维的理智得以更完善，两者相互联系，相互渗透、相辅相成。第三种神学的德性，在阿奎那看来一个人有实践的德性和理智的德性可以使行为朝着一定目的逐渐趋于完善，从中人可以获得幸福，但由于人的有限性，所以获得的幸福也是有限和短暂的。要获得永恒的、最大的幸福、分享到神性的幸福，需要与神性联系起来。"神学的德性对象是上帝自身，因为他超越了我们的理性至善"，"理智的与实践的德性，依照着人类本性的能力而使人的理智和意欲达到完善，而神性的德性则是超自然的。"② 这即是说人需要借助超自然力量才能获得由神那里得到的永恒的、超越自然的光辉和幸福，只有神恩的分享者才能获得这种德性和幸福。

关于德性如何产生的问题，阿奎那不同意柏拉图的先验论观点，他

---

① 周辅成：《西方伦理学名著选辑》（上卷），商务印书馆 1987 年版，第 386—387 页。

② 周辅成：《西方伦理学名著选辑》（上卷），商务印书馆 1987 年版，第 398 页。

还是援引了亚里士多德的思维方式，认为人拥有才智和德性的天性存在，但是这只是一种不完善的潜质，需要后天训练和习惯养成才能获得德性，所以人在后天的日常行为中养成的善恶，不能由上帝"买单"，人应该为自己的行为负责，人在做出行为之前，要用理性去审慎思考做出最佳选择，这是人智慧的结果，是一种智慧的善。人在行动中会产生四种德性，即审慎、公正、节制和刚毅，按照他的观点，审慎是对真理相关问题的思考而产生的德性；在正当、本职、本分的行为中养成的德性是公正；对情感、欲望的克制会产生节制的德性；在命运中坚定地与一切磨难厄运做反抗的德性是刚毅。

德性与幸福之间的关系上，阿奎那认为一般的德性都是实现幸福的手段，幸福是人的最完善的境界，同时也是所有人都想达到的善的顶峰，这个"顶峰"就是对上帝的绝对信仰，与上帝结合。只有对上帝的沉思，理智的德性、实践的德性最后与神性的德性结合才能获得最后的报酬——幸福。这幸福是至善，是仅凭理智德性和实践德性无法到达的，必须有神的德性即信、望、爱与上帝联合，上帝才能满足人心中的欲望并使人幸福。

三 现代德性思想

中世纪之后的一段时间随着社会关系打破了人对人的依附，每个人作为一个独立个体生活于世界，人与人之间的交往在合理范围内拥有相当的自由，规范伦理学适应时代要求，成为这一时期调节人行为的准则，德性伦理学被推至边缘。规范伦理学的确在人们的行为选择和评价方面提供了可以普遍遵循的准则和评判依据，但它毕竟是非人格、普遍和划一的，无法应对生活中行为的多样性、境遇性问题，要确保在具体的境遇中人的行为合宜正当，最终的力量来源仍在人内在的德性。退一步说，即使规范考虑或制定得再合理、周全，如果人们没有良好的内在德性，规则只是一个外在的摆设，也是外在于人，对人的具体实践无法产生实效，那么把规范内化为道德自律精神就是奢谈。因此，在社会规范越来越精细化的当下，人类的道德危机不但没有降低反而愈演愈烈，显然，规范已无济于事，还得诉诸于人的内心、内在的德性，在这样的背景下德性伦理学复兴，其中最有影响的代表人物是麦金太尔。

麦金太尔德性思想

麦金太尔对德性伦理学的关注源自对西方现代道德危机的反思。现代西方的道德危机实质上是道德相对主义引起的危机，主要表现为在道德生活中没有可以依从的客观标准，道德争论沦为无休止的争吵，这种现象麦金太尔把它称为："道德语言的无序"。他在代表作《德性之后》开篇就以自然科学遭受灾难的假想，描述了现代人生活的世界是道德语言灾难后留下的概念残片、支离破碎的世界，而实际上人的生活无论在理论上还是实践上都丧失了对道德的理解力，所以道德危机的存在是必然。面对西方的道德危机麦金太尔将其归因为背离了亚里士多德的德性伦理传统，丧失了对伦理本真的认识和理解，所以若要拯救西方社会，必须复兴传统德性伦理，重新赋予人类活动于统一的道德标准，用善所指向的目的引领人的灵魂，使人的行动有所依存、有所盼望、有所向往，从而促使人正视自我、认识自我、提升和超越自我，这需要重新把德性带回人间，在实践中、群体中连接、共享善。

在建构自己的理论体系之前，麦金太尔从历史的视角，以史实为依据对西方伦理学的历史进行了分析和批判，指出从古希腊到中世纪西方有着优良的德性伦理传统，其中最有影响力的属亚里士多德的德性伦理思想。然而进入现代自文艺复兴以来义务论和功利主义主导的近代伦理学抛弃了德性伦理，把世界带入了伦理困境的"黑暗时期"。尽管他对西方社会的伦理诊断过于忧虑，但却在一定程度上引起了人们对西方道德困境出路的思考，在批评西方伦理困境的同时，他建构了自己的德性伦理思想。

麦金太尔承认："我的德性论是亚里士多德主义的。"[①] 亚里士多德认为德性是人的本质属性的出色发挥，人的本质属性在于理性，人运用

---

① ［美］麦金太尔：《德性之后》，龚群等译，中国社会科学出版社1995年版，第237页。

理性去实现善的过程就是德性的实践过程，这个过程中伴随着德性的产生。他从以下几方面继承和发展了亚里士多德的德性思想。（1）德性就是德性的实践。麦金太尔和亚里士多德都是纯粹的实践主义者，他们都认为德性是在实践中形成，没有实践就不会产生德性。德性是人对善的实现，在实现善的过程中人展示了作为人的卓越和优秀。但麦金太尔的"实践"不是一次性的活动，而是连贯的、复杂的、有着社会稳定性的人类协作的社会活动。（2）德性本身伴随着利益赏赐。他们都认为德性对于实践者而言能从活动本身获得内在的、源自活动本身的自我满足。亚里士多德说："只有那些因自身而被选择，而永不为他物的目的才是最完满的。"① 麦金泰尔认为德性的实践活动会带给实践者利益，这利益既有内在也由外在利益。所谓外在利益是如权力、名声、金钱等一些由实践活动成功所获得的占有物，外在利益具有排他性，某人占有得多就意味着他人占有少。而内在利益却不然，它是实践本身产生和伴随而来的，而且只有这种实践活动能带给实践者这种内在利益，例如成就感、实践过程中的愉悦感等。内在利益是理解麦金太尔德性概念的关键，他对德性的理解是"德性是一种获得性人类品质，这种德性的拥有和践行，使我们能够获得实践的内在利益，缺乏这种德性，就无从获得这些利益。"② （3）德性是对善的实现。亚里士多德认为人的每一个活动都指向善，最高的善就是幸福，而幸福是合德性的实现活动，故德性是对善的实现。麦金太尔认为人的德性实现活动是实现对善的追求——幸福的追求，追求幸福所需要的德性必须贯穿在人的整个一生，需要德性方能帮助人抵御生命历程中的挫败、诱惑，也就是说，一个有德性的人对善的追求不是一时一刻的，而是一个持续的历程，他的过去—现在—将来连成一体，践行着对善的追求，虽然追求的过程不可能一帆风顺，需要抵御一些困难，但活动本身还是能带给实践者精神愉悦

---

① ［古希腊］亚里士多德：《尼各马可伦理学》，苗力田译，中国社会科学出版社 1999 年版，第 15 页。

② ［美］麦金太尔：《德性之后》，龚群等译，中国社会科学出版社 1995 年版，第 241 页。

和幸福。因此"德性必定被理解为这样的品质：将不仅维持实践，使我们获得实践的内在利益，而且也将使我们能够克服我们所遭遇的伤害、危险、诱惑和涣散，从而在对相关类型的善的追求中支撑我们。"①

毫无疑问麦金太尔在很多方面继承了亚里士多德的德性观点，但是他还是立足于当代社会环境对德性有一些不同的理解。首先，对目的论而言，亚里士多德的目的是一种自然目的论，而麦金太尔却是社会目的论。第二，麦金太尔认为人类实践是多样、多重的，因而对利益的追求后果也不尽一样，因此需要在矛盾甚至对立的观点间进行协调或者权衡，将内在利益和外在利益协调好。第三，从实践的意义上定义了快乐理论。

总之，麦金太尔确信走出当前西方的道德危机关键要复归亚里士多德德性伦理，他以历史研究的方法，边批判边建构。他不是简单的对传统回归，而是面对当代伦理困境，通过对传统德性伦理思想的重新释义，为道德困境的解决提供一种新研究路径和理论范式。

第三节　本研究的理论基础：
亚里士多德德性伦理学

一　思想来源

自苏格拉底将古希腊哲学从天上带到人间，"认识你自己"成了古希腊哲学的一个主题。而"自己"的最关键部分是品质或品格，因为你的品质或品格决定了"你是怎样的你"，决定了你是否拥有幸福。赫拉克利特早就说过："一个人的品性就是他的命运"②。那么到底什么是品质、品格、品性？不同的人给出了不同的答案。苏格拉底说："美德（德性）即知识"，把德性理解为是关于"善"的知识，是智慧的产物，一个好品格的人即一个有德性的人，同时也是一个有知识的人。柏拉图与其老师的观点不尽相同，认为智慧是德性的"最重要的一部分"，它

---

① ［美］麦金太尔：《德性之后》，龚群等译，中国社会科学出版社1995年版，第277页。
② 唐热风：《亚里士多德伦理学中的德性与实践智慧》，《哲学研究》2005年第5期。

掌握关于"善"的知识，而善是终极价值、终极真理，位于理念世界的最高层。此外德性还有"勇敢、节制、公正"等。亚里士多德"认识自己"的路径在某些方面继承了柏拉图的思想，但更多的是对柏拉图思想的超越。

亚里士多德认为人介于动物和神之间的一种存在物。人身上有动物的影子，也有神的形象。所以，他发现动物身上有些优秀的品质被人吸收后可变成人性的一部分；同时他也崇尚神的纯粹圣洁性，希望人能超越兽性与神亲近，成为神的近邻。故动物学、心理学亦称灵魂学、形而上学是亚里士多德伦理学主要的思想来源。

（1）生物学

生物学对亚里士多德整个思想体系影响重大，罗素说："柏拉图是数学的，而亚里士多德则是生物学的。"[①] 亚里士多德受其父亲影响从小喜欢观察生物，他先后完成了《动物志》《动物的分类学》《动物的演进说》等著作。亚里士多德把很多动物身上发生的情况迁移到人的身上，在迁移过程中引发了人与动物区别的思考。例如，他说："在表示谦恭的人面前人们的愤怒得以平息，这可以从行为中得到说明，因为狗不咬那些坐着的人。"[②] 再如亚里士多德认为动物性别的差异与人性别差异表现出很多相似性，如"动物中的雌性更为柔顺，更为邪恶，更不单纯，更易冲动，更用心于子嗣的抚养，与之相反，雄性动物更富于生命激情，更悍野，更单纯和更少心计。所有动物可以说都有这些性情的迹象，但于那些更完备地具有性情的动物中尤其是于人类中表现得更明显。"[③] 诚然，在感觉、情感、快乐、痛苦等方面人与动物相近无几，因为这一切属于人和动物共有，但也正是通过对人和动物的观察，

---

① ［英］罗素：《西方哲学史》（上），何兆武、李约瑟译，商务印书馆1963年版，第221页。

② ［古希腊］亚里士多德：《亚里士多全集》（第9卷），颜一译，中国人民大学出版社1994年版，第416页。

③ ［古希腊］亚里士多德：《亚里士多全集》（第4卷），颜一译，中国人民大学出版社2016年版，第315页。

促使亚里士多德思考人与动物相异之处在何？他观察发现，人是唯一用手劳动的动物；人与蜜蜂、蚂蚁等动物都是群居动物，但人的群居无论从内容还是形式上都要比其他动物丰富；动物在其交配季节会出现特别野蛮的行为，马会出现"马疯"，猪有"猪热"出现，而人却在本能行为中可以有节制。他认为正是这"节制"使人超越于动物，与神靠近。所以人可以勇敢但不鲁莽，可以慷慨而不挥霍。人与动物的这些不同之处引发亚里士多德思考人与动物的根本差异在何处，最终他将之归结为人的理性。是理性将人从兽的群体中带出，让人得以靠近神，逼近神。从这个角度看，似乎可以说人本身就是兽与神之间的中道——人亦神亦兽同时又非神非兽。也即是说人既保有动物的自然属性，又不完全像动物那样被自然属性所限制，而是可以对自然属性进行超越，如神一般。但人毕竟不是神，神是完美无缺的，人至多只能"住在神的近处"。①

（2）灵魂学

灵魂理论是亚里士多德伦理思想的另一重要来源。亚里士多德继承了柏拉图关于灵魂的部分观点，承认灵魂的存在。柏拉图认为灵魂是独立存在的，而亚里士多德却认为灵魂必须依附于身体，而且灵魂是对躯体的生理地实现，他说："灵魂整个寄托于物身的某一处，类似治理的中枢，其余凭自然结构而与之相联缀着生活的各部分，便按照自然（生理）所分配给它们的职司，各尽其本分了。"② 这与他关于事物的构成是质料与形式的观点一致，人是灵魂（形式）与肉体（质料）的统一体，而灵魂是人的本质。

亚里士多德认为不仅人而且所有生命物都有灵魂，灵魂即是生命，生命与灵魂同在，灵魂证实着生命的生生不息，"对于生物来说，存在就是生命，灵魂是它们的原因和本原"。③ 灵魂具有趋利避害的本性

① 万俊人：《现代西方伦理学史》（下），北京大学出版社1992年版，第129页。
② ［古希腊］亚里士多德：《灵魂论及其他》，吴寿彭译，商务印书馆1999年版，译者绪言第10页。
③ ［古希腊］亚里士多德：《亚里士多全集》（第3卷），秦典华译，中国人民大学出版社1994年版，第39页。

"如果对象令人愉悦或令人痛苦，灵魂就会追求它或回避它，并由此肯定它或否定它，感到快乐或痛苦就会按照相应于善或恶或诸如此类的东西的感性媒介而行动。"① 人的灵魂中独有的理性能力、理论智慧等能发现不变事物的秩序性、对称性、确定性或有限性，因为整个自然都是被第一推动者安排的井然有序、运转良好，人的理论智慧只能对这种不变事物之事实进行把握，切中事物的本真即是中庸。而在变化的实践性活动中，理性能为人在具体情境中、针对具体对象、做出恰当选择和行为，进而展示出人独有的"真情""真挚"。

（3）形而上学

形而上学即哲学，是科学的科学，是一切学科的指导者。从这个角度看，伦理学自然也要以形而上学为基础。亚里士多德以前的哲学主要从本原来认识世界。一派认为事物的本原是物质性的。如泰勒斯说世界的本原是水，阿那克西米尼说是气，这些观点可以概括为唯物论。与之相对的是唯心论的观点，巴门尼德认为万物是一个"存在"，毕达哥拉斯认为世界就是一个"数"，柏拉图认为世界的本原是不变而永恒的理念。亚里士多德对世界本原的认识有一个变化过程。《范畴篇》是公认的亚里士多德早期著作，在《范畴篇》中，他认为本体的最主要的特征是"主体"，其他范畴都只能依附主体而存在，不能脱离主体独立存在。例如"苏格拉底是丑的"，"苏格拉底"这个主词是描述本体的，"丑的"是宾词是对主词性质的描述，只有与主词结合才能描述出事物的本质。亚里士多德又进一步区分了第一本体和第二本体。他认为个别事物是第一本体，种、属是第二本体，第二本体是用来表述第一本体的。除本体都是个别的、单一的特征之外，本体还是"变中的不变"。

《形而上学》这本书中亚里士多德花费大量篇幅讨论本体问题。首先，他认为本体有几种含义：一种是主体或基质，另一种是本质。他认为有三种东西构成了主体或基质的特征，那就是形式、质料和形式与质

① ［古希腊］亚里士多德：《亚里士多全集》（第3卷），秦典华译，中国人民大学出版社1994年版，第81页。

料的组合物。亚里士多德分析了他以前的哲人关于世界本原的观点后，提出了"四因说"，即形式因、动力因、目的因和质料因，前三者合而为一：形式；万物的构成最终归结为质料与形式。运用前面提到的本体所具有的两个特征来衡量形式与质料，亚里士多德得出的结论是形式比质料更具有根本性，更是本体，因为质料不能与个别事物相分离，具体事物所具有的分离性只能在形式中寻找，所以他宣告形式即本质是第一本体。

那么什么是事物的本质？亚里士多德说，所谓事物的本质就是它由自己的本性是这样的，由此区分了本质与偶然性的不同。另外，形式、目的、动力是三为一的，也即是说目的既是形式又是动力。例如对"为什么这些砖头成为房屋？"这个问题的本源进行追溯，因为人们要建造一个庇护所，这是人们堆砌砖头的目的因，也是人们造房子的动力来源，而房子能成为庇护所是由它的形式决定的，工人需要有建筑庇护所的形式，按照这种形式来建筑房屋。所以目的因、动力因、形式因都归结为形式，形式是第一本质。因此，认识事物的本质过程就是认识事物的形式的过程。亚里士多德认为认识事物形式有两种方式：其一要有一个思想的过程，其二是实践，只是他认为思想过程先于实践，却忽视了在实践中可以产生思想。对此我们不能对他的观点进行苛求，毕竟在几千年之前，他能将思想与实践关联起来本身就是一种进步。

二 德性之"源"

在亚里士多德看来人认识自己是为了成为自己，成为一个"幸福的自己"这是人的自然使命。亚里士多德的德性伦理学从人的日常生活中引导人去发现人，超越自我，完善自我。

（1）"善"：人行为的目的

亚里士多德在《尼各马可伦理学》开篇写道："每种技艺与探索，与每种行动和选择一样，都显得是追求某种善，所以人们有理由把善表示为万事万物所追求的目标。"① 故"善"是人的每一行为的目的，而且是自然地、本然地所追求的目的。"目的论是亚里士多德哲学的特点，更是其伦理学根本的思考方式"。② 在亚里士多德以前的哲人已经开始追问事物之所以然的原因，但都在涉及质料因和动力因上停滞不前。阿那克萨哥拉提出理性说，恩培多克勒的友爱说，柏拉图由善的理念发端一切事物，他们都主张事物的变化始于"善"，却没有认识到事物的存在、生成、发展正是为了"善"，而这是亚里士多德的贡献。亚里士多德提出了"四因说"，即目的因、形式因、动力因、质料因。其中目的因、形式因、动力因三者重合，因为他认为形式和目的是同一的。一般地说，凡自身运动而引起别的事物运动者皆如此。③ 形式因作为目的，展示质料的用途，事物的运动由它引发，同时自身包含着动力因从而能在实现目的时成就自己，推动自己前进，这就是亚里士多德所主张的自然目的论。他在《物理学》中反复强调"自然就是目的"，这个自然是"每一个自身内具有运动变化根源的事物所具有的直接基础质料"，是"自身内具有运动根源的事物（除了定义中，不能同事物本身分离的）形状"，④ 所以每一个动物和植物为了自身的生长都有极力地将蕴藏在其体内的"善"的种子变为现实的愿望。例如，一粒树种子"潜在地"包含了长成一棵参天大树的各种"潜能"，在它生长的过程中，树自然会吸收有利于其生长的各种因素与体内的"潜能"结合，尽其可能成为一棵参天大树，因此，长成参天大树是树的善，是树的目的。在《形而上学》第九卷中，亚里士多德用一个男孩—男人—人来说明，其实在一个男孩身上已经具有成为一个男人所有的潜能，只是缺乏成熟的"形式"，男孩日后的成长、发育都是为了成为男人，为了实

---

①　［古希腊］亚里士多德：《尼各马可伦理学》，邓安庆译，人民出版社 2010 年版，第 38 页。

②　何良安：《为了幸福——亚里士多德德性伦理研究》，博士学位论文，复旦大学，2007 年，第 41 页。

③　汪子嵩：《亚里士多德关于本体的学说》，人民出版社 1983 年版，第 193—201 页。

④　［古希腊］亚里士多德：《物理学》，张竹明译，商务印书馆 1992 年版，第 48 页。

现具体的男人样式，最终成为一个"人"。因此，在亚里士多德看来，自然中的一切事物和现象都内在地、潜在地包含着促进其生长、发展、成为其所是的力量。"是其所是"就是成为属己的独一无二的自身，而这个独一无二的本己的自身之所是就是事物的目的。黑格尔对亚氏的评价："亚里士多德的主要思想是：他把自然理解为生命，把某物的自然（或本性）理解为这样一种东西，其自身即是目的，是与自身的统一，是它自己的活动性的原理，不转化为别物，而是按照它自己特有的内容，规定变化在适合它自己，并在变化中保持自己；在这里他是注意那存在于事物本身里面的内在目的性，并把必然性视为这种目的性的一种外在条件"①。这种内在目的的存在，也成为评价事物的活动好坏的逻辑前提。

因此，人的所有行动，无论是"技艺还是探索"抑或"行动和选择"都自然地指向"善"追求"善"，最终目的是为了成就人自身——自身的好生活、幸福的生活。从这里可以看出亚里士多德的"善"目的明显不同于柏拉图的地方。柏拉图将"善"视为理念，是固定不变的，而亚里士多德认为人们根据行动的目的不同，善也是不同的，善不仅呈现多样性，而且具有一种立体的"建筑性结构"。它有如下特点：从纵向看，由于人的活动多种多样，所以目的也多种多样；但是如果人的一系行列动都指向某一个终极使命，那么这个终极目标就比从属目的优越，前者是因为后者的缘故才被追求。他举了一个例子："例如制作马鞍的技术和制造其他马具的技术都从属于骑马术，而骑马术又连同所有以取胜为目标的战争从属于战术"，② 这样因为要追求战术上的"善"才导致要追求骑马术，而骑马术的善又成为制作马鞍和制造马具善的指向。如此一来，人活动的低级目标从属于高级目的，层层递进形成一个

---

① ［德］黑格尔：《哲学史演讲录》（第二卷），贺麟、王太庆译，商务印书馆1995年版，第309—310页。

② ［古希腊］亚里士多德：《尼各马可伦理学》，邓安庆译，人民出版社2010年版，第38页。

阶梯式构造。横向上，亚里士多德也认同将人的善划分为外在善、身体善和灵魂善三类。他认为只有灵魂之善才是属人的善，才是人之为人的善；而外在善，例如财富，机遇和身体善都是为了实现灵魂善服务的，灵魂之善才是人的最终目的——幸福。如此，纵横交错的目的编织出人行动所具有的复杂的、立体的建设性"善"结构。

（2）人的最高善：幸福

鉴于目的的阶梯递进性，必然能推出一个最高的、终极的善，"如果有一个行为的目标，我们是因它自身而欲求它，其余的目标也只是因它之故才欲求；而且如果我们因此也就不追求所有因他之故才欲求的东西，那么显然，这样一个目标就是终极目的，是最高的善"。① 这个最高善是因为自身之故而被人所欲求，人们的一切行动都是为了它。与一个射箭手一样，明确知道靶心在何处才有可能命中目标，而这个最高善就是人们活动最终所指向的"靶心"，它就是幸福。"因为我们永远都是因其自身之故而决不会因别的缘故而欲求幸福"。② 如亚里士多德所言，将幸福当做最高善，并不是我们能选择的，而是由我们的本质所决定的，除此之外人不可能有其他所求。

幸福是自足的。所谓自足指："那种仅仅为其自身就值得欲求并且一无所需的生活。"③ 在古希腊时期，求自足是希腊精神运转的中心任务——幸福的人是自足的、繁荣昌盛的城邦是自足的、以至于广袤的宇宙为了自身的运转也围绕一个轴心而运转。亚里士多德继承了这一"自足的"思想。他认为幸福的自足性体现在：与任何其他别的东西相比，幸福永远是因自身之故被欲求。相比之下荣誉、快乐、智慧虽然也因自身之故人们愿意欲求它，但最终欲求它们还是为了幸福。也即是说

---

① ［古希腊］亚里士多德：《尼各马可伦理学》，邓安庆译，人民出版社 2010 年版，第 39 页。

② ［古希腊］亚里士多德：《尼各马可伦理学》，邓安庆译，人民出版社 2010 年版，第 53 页。

③ ［古希腊］亚里士多德：《尼各马可伦理学》，邓安庆译，人民出版社 2010 年版，第 53 页。

它们作为幸福所必须的外在善而存在，唯有幸福是自足，它更伟大、更高尚，是既不能被称赞也无法奖赏的最高的属神的"善"。幸福是不可以与其他善事物并列的东西。

幸福是人之为人的使命。亚里士多德所言的幸福不是人的一种主观感受，而是人的一种客观的生命状态。在他看来，人总是希望自己能够生活得"好"、过得"好"，也就是对幸福的追求是人的一种自然目的，也正是这种目的引领着人的一切活动，使人将人所具有的一切功能都最大化地发挥出色，这样人生如同盛开的鲜花一般灿烂。所以拥有幸福是人积极主动追求的结果，"而如果幸福通过努力获得比通过运气获得更好，我们就有理由认为这就是获得它的方式。因为在自然中，事物总是被安排得最好"。① 人活着追求幸福的过程是将人的功能发挥出色的过程，也即是人的完善、自我实现的过程。由于"人是天生的政治动物"，故人的自我实现需要在城邦中、在共同体中，以公正和友爱为纽带，在成就他人的同时，实现自我，收获幸福。

幸福是个复合体。亚里士多德虽然认为幸福是自足和完善的，是从幸福作为人行动的最高善这个层面上言说的，他并没有否认幸福所包含内容的多样性，它由许多部分组成，从这个角度说幸福是个复合体。首先，幸福并不排斥快乐，包含快乐，但快乐不等于幸福。因为一方面快乐本然是善的（但不是说每一个具体的快乐是善的），② 而幸福是最高的善，自然快乐包含在幸福之中。另一方面，幸福的生活就是快乐的生活，快乐内蕴于幸福之中，这里亚里士多德讲的快乐是一种精神的快乐而非感官上、生理上的快乐。追求幸福的人一定是将德性付诸于行动，而且是高贵的行动，从行动中会得到莫大的快乐，所以这行动本身就自在地是一种享受，使人精神愉悦，唯有这样的人才是亚里士多德欣赏的

---

① ［古希腊］亚里士多德：《尼各马可伦理学》，廖申白译，商务印书馆 2003 年版，第 25 页。

② ［古希腊］亚里士多德：《尼各马可伦理学》，邓安庆译，人民出版社 2010 年版，第 263 页。

真正有德性的人，是幸福的人。其次，幸福也需要一些外在的善缘。例如，身体的健康，一定的财富，好朋友等，这些外在善是人从事德性活动所必要条件，当在人的活动中获得了荣誉、快乐、德性时其实就是人获得幸福之时，所以"它们自身即是幸福的重要组成部分"。[①]

三 德性伦理的内容

人生活、生存孜孜以求的幸福到底是什么？在古希腊曾有三种幸福观。一种是快乐主义幸福观，认为幸福就是快乐，只不过快乐所指涉的对象是肉体还是精神，抑或是两者兼而有之，关于这点在认识上有差别。如：昔勒尼学派认为幸福就是肉体的快乐；而赫拉克利特则认为肉体快乐是需要的但不能止于肉体快乐要上升到精神层面的快乐；德谟克里特提出有节制的快乐是美德。第二种是把追求荣誉视为幸福。这是一种属于政治生活意义上的幸福。亚里士多德认为虽然荣誉是对人行为肯定的一种方式，但荣誉毕竟是他人给予的，一个人无法确保自己一定会得到荣誉，所以说荣誉对人而言是不稳定的容易被人剥夺，对于一个不确定的目标当然不能成为最终的善。第三种认为幸福就是德性，柏拉图把善视为最高的理念，一切德性行为只能是对"善"理念的模仿。犬儒主义认为幸福就是德性，而德性是自足的超然于一切欲望之外，排除一切欲望，唯有禁欲才能确保德性纯洁。亚里士多德在批判前人幸福观点的基础上提出了他的德性幸福观——幸福是灵魂合德性的实现活动。如此，人要把握幸福其实是把握住自己的灵魂。

（一）功能与德性

人人都希望自己的一生兴旺发达，生活在幸福之中，它是人一生都渴望拥有的，人的一切行为的最终指向在幸福，所以幸福是人的最高善、最高目的。幸福是什么？如何来实现幸福？这些都是幸福研究需要关注的问题。对于幸福是什么在古希腊时期有三种幸福观，亚里士多德

---

① 余纪元：《亚里士多德伦理学》，中国人民大学出版社 2011 年版，第 46 页。

对他们分别予以了批评之后提出自己的幸福观。幸福是人的合德性的实现活动，那么了解幸福的关键在于了解人和德性。人作为地球上的一种生物，与其他生物一样，是灵魂让生命得以生生不息。

理性的人追寻幸福，如其他生物自然生长壮大一样是一种自然的目的。生物追求壮大、雄健的过程就是把属己的功能发挥出色的过程，功能（ergon）在古希腊的本义指"有这个东西才能做，或者说只有这个东西才能做好的事。"① 亚里士多德明确说"功能可以定义一个东西是什么。如果这个东西失去了其功能，这个东西也就不成为它的自身了。"② 例如，眼睛的功能是看，如果眼睛不能看事物了，那么即使是迷人的丹凤眼，失去了眼睛的功能而不再是眼睛了。因此，功能是用来定义和揭示事物本质的。而本质按照《形而上学》的解释是指"事物一直是什么、恒是"的意思。所以功能定义事物的恒是、本质，事物之所是。亚里士多德所说的"本是""恒是"是指本体也称为"实体"，他把"本体"分为形式、质料和本质与质料的复合体三类，而第一的"是"或"存在"是形式，形式决定事物之所是，且把该事物与其他事物区别开。

眼睛的"好"，则意味着眼睛的功能——视力好，看东西看得清楚。"好马"意味着马跑得快，因而，一个事物"好"等于其功能实施得好，功能发挥到优秀卓越的状态，这种优秀卓越状态就是一事物的德性。如上所述，人独有的功能在于理性，那么"人的好不过就是理性努力的（形式）对象"。③ 所以人的优秀状态，即人的德性在于理性卓越。人运用理性控制欲望、情感，行事合乎中道，这样的人达到灵魂合德性的幸福状态。

那么怎样的生活才是符合理性的生活？亚里士多德的观点是过政治

---

① 余纪元：《亚里士多德伦理学》，中国人民大学出版社 2011 年版，第 51 页。
② 余纪元：《亚里士多德伦理学》，中国人民大学出版社 2011 年版，第 52 页。
③ ［美］理查德·克劳特主编：《布莱克维尔〈尼各马可伦理学〉指南》，刘玮、陈玮译，北京大学出版社 2014 年版，第 39 页。

的、社会的、共同体的生活。正是在这个意义上他又提出"人是天生的政治动物"的论断。在他看来，人无法单独存在，他一定从属于家庭、城邦、国家之中，个人与共同体的关系如同一个有机体的部分与整体的关系。人只能在共同体中才能施展自己的能力、才能，其功能才有展示的空间，人也只有在城邦或共同体中才能实现自我，否则脱离了城邦或共同体，人的功能没有施展的舞台也就没有存在的价值和意义，只徒有虚名。因而，从这个意义上说，共同体是为了达到某种善而组合起来的。城邦或共同体首要的德性是公正，城邦之善就是培养公民成为好公民。好公民的首要前提是遵守社会规范，变对社会规范的被动遵守为主体自律的贯彻，从而使人的理性能帮助人实现真自由。能自由展现人的理性的人，是一个自我实现的人，是把人的功能发挥出色的人，因而也就是一个有德性的人。德性就是人的自我实现。

对人而言，不仅是存在，而且是努力追求幸福，它为人生活点燃希望，为人前进提供动力。所以"活得好"与幸福是同义词。根据亚里士多德的观点一事物的"好"或"不好"取决于该事物将功能发挥的程度。简言之，一个"好"的事物就是把事物所具有的独特功能发挥出色的事物。一个好的琴师就是琴弹奏得好的人，一个好的吹笛手就是能吹奏出优美的乐曲的人，一个好学生就是专注认真学习的学生等等。总之，一个好人就是将人的特有功能——理性发挥得好的人，这种意义上的"好"就是德性。所以德性是"让人把人的功能发挥得好的品质"。[①]

（二）灵魂与德性

灵魂一词在古希腊"原本意思是呼吸、气息"。[②] 基于日常生活的朴素观察，古希腊人认为凡是有生命气息的生物都是有灵魂的。至于人，人的灵魂与人的生命共存，生命活动是灵魂功能的具体化。柏拉图在《理想国》中将灵魂分为：理性、激情和欲望三部分。亚里士多德

---

① 余纪元：《亚里士多德伦理学》，中国人民大学出版社 2011 年版，第 58 页。

② 廖申白：《德性的"主体性"与"普遍性"——基于孔子和亚里士多德的观点的一种探讨》，《中国人民大学学报》2011 年第 6 期。

不同意他老师对灵魂的观点，他认为生物都有灵魂，植物有植物的灵魂、动物有动物的灵魂、人有人的灵魂。在这三种灵魂中植物灵魂最低；其次是动物灵魂，它包含植物灵魂。最高级的是人的灵魂。植物灵魂提供营养是最低等灵魂与人的德性没有什么关系。动物灵魂除包含植物灵魂外还有感觉和运动的技能。人的灵魂除拥有植物和动物灵魂外，还独具思维的机能。所以理性显示了人的高贵，体现了人的本质。因此亚里士多德说"人是理性的动物"。

在亚里士多德那里灵魂被划分为两部分：理性和非理性。其中非理性部分包括：植物灵魂和包括欲望、情感在内的动物灵魂，需要注意的是亚里士多德认为人的欲望、情感这些非理性灵魂"在某种程度上还是分有了理性的因素"，[①] 能顺从或听从理性的指导，从而人的理性驾驭下非理性顺服于理性使人成为德性之人。基于对灵魂不同部分的划分，它们各自功能的差异也对应不同的德性。人是动物又超越动物，所以人有植物性的灵魂又有动物性的灵魂，人的特殊性在于其他生物所不具有的理性，所以从这个角度上说人的本质是理性。

（1）理性及理智德性

亚里士多德将灵魂划分为理性与非理性之后，进一步对灵魂的理性部分进行了区分。"一个部分，我们是用它来洞见那些其本因不可改变的存在者的；另一个部分则是用它来洞见那些可变的存在者的。因为对于不同种类的事物，也要用灵魂的不同部分来洞察。"这种看法依据的是，灵魂不同部分中的认识能力与不同性质的认识对象之间有某种程度的类似性和亲缘性。而灵魂的这两个部分，一个称为"认知的"，另一个称为"推理的"。[②] 由此，我们可以看到亚里士多德根据认知对象是否变化，理性在求真时涉及两方面形式，与之对应有两种德性：一是以

---

① ［古希腊］亚里士多德：《尼各马可伦理学》，邓安庆译，人民出版社 2010 年版，第72 页。

② ［古希腊］亚里士多德：《尼各马可伦理学》，邓安庆译，人民出版社 2010 年版，第207 页。

不变事物为认识对象，科学的认知活动，它是"理论理性"的功能，使之功能发挥得好的是"智慧"；另一个是以可变事物为思考对象的推理或计算活动，所需要的是实践理性，它的德性是实践智慧。

具体来说，亚里士多德根据"灵魂借以采取肯定和否定的方式命中真理的能力"，① 把理智德性分为五种，即技艺、科学、明智、智慧和灵智。

技艺是关于制造的知识，研究如何制作新事物的活动，它的研究对象是可变的。技艺致力于谋划某事物如何制作并将其生成。亚里士多德认为生成的事物有两类：一类是在自然中生成的事物，在同类中通过自然遗传生成；另一类是由人为制造生成，这个过程需要人思辨、设计如何将其生成。这里包含着推理的过程，亚里士多德在《形而上学》一书中对此有论述。技艺"是一种与正确的理智相联系的制作的品质"，② 所以在制作时必须用理性，遵从原理进行操作才能使推理导向正确，否则将走向反面，无法实现自己的意图。

科学知识的对象是不变的、永恒的具有必然性的事物，"科学是一种求证的品质"。③ 亚里士多德将科学的特点概括为：1. 科学认识的对象是不变的，否则我们不能够清楚到底它"是"还是"不是"它自身。2. 经由人认识的科学知识是确定的，因此是可以被传递、被学习。学习的方式既可以是归纳也可以用演绎。3. 科学知识因为其符合逻辑，因此可以被证明。

实践智慧（也译为明智、深虑、明哲）与科学的对象不同，与技艺的对象一样都是以可变的事物为对象，"它是在涉及对人或好或坏事情上的一种与正当的尺度相联系的行动的品质"。④ 它总是对不同的、

---

① ［古希腊］亚里士多德：《尼各马可伦理学》，邓安庆译，人民出版社 2010 年版，第 210 页。

② ［古希腊］亚里士多德：《尼各马可伦理学》，邓安庆译，人民出版社 2010 年版，第 212 页。

③ ［古希腊］亚里士多德：《尼各马可伦理学》，邓安庆译，人民出版社 2010 年版，第 210 页。

④ ［古希腊］亚里士多德：《尼各马可伦理学》，邓安庆译，人民出版社 2010 年版，第 213 页。

具体事物而言的，但仍然含有普遍的知识，是将普遍知识运用到具体事物上去，为解决具体事物而提供谋略。"实践智慧实际上就是理智的德性中的实践的理智，是关于可变事物的知识"，① 所以从这个角度分析，实践智慧是沟通普遍与具体的桥梁，能依据具体事物的具体需要将普遍知识具体化使之符合总体目标的安排，因此，明智的人必须将努斯和机智结合追求欲求的、价值的真。亚里士多德区分了实践智慧、机灵或圆滑之间的差别，他认为基于努斯而不能根据具体情境善断的人不是明智之人，也就是俗称的"呆子"，他只知原理却不会应用。同样，若投机取巧完成任务或具备完成任务的能力却缺少高贵灵魂，这人至多算机灵或圆滑，还构不成德性，唯有实践智慧才能将二者结合上升为一种品质、一种德性。

实践智慧是对善的谋划和实践。实践智慧与理论理性不一样，它并非是一种无关善恶的理论上的静观或者理论计算；与之相反，实践智慧关乎善恶，因而是一种实践的推导。亚里士多德认为需要特别指出的是这里的善恶并非是指具体的某事情的善恶，也不能把它看做手段的善恶，这类善是技艺追求的目的，并非实践所指向的总体善和终极善。

实践智慧是对特殊事物、特殊情境所需要的知识。亚里士多德批判柏拉图的善理念时，发现老师忽视了事物和情境都是具体的这一事实，而且实践活动有些复杂，有时会偶发一些意想不到的状况这也是无法回避的事实，因而善是"多"，而且是"有层次的多"，绝非柏拉图所言的"一"。生活的多样性客观要求人以多样的方式去应对才能继续生活，实践中无法用不变的原理来处理多变的世界，因此，人的生活需要在多样的实践中积累经验，经验有助于人在实践中智慧应对。实践智慧面对的是不确定的、可改变的经验领域，它不具有普遍性、必然性，偶然性是其题材的一个特征。概言之，实践智慧就是对差别、特殊和杂多的思量，是在变化莫测的生活实践中做出适合具体情境的谋划。

---

① 丁立群：《亚里士多德实践哲学中的德性与实践智慧》，《道德与文明》2012 年第 5 期。

实践智慧是人生活经验的一种。亚里士多德从实践智慧的学习方式与科学的习得方式的差异上来论述实践智慧需要经验积累。他认为科学内容客观，青年人很容易通过受教育习得，甚至成为一个科学家。然而在青年人身上实践智慧却难觅踪迹，原因在于实践智慧与具体事情相关，经历这些事情需要经验，而青少年由于历经事情少，所以缺少这方面的积累，因而没有经验就无法拥有实践智慧。需要特别指出的是亚里士多德的经验概念"比认识论的经验要完整和原始，它是人们的完整的生活经历，更明确地说，经验就是一个人的完整的生活和历史"。①

实践智慧有三种次级形式："善谋""善解"和"善于体谅"。"善谋"者知道如何通过思量、筹划命中行为所能实现最大善的人；"善解"就是能知道什么可行，什么不可行，懂得如何在具体情境中最恰当最得体的行为方式；"善于体谅"是对情境的"得体"的判断。实践智慧是一种实践性的思维，而伦理生活是人实践的重要组成部分，所以实践智慧是伦理德性的重要组成部分。亚里士多德说："伦理德性既然是种选择性的品质，而选择是一种经过思考的欲望。"② 我们知道选择是理性对感性、欲望等进行肯定、否定或综合之后的理智行为，选择作为一种实践理性的形式，其德性就是要善于思考能做出审慎而恰当的选择，这就是实践智慧，它能促成最佳结果。

灵智（也有译为努斯和直觉理性）是把握第一原理的，是无法证明的，否则将会导致证明的永无止境，所以它是一切运动的第一推动者。能推动一切，自身就是目的，惟有神。所以努斯是五种理智德性之首。作为第一推动者，其他一切事物因之而生，所以对努斯的把握不能像科学一样求证、推理，也不能像技艺与实践智慧那样在变动不居的情境中进行，只能通过"直观"或"直觉"来把握。

智慧是最完善的科学，是灵智和科学的结合。智慧是"关于首要的

---

① 丁立群：《亚里士多德实践哲学中的德性与实践智慧》，《道德与文明》2012 年第 5 期。

② ［古希腊］亚里士多德：《亚里士多德全集》（第 8 卷），苗力田译，中国人民大学出版社 1991 年版，第 124 页。

原因和本原的",是"关系某些本原和原因的科学"。① 亚里士多德说："智慧也许就是对诸科学的精湛。因此智慧的人就应当不仅仅知道那些由本原而来的东西,而是也应当就本原成真。这样智慧也许就既是理智(努斯)又是科学,就像是居于顶端的关于最荣耀的事物的科学。"② 据此可知,上述的"一些事情"或"某些"是关于最荣耀的事物的证明,是精湛地对本原的把握,居于诸科学之首,是第一哲学,也称形而上学。作为一种理智德性,它位于努斯之下但却在科学之上。

(2)非理性及伦理德性

亚里士多德认为灵魂的非理性部分包括植物性灵魂和包含情感、欲望、激情等内容的动物性灵魂,前者仅吸收营养为生物的存在提供养料,与伦理德性没有直接关系;后者这部分非理性的情感、欲望,它们盲目、无序且易冲动,反抗着逻各斯。"它虽然是无逻各斯的,却在某种意义上分有逻各斯。"③ "像听从父亲那样听从逻各斯的意义上分有逻各斯。"④ 所以亚里士多德认为伦理德性的产生是人灵魂的非理性部分受到了逻各斯的正确指导,从而获得了理智的形式。"伦理的德性在于把较低的灵魂的成分或冲动提交给正确的理性支配。冲动必须有理性或洞察力来控制和支配。德性是后天获得的,但他的基础在于灵魂的先天性质。德性就是使冲动理智化。"⑤ 因此,可以说伦理德性是一种关于欲望的理性或者是被理性规训的欲望,它实际上是人自我塑造受社会风俗影响教化的结果,使人的情感、欲望等本能受到理性的正确指引,导向"善"的实践。

于人的生活而言,人生活于伦理关系之中,所以拥有伦理德性的方

① 聂敏里:《亚里士多德论理智德性》,《世界哲学》2015年第1期。
② 聂敏里:《亚里士多德论理智德性》,《世界哲学》2015年第1期。
③ 〔古希腊〕亚里士多德:《尼各马可伦理学》,廖申白译,商务印书馆2003年版,第33页。
④ 〔古希腊〕亚里士多德:《尼各马可伦理学》,廖申白译,商务印书馆2003年版,第34页。
⑤ 〔美〕费兰克·梯利:《伦理学导论》,何意译,广西师范大学出版社2001年版,第122页。

式与理智德性不一样，理智德性可以通过教导、学习习得，而伦理德性只能在生活中，在具体的情境中，选择适当的方式来表达情感、展示行为的过程逐渐养成德性。故，亚里士多德把伦理德性定义为："德性是一种做出选择的品质。这种品质在于一种中庸状态，而中庸状态是相对于我们而言的，是由理性所规定的。而理性则是由有实践智慧的人所界定的。"① 其次，再看伦理德性是针对"我们而言"的，所谓"我们"即是有"我"加入其中的一个社会共同体，共同体既是"我"生长的背景也是我生长的环境，还为我的生长提供资源，我在"共同体"中受其影响而养成了被"共同体"所认同的德性，因而从这个角度看"伦理德性就是在社会环境中，受到社会共同体的行为方式、价值态度的熏陶，而形成的对人情理的敏感的、合适的反应的品质"。②

伦理德性如何才能内置于人，亚里士多德认为人置身于一定的社会，人在社会风俗习惯的熏陶下被潜移默化地影响，人的伦理德性由此而形成。"前者（理智德性）主要通过教导来形成和培养，因此需要经验和时间，后者（伦理德性）相反是从习惯中产生的，所以只把习惯这个词略加改变就得到了伦理德性这个名称。"③

既然伦理德性由习惯而来，那么它并非人的自然秉赋，不是不学而能，自然而然为人所有的第一本性，但也不违反自然，而是"把它接受到我们之内，然后通过习惯让这种天赋完善起来"④。伦理德性是人的"第二本性"。其次，习惯的养成不是偶然的行为，而是持续某行为后产生的"惯性"后形成行为的自动化。因而要养成习惯，必须通过持续不断的活动，伦理德性的产生就是人的活动习惯化后形成的品质。例如节俭品质的养成，是父母"谁知盘中餐，粒粒皆辛苦"的无数次

---

① 余纪元：《亚里士多德伦理学》，中国人民大学出版社 2011 年版，第 87 页。

② 王能昌、海默：《亚里士多德的德性论》，《南昌大学学报》（人社版）2001 年第 10 期。

③ ［古希腊］亚里士多德：《尼各马可伦理学》，邓安庆译，人民出版社 2010 年版，第76 页。

④ ［古希腊］亚里士多德：《尼各马可伦理学》，邓安庆译，人民出版社 2010 年版，第77 页。

教导后，孩子在生活中接受内化而养成的品质。所以说一个人的实践活动造就一个人的品质。"我们通过做公正的事成为公正的人，通过节制成为节制的人，通过做事勇敢成为勇敢的人。"① 因此，习惯在伦理德性的生成过程中并非小事情，"它非常重要，或宁可说，它最重要。"② 特别是在儿童还不能进行真正意义的理性思维之前，儿童的行为不可能完全正确，"他的德性显然不是与他自己有关，而且和成年人以及他的导师有关"。③ 因此，父母和长辈的行为在有意无意之间发挥着榜样的功效，潜移默化地影响着儿童的道德德性形成。第三，人的习惯化的过程是在一定社会环境中的习惯化，因为人一出生就被抛入社会，既定的社会风俗、惯例、礼仪等都是人生活的实存生活环境，亚里士多德认为社会生活并非是点状的而是线性延续的，传统风俗习惯是人生活无法逃脱的背景，它以显性或隐性的方式规定着或影响着人的精神活动行走的方向。人习惯化的过程是将被社会认可的价值观、世界观、生活方式转化为自己精神的一部分，并在生活中自然呈现的过程。

总之，伦理德性是在人伦关系中形成的品质，这也就是它被称为伦理德性的原因。它的培养须在人与人的交往过程中，不断地将理性因素融入到非理性之中，对非理性进行指导，启发人对规则、善意的认同和自觉践行，所以伦理德性不在于获得伦理之知更在于知行合一行为适当。

（3）理智德性与伦理德性的关系

理智德性根据作用的对象不同具体有五种形式：科学、智慧、努斯、技艺与实践智慧，前三者以不变且永恒的事物为认识对象，是理论沉思方面的德性，与伦理德性没有关系；后两者以可变事物为对象，而技艺是制作方面的德性，唯有实践智慧是涉及变化无常的人事，因而实践智慧与伦理德性直接产生关联，因此说理智德性与伦理德性的关系，

---

① ［古希腊］亚里士多德：《尼各马可伦理学》，廖申白译，商务印书馆 2003 年版，第 36 页。
② ［古希腊］亚里士多德：《尼各马可伦理学》，廖申白译，商务印书馆 2003 年版，第 37 页。
③ 余纪元：《亚里士多德伦理学》，中国人民大学出版社 2011 年版，第 81 页。

实际上是指实践智慧与伦理德性的关系。

实践智慧与伦理德性发生关联是基于人的生活实践的需要。亚里士多德认为两者的关系主要有三方面。

其一，二者互相依存，不可分离。亚里士多德从批评苏格拉底的"德性即知识"的观点，提出实践智慧与伦理德性互为充分条件关系。苏格拉底否认非理性灵魂的存在，这有违事实。事实告诉我们，人不仅有理性还有非理性的情感、欲望。其次，苏格拉底强调德性之知的重要，且将知完全等同于行；而亚里士多德看到了人德性之知与德性之间的距离，从德性之知到德行转化过程中实践智慧的重要性，"没有明智就没有正确的选择，就没有伦理德性"，① 因此，实践智慧发挥善于思考的优势帮助做出正确选择，同时为目标的准确实现提供合适手段。但是实践智慧也不能独立于伦理德性而存在，伦理德性确保了人实践的正确方向，是实践智慧的"灵魂之眼"，"如果离开了灵魂之眼，明智就不能提升为品质德性"，② 至多是一种机智或圆滑。所以"德性无明智则盲，明智无德性则空"。③ 关于这点我们可以举例来说明。比如，勇敢是指一种在遇到困难与危险时，不畏惧、不退缩的品质。但若无实践智慧的指导，就不一定是伦理德性。如若在作恶时勇敢，那么勇敢就是一种恶德。而当实践智慧参与其中，告诉人应当在何时、针对何事情，选择怎样的手段才能使不畏惧成为被人称赞的"勇敢"德性。所以"明智以伦理德性为本原，而伦理德性以明智为准绳"。④

其二，二者是目的与手段的关系。伦理德性确定活动的目的，实践智慧为活动提供手段。亚里士多德认为"使得我们的目的正确的是德性，

---

① ［古希腊］亚里士多德：《尼各马可伦理学》，苗力田译，中国社会科学出版社 1990年版，第 129 页。

② ［古希腊］亚里士多德：《尼各马可伦理学》，邓安庆译，人民出版社 2010 年版，第233 页。

③ ［古希腊］亚里士多德：《尼各马可伦理学》，廖申白译，商务印书馆 2003 年版，第189 页。

④ 张传有、刘科：《明智——一个道德的人必备的理智德性》，《南京理工大学学报》（社会科学版）2004 年第 8 期。

而使得我们去作为实现一特定目的而适合于去做的那些事情的却不是德性，而是另外一种能力"，① 这种能力就是实践智慧。这一点须从亚里士多德关于目的与手段同一性上来理解。亚里士多德所持的是内在的自然目的论观点，目的无须向外寻求，目的就内在于行为自身，手段是目的的一部分。因此从理论上说不存在伦理德性与实践智慧之间的手段与目的的区分。

其三，伦理德性与实践智慧是潜能与现实的关系。要理解这点须借助《形而上学》中关于"潜能"与"现实"理论来分析。亚里士多德认为伦理德性又可分为"自然的德性"与"严格意义的德性"。自然的德性知识源自自然的一种禀赋或潜能，它必须在一定环境作用下才能将潜在的力量发挥出来变为自身成长的营养，成为现实中有益于人生活的德性，所以它还不是严格意义上的伦理德性。亚里士多德认为这些品质与其他生物的某种品质类似，如强壮的身体，例如没有好的视力会导致行动不便。② 为此，如若自然的德性加上了努斯，就能使得行为完善，原来"似德性"的"自然的德性"就成了严格意义上的德性。努斯能把握万物的"始因"，而万物的"始因"包括"目的因"，在理论哲学中努斯的作用是把握万物的始因，而在实践哲学中努斯的功能则在确保最终的目的，最高的善——幸福。基于此，可知自然的德性只是潜能意义上的德性，要成为严格意义的德性需要与努斯结合；而严格意义上的德性其实就是明智，也即实践智慧，它是一个确定者，能确定活动和行为的善。

四　德性的结构

（一）德性的基础：理智

理智是人享受德性生活的前提。德性是人的功能发挥得好，而人的独特功能表现为理性，最幸福的生活是遵循理性的生活，是拥有理智德

① ［古希腊］亚里士多德：《尼各马可伦理学》，廖申白译，商务印书馆 2003 年版，第 187—188 页。

② ［古希腊］亚里士多德：《尼各马可伦理学》，廖申白译，商务印书馆 2003 年版，第 189 页。

性沉思的生活，因为它不受外物的控制和束缚，是人自由自得的生活，接近神的生活，而神是完美无瑕的善的源头，人只能接近神才能达到至善，也才最幸福。次一级幸福生活是人在城邦的实践中实践理性以德性的方式所成就的人的生活。所以德性由实践理性固化而来，与理性关系密切，亚里士多德说："德性不仅仅是合乎正确的逻各斯的，而且是与后者一切发挥作用的品质。"① 显然"离开了明智就没有严格意义的善，离开了道德德性也就不可能有明智""一个人如果有了明智的德性，他就有了所有的道德德性"。② 所以在亚里士多德那里，理智德性和道德德性并不是平行关系，理智德性一直处于主导地位，它是灵魂的最高贵部分，因为一切选择都离不开思考与筹划，所以说没有德性是出于无知的，对于德性的行动者而言，要行动就意味着面对选择而且是做出正确选择，他必须知晓如何做，而且如何道德地行动，因而德性行动者所依赖的前提是做出理智的选择。

亚里士多德认为构成行为者完整德性有三个条件：第一，他必须知善；第二，他必须亲自去行善，人能否实现善的目的完全在于人自我；第三，他必须在稳定的、不变的状态下做事情。这三点中，第一点涉及理性，第二点关涉选择与意志，而它们能否形成德性与第三点"稳定"的状态相关，只有"稳定"才表明理性指导下的情意不是人偶然的行为表现，而已内化为人的品质——德性。无论从何种意义上看，理智都构成了德性的基础，无论是理智德性还是伦理德性，抑或是人的德性实践都无法摆脱理智作为前提条件。

（二）德性的核心：中庸

（1）中庸释义

中庸思想是亚里士多德思想最有争议的一部分内容。如伦理学

---

① ［古希腊］亚里士多德：《尼各马可伦理学》，廖申白译，商务印书馆 2003 年版，第 189 页。

② ［古希腊］亚里士多德：《尼各马可伦理学》，廖申白译，商务印书馆 2003 年版，第 190 页。

家威廉姆斯就认为"亚里士多德体系中最著名而最无用的部分之一是中庸"。① 之所以说中庸是亚里士多德理论中"最著名的"，是因为但凡知悉亚里士多德理论的人，就不会不知道这一思想；而说"最无用"无非是中庸的不确定性，等于什么也没说。实际上这是对亚里士多德"中庸"思想的误解。"中庸"并非亚里士多德独创的一个词，亚里士多德对前人观念吸收之后，在伦理学中将其创新使用，这点有学者的观点加以证明："在亚里士多德之前，尽管"中庸"只是得到有限的发展，但它还是一个被广泛使用的哲学概念"。②

中庸的希腊文"mesotês"一词在《荷马史诗》中经常出现，含义有当中的、中间的、适中的、中等的。③ 后来赫西阿德在其著作《工作与时日·神谱》中被论述为："你要把握好尺度，在诸事中适当是最佳原则。"④ 这一思想经索伦的"做事勿极端"，克娄布鲁的"凡事权衡方为佳"，最后被后人概括为德尔斐神庙的两句著名箴言之一"万勿过度"（另一句为"认识你自己"）。⑤

亚里士多德的"中庸"思想直接来源于柏拉图。柏拉图在该点上吸收拉毕达哥拉斯学派关于和谐、美、黄金分割等观点。柏拉图认为生命和行为都要以适度为标准，只有适度才是美和善的，因而提倡和谐、平衡、优美这些观念。

基于对前人中庸思想的吸收，亚里士多德创新的"中庸"至少有以下几层含义：

第一，对无止境的欲望、情感要有所限制。《荷马史诗》中叙述的

---

① B. Williams, *Ethics and the Limits of Philosophy*, Cambridge M. A. : Harvad University Press, 1986, p. 36.

② Alexander Crant, *The Ethics of Aristole*, *Vol. I*, London: Longmans, Green, and Co, 1885, p. 252.

③ 罗念生、水建馥：《古希腊语汉语词典》，商务印书馆2004年版，第535页。

④ ［古希腊］赫西阿德：《工作与时日·神谱》，张竹明、蒋平译，商务印书馆1991年版，第21页。

⑤ 晁乐红：《中庸与中道——先秦儒家与亚里士多德伦理思想比较研究》，人民出版社2010年版，第62页。

众多英雄形象，要么以自制担当成为英雄；要么因为失去理智对情感、欲望无所控制而造成遗憾，成为最终的悲剧。如英雄阿基琉斯为报复阿伽门农的羞辱，愤怒的情感无法控制失去理智将自己最好的朋友阿伽门农杀死，此后他痛苦万分，最终以结束自己的生命来结束心灵的煎熬。这个故事告诉人们：情感、欲求纵然无法消除，也一定要适度，如果放纵而导致无法控制，最终将造成自身的毁灭。所以，强者保持强大的惟一途径是："不要专横，不要放肆，而取中庸。"① 古希腊剧作家埃斯库罗斯（Aeschylus，公元前525—前456）在他的著作《奥瑞斯提斯》（三部曲）中写道："神处处证明中庸的优异，/虽则中庸之道形式各异。/这是千真万确的大道理：/你不要急躁，也不要迟疑。"②

　　亚里士多德论述了节制是何种快乐的中庸。他认为节制是快乐方面的中庸。欲求、情感，人与动物都共有，如果一味放纵自己的肉体快乐，那么表明人被奴性和动物性所控制。他说："随意的大吃大喝，直到肚子再也装不下去而呕吐，这就意味着超出了自然限度的量。因为自然的欲望只以补充所缺为限。所以大吃大喝的人被叫做贪吃者，原因就是他们吃得太多，超出了本该饱足的量。这样的人简直都是奴性的。"③ 退一步说，即使喜欢的是应该喜欢的东西，如果做得太过分，超出了一定限度，在亚里士多德看来也应该受到谴责。

　　第二，指处于中间时所形成的恰当比例和关系。如此事物才呈现平衡、和谐美。毕达哥拉斯派认为音乐的和谐取决于一定比例，过高过低，太长太短，过粗过细都不美。同样身体上要冷热、干湿、运动与休闲恰当的结合，都要避免过犹不及，主张"在一切事情，中庸最好的"。④ 亚里士多德也赞同物体各部分大小合适有利于它自身，这有赖于拥有恰当比例。如雕塑家雕塑一只脚，这只脚的大小需要与整个雕塑

---

①　参见包利民《生命与逻辑》，东方出版社1996年版，第143页。
②　参见包利民《生命与逻辑》，东方出版社1996年版，第236页。
③　［古希腊］亚里士多德：《尼各马可伦理学》，邓安庆译，人民出版社2010年版，第130页。
④　周辅成：《西方伦理学名著选辑》（上），商务印书馆1964年版，第16页。

的身体比例合适才能显现出雕塑的整体美，否则雕塑家就会拒绝它，"由于中庸是由正当的尺度规定的"。① 因而比例、关系是中庸的重要构成要件。

第三，恰到好处地切中常道。德尔斐神庙上的箴言"中庸最好"，反映了"适度"是古希腊人引以为戒的行为方式。他们追求幸福的道路就是追求适度，只有适度才能确保恰到好处。古希腊的幸福观赞成中等财富对于幸福的必要性，德莫克里特（Democritus）说过："应该深切想到人生是变幻无常而且很短促的，它常为许多不幸和困难所烦扰，因此应该只安排一个中等的财富，并且把巨大的努力限制在严格地必须的东西上。"② 所谓"恰到好处"亚里士多德指："何时该有，对什么事情，对什么人，出于什么原因，如何该有，这就是中庸和最好，而且这就是德性的品质。"③ "切中"是将"中庸"的"中"字做动词理解为"切中""命中""契合于"；"庸"理解为"正确""恒常之理"这样就是恰到好处。他在论述幸福作为最高善时，就是用射手命中正确的东西为例子进行论证的。如射箭命中靶心一样，中庸意味着不偏不倚切中中心。这里与儒家所讲的"不偏之谓中，不倚之谓庸"意思一样。

基于以上分析亚里士多德把中庸概括为人的一种性情或品质，"我们有这些性情，但何时该有，对什么事情，对什么人，出于什么原因，如何该有，这就是中庸和最好，而且这就是德性的品质"。④

（2）德性的本质是中庸

"中庸"使人达到完善，拥有德性。一个有德性的人是一个优秀而卓越的人，他是能将理性恰到好处地命中目标的人，因而也是一个能自

---

① ［古希腊］亚里士多德：《尼各马可伦理学》，邓安庆译，人民出版社 2010 年版，第 206 页。

② 周辅成：《西方伦理学名著选辑》（上），商务印书馆 1964 年版，第 94—95 页。

③ ［古希腊］亚里士多德：《尼各马可伦理学》，邓安庆译，人民出版社 2010 年版，第 89 页。

④ ［古希腊］亚里士多德：《尼各马可伦理学》，邓安庆译，人民出版社 2010 年版，第 89 页。

我实现之人。而如何达到完善？也即人如何能拥有德性？实现方式是"中庸"，即人运用理性来确定"适合"。亚里士多德举例说，若对某人而言 10 磅食物太多，吃 2 磅又太少，是不是应该取中间吃 6 磅食物？他认为教练应该对具体的人来落实，米洛这样的运动员太少，而对新运动员来说又太多。所以，这里的"适合"是针对于具体的人、具体的事情、具体的场景的"中间"、适宜。要用理智来确定，因人而异、因地制宜、因时而异、因势利导提出具体的方法，这属于德性。这个意义上的"中庸"是人的实践智慧对具体情境做出具体而恰当选择，它既是手段也是目的。从这点看来，可以认为德性是有实践智慧的人运用理性的中道。而实践智慧的目标是通过出色地运用理智，使人能够在具体情境下选择恰当的方法切中那个合适之处，从而选择和展示出合适的品质。总之，人一方面通过中庸的方式来实现善，另一方面基于中庸也是一种极端而言，人又以达到中庸为目标，从这个角度说中庸既是手段也是目的，是手段与目的的统一。

在实践中具体契合中庸的方法有：一，两恶相权择其轻。亚里士多德也承认做中庸的践行者并非易事，这是有一定困难的，因为在每件事情上要能达到中庸不容易，正因为如此，善才弥足珍贵，值得称赞，如此之美。但人的内在目的向善会促使人不断地去接近"善"，即使不能完全达到至善，也"首先必须远离那个更强大的极端"，[1] 退而求其次则两恶相权择其轻。"例如，在肉体方面，就锻炼而言，过度比不及更利于健康，也离中间近些，但就饮食而言，不及则比过度更好。"[2] 二，矫枉过正。亚里士多德意识到不同的人有不同的自然偏好，人在某些情况下会被自然偏好所影响使人偏离了"中"，为此，人应该运用理性在意识到特殊偏好可能影响人行为之前，努力把自己拉回到相反方向，这

---

① ［古希腊］亚里士多德：《尼各马可伦理学》，邓安庆译，人民出版社 2010 年版，第 97 页。

② ［古希腊］亚里士多德：《亚里士多德选集》（伦理学卷），苗力田译，中国人民大学出版社 1999 年版，385 页。

样才能远离错误，达到中庸。这提醒人不应该被自然偏好所辖制，而力求在实践中用理性进行客观分析，不能放纵自己的偏好，这样才能更接近中庸。三，警惕快乐。趋乐避苦是人的一个本性，"因为在快乐的事情上我不是公正无邪的判官"。① 伦理德性都与人的快乐或痛苦相关，人要战胜自己的本性更需要理智，"如赫拉克利特所说，虽然制怒很难，但战胜快乐更难。而任何时候技艺和德性却总是同更难的事情联系在一起，并因此使好的东西变得更好"，② 因此要在实践中践行中庸之道必须警惕快乐。

德性以中庸为目标。亚里士多德明确地说："德性是一种中庸的品质，因为它本质上以达到中庸为目标。"③ 无论是理智德性还是伦理德性，都强调一个"正确的逻各斯"，也被称为正确的尺度，这样才能切中真理之"真"与人情之"真"。此"真"是在"最好""最高""最完善"的意义上而言的，也就是中庸。

（三）德性形成的过程：人的自我实现过程

人的德性"既非出乎自然也非违反自然，而是我们具有自然的天赋，把它接受到我们之内，然后通过习惯让这种天赋完善起来"。④ 德性是人在后天的生活中通过施行德性活动，并将这种活动的行为方式固定化形成的习惯，久而久之德性在德性的活动中被植入人体内成为人格中的优秀品质。

德性的形成过程就与人功能发挥出色的过程同步。人独有的功能是理性，理性的德性有理智德性和伦理德性，这两种德性的生成方式和目的各不相同：理智德性是以沉思的方式与自然亲近，旨在认识自然使人

---

① ［古希腊］亚里士多德：《尼各马可伦理学》，邓安庆译，人民出版社 2010 年版，第 98 页。

② ［古希腊］亚里士多德：《尼各马可伦理学》，邓安庆译，人民出版社 2010 年版，第 83 页。

③ ［古希腊］亚里士多德：《尼各马可伦理学》，邓安庆译，人民出版社 2010 年版，第 89 页。

④ ［古希腊］亚里士多德：《尼各马可伦理学》，邓安庆译，人民出版社 2010 年版，第 77 页。

能更好地融入自然；伦理德性是人在认识自我和他人的过程中形成，目的在于将自我与他人融合，形成和谐的社会关系。人在自然与社会两个关系网中将人的功能尽情地展示，出色的将功能表现出来的过程，也就是人德性形成的过程，在形成德性的过程中人实现了自我、成为了自我，并向更优秀的我迈进。

　　人因为是天生的政治动物，共同体是人生活的场所，人自出生就被抛入共同体之中，也即是被卷入人与人的关系之中。按照中国造字的理解，单独的"丿"组成不了"人"，只有互相支撑"丿""乀"才是"人"。人之为人须要在群体中才能称为人，而人的德性因人与人的需要而产生。人的德性形成在与对象相处的过程中，这个过程是人主动地运用理性，寻找自我与他人的平衡点，此平衡点搭建起了人展示自我的舞台，也是在与人交往的过程中德性形成，和谐了他人，成就了自我。

　　综上所述，德性是人以中道的方式将功能发挥出色、实现自我所获得的品质。

第三章　教师德性及其演进

对教师德性的研究，我们循着马克思对人性研究的思路——"要首先研究人的一般本性，然后研究每个时代历史的发生了变化的人的本性"，[①] 本章先研究教师在共时状态下的一般德性，然后研究历时中随着时代变化的教师德性。

第一节　教师德性

亚里士多德认为德性是事物属性的美好呈现，而事物的属性就是事物的本质，是通过功能来表明事物之所是，"功能"是通过"功"（work）才能使"能"（energy）发展变化，而"能"为"功"提供"力量"源泉，所以一事物的存在是"功能"整体作用的结果，事物只能由功能来解释。当事物把功能发挥出色了，就意味着呈现了该事物最美好的状态，同时展现了事物的德性。

据此，教师德性是教师本质属性的出色、卓越的展现，教师的本质属性就是教师之所是，教师之有别于其他职业，其功能的独特——教师是社会上专门培育人的人。为完成培育人的使命，教师在具体的教育实践中以一定的教育内容和方法为依托将其功能具体落实，所以教师德性在教育现场的具体要求是教师将教学内容与方法智慧地结合实现最佳育人效果。

[①] 参见中国历史唯物主义研究会《论人性，异化，人道主义》，清华大学出版社 1983 年版，第 68 页。

一　教师德性之源

教师德性是教师功能的出色发挥或者说教师属性的卓越呈现，它源自何处？根据亚里士多德的观点："人的每种实践与选择，都以某种善为目的。"[①] 这种善不是外力附加给人的，是每一种生物包括人，只要其存在、活着就是为了这个"善"。而存在物的活动是它们各自所属种属的感觉和运动，这活动被称为种属的功能，且该活动受某种天然目的推动，自然向善。如，一棵树哪怕生长在环境恶劣的悬崖边，只要生命不息，就顽强地尽力去吸收有利的生长资源并努力地、尽其所能地生长成为一棵大树。人一样，只要活着就希望活得更好、更出色、更幸福。正是人身上具有这种内在的向"善"运动的基因，推动着人生长、发展成为更好的自己。亚里士多德的这一观点被许多哲学家吸收。弗洛伊德把这种自然向善的力量叫做"力比多"，它是人身上固有的趋利避害、追求快乐和满足的力量，是一股生命本原的激流。在马斯洛那里，自然向善的力量演变为人需求递进的层次。马斯洛认为人这一复杂的生命有机体，有不同层次需要，人行为动机就产生于这些需要，他提醒人们关注高低不同需要，它们之间不是没有关联而是存在必然的递进关系，即：人的低级需要满足后必然会出现高级需要，只要人活着需要就不会停止，所以在需求的推动下，人的生长、发展和超越也是一个无限升华过程。杜威全部接受了亚里士多德的这种观点，把自然向善表述为：生长是生物本身具有的向上向前的力量。

正如生活的目的就在生活之中一样，"它是生活的先验方向性"[②]。"向善""成为一名好教师"是每一个选择教师为职业的人，只要其活着或者只要在岗位上，其本性中就具有成为卓越、优秀的好教师、实现自我价值的原动力。正是这种向善的力量支撑着教师日复一日地坚守在

---

① ［古希腊］亚里士多德：《尼各马可伦理学》，廖申白译，商务印书馆2013年版，第3页。

② 赵汀阳：《论可能的生活》，中国人民大学出版社2010年版，第13页。

教师岗位上。自然虽然赋予了教师成为好教师的基因，但这只是一种"善端"，需要教师通过自身的努力将其扩充，在生命的长河中通过实践将"自身绽开"。如海德格尔所言"时间性的自我构成自我超越的模式就是时间性的本质在绽定的统一性当中发生的一个时间化过程"①。这点上马克思的观点与海德格尔一致，马克思认为实践性是人的本质规定性，人通过实践改造或创造了对象世界的同时，也创造了自己，实现了人的自我价值。"人在实践中与世界、与他人发生各种各样的关系，随着时间的进展，关系的丰富和扩大，人性的全面性随之而发展，人的能力和智慧也随之而升，人在实践中不断生成。"② 教师要通过教育实践把"优秀"之种激活，发展成为一个名副其实的优秀教师，这是教师对自我价值的最好实现。

教师实现自我的前提是认识自我。认识自我是一个古老的话题，它被刻在德尔菲神庙上提醒人要找到自己的最佳状态，既不能妄自尊大也不能妄自菲薄。一般来说，认识自我包括对自己能力的认识、对自身与环境交往关系的认识以及个人经验、目标、理想、态度及自我价值的认识等。人的活动离不开自我概念，它是人活动的直接动因，在一定程度上人采取怎样的行为方式、如何与环境交往、能达到怎样的成绩都与自我概念相关。教师的自我概念能调控和指导教师的行为。甚至有人认为一个人的自我决定着他的命运。库姆斯（1967）的研究发现教师的自我概念影响着教师的教学风格、课堂行为、课堂态度及师生关系。教学效果好的教师与效果差的教师相比，具有比较高的自我概念③。从这一角度看，教师要积极地将潜在的向善通过积极的对自我型塑，发挥自身的主体性去发现学生、理解学生、促进学生、帮助学生，如果教师教会了学生独立思考、独立学习、终身学习，实现了"教是为了不教"教

---

① ［英］马尔霍尔：《海德格尔与〈存在与时间〉》，亓校盛译，广西师范大学出版社2007年版，第191页。

② 鲁洁：《做成一个人——道德教育的根本指向》，《教育研究》2007年第11期。

③ 金生鈜：《自我念的理论与教学实践》，《西北师范大学学报》（社会科学版）1991年第1期。

师使命则大功告成。这意味着教师将自我的能力最好地发挥，教师的主体性与学生主体性实现了最佳统一。这个过程教师出色地完成了使命，教师德性在成就学生的同时实现了教师的自我价值。

人的活动丰富多彩，因而活动的目的也多种多样，这意味着"善"的多样存在。有些事物因另一事物而被追求，有些事物因被我们作为手段或目的而追求，所以，人的活动所指向的善在客观上存在差异。但人的所有活动的终极目的，也就是最高的目的是幸福。教师也不例外，其从事教职最终的目的是为了实现幸福。

幸福不仅仅是一种主观感受，它是灵魂的合德性的实现活动，这意味着教师虽然向往幸福但不必然拥有幸福，教师的幸福是教师努力追求使其从事的教育事业符合德性的实践活动。对教师来说追求幸福的过程与学生德性成长的过程是一致的，也就是说教师肩负着特殊使命，其幸福的实现以学生的成长为依托，只有当学生在教师的教育之下身心都朝着健康方向生长，教师完成了国家社会的重托，也就宣告教师出色地完成了其功能，卓越地履行了教师的职责。教师成就学生的过程中，学生也成就了教师，教师不仅仅完成了其职业使命，也借助职业实现了自我价值。所以杜威说："一个人有德行，并不意味着培养了少数可以指明的和排他的特性；所谓德行，就是说一个人能够通过在人生一职务中和别人交往，使自己充分地、适当地成为他所能成为的人。"[1]

在现实中教师把潜在的"善"之种激活，使之生长、壮大直至最终实现最高的善——教师的幸福，是由一系列活动和目的的实现逐步达成的。教师要实现自我价值须帮助学生成为幸福的学生，学生的幸福核心是学会学习。为帮助学生成为一个学会学习的人，教师需要搭建一个关系网，它们包括：教师与学生、教师与教材、教师与同事、教师与家长、教师与其他。教师与这些关系进行交往的目的，都指向教会学生学习、使学生具有自主学习的能力。同时这种目的网所形成的效益是循环

---

① ［美］约翰·杜威：《民主主义与教育》，王承绪译，人民出版社2001年版，第376页。

的，也即是说如果教师与学生、教材、同事、家长等关系处理得当，能有助于实现教会学生学的目的，而学生会学，成为有德性之人也就是一个幸福的学生，幸福的学生造就了幸福的教师，反过来，幸福的教师会影响学生的幸福，甚至直接影响教师与周围关系的处理方式和功能发挥出色的程度。

当然，教师合德性的实现活动需要一些外在善，例如合法权益的保障、教师共同体的支持、健康的身体等，惟其如此才能使教师在一个良好的状态下运用理性尽其所能将功能发挥出色，成为一个出色的教师。

二 教师德性的生长

诚然人体内有向善的基因，但并不必然成为人的德性，德性既非出于自然也非反于自然，而是人在实践中形成，毋宁说德性就是德性实践。如亚里士多德所言："我们通过做公正的事而成为公正的人，通过节制成为节制的人，通过做事勇敢成为勇敢的人。"[1] 毫无例外，教师的德性只能在教育实践中不断生成和提升。

首先，教育是一项德性的实践，对教师有明确的德性要求。教育存在的意义和价值就是把未成年人培育成人，成人意味着教育之中的人不断完善、发展，这种发展壮大就是人德性的生长，所以教育就是促进学生德性生长的过程。例如中国古代对教的解释是"教，养子使做善"，它表明教师要引导学生朝正面、积极的方向发展。英国教育哲学家皮特斯（Peters）[2] 认为衡量活动是否是教育应包含三大要素：合价值性、合知识性、合自愿性。其中合价值性强调，教育所传递的内容必须是有价值的，教育的形式与手段必须是合乎道德的；合知识性即认为教育所传递的知识要符合学生认知发展规律，学科知识本身

---

① ［古希腊］亚里士多德：《尼各马可伦理学》，廖申白译，商务印书馆 2003 年版，第36 页。

② R. S. Peters, *The Conceptof Education*, London and New York：Routldge Taylor & Francis Group，2010.

的规律和性质；合自愿性表明教育不得以暴力的、非道德方式对学生施加影响，而应该遵循儿童身心发展规律以道德上可以接受的方式进行施教，三方面的内容反映了教育所应具有的理智德性和道德德性的内容。

如果说教育是一项德性实践活动，那么对教师德性的要求就是教育对教师的内在规定。教育规定了教师教书育人的基本功能，为把"书本"所包含的知识（知识是理性对事物之真的把握）高效地传递给学生，教师调动自己的理性研究"书本"所承载的知识体系，并与学生学习形成有效衔接，从学生的最近发展区域对它们进行最有效地教学。合格的教育要求教师在教书的过程中育人或者通过教书达到育人，因此，教师在教学过程中采取何种方式才能最大限度地兼顾到每个学生的学习需求，知识的学习过程如何体现公平、尊重、友善等等，这些都是教育实践对教师德性提出的具体要求。有学者认为一项活动是否称得上教育，须符合如下标准：

表 3–1　　　　　　　　　　　"教育"的标准①

认知标准	标准1：教育必须包含知识
	标准2：教育必须包含理解力
	标准3：教育必须包含认知洞见
道德标准	标准4：教育必须包含善良的意图或道德的目的
	标准5：教育必须包含有价值的内容或产生有益的影响
	标准6：教育必须采取合乎道德的方式或在道德上可以接受的方式

从一定程度上这六条关于"教育"的标准，在某种程度上是从理智德性和道德德性上向教师提出了具体的要求。

其次，教师德性在教育实践中生成。德性是灵魂的实践活动的品

---

① 黄向阳：《德育原理》，华东师范大学出版社2000年版，第31页。

质，所以"研究德性就要研究实践"。① 正如好的琴师和糟糕的琴师都是弹琴所造就的，有德性的教师与糟糕的教师都出自教育实践。德性是教师生命成长的见证，而如杜威所言："生长并不是从外面加到活动的东西，而是活动自己做出的东西。"② 教师从一般发展到优秀，成为有德性的教师没有捷径，只能在"做教师"的过程中成就好教师。个体教师选择教师职业之前，社会对教师的评价和他或她曾经历过的教师形象构成了他对教师德性的前理解，成为指导其教学实践的隐性知识。或许曾经亲历的"负责任"的老师让学生苦不堪言，所以当自己成为老师时，他尝试着对"责任"有新的定义：他不再让学生埋没在题海之中，而是寻求提高学习效率的方法，改进班级管理等。这些关于"好教师"的前摄知识隐藏在意识中指引着教师把自己变为理想中的"好教师"，所以他会在学生生病时，送上温暖的关心；他会与学生一起商议班级事务；他主动地去钻研如何把课讲得学生爱听；他积极主动地反思今天我还有什么没做好？他跟学生交谈时不会话语霸权而是问"同学，你有什么观点？"他面对学生的错误不是一味地指责而是帮助学生寻找解决问题的办法……诚然成为好教师是无止境的，但教师坚持不懈地在具体的教育情境中践行关爱、公正、钻研、尊重、责任，这些品质慢慢地转化为教师人格的一部分，在实践的过程中教师获得这些品质，而这些品质就是教师德性的一部分。

最后，教师德性境界在教育实践中提升。亚里士多德认为德性是人的本质的出色发挥，是一种实践活动。马克思也认为人的本质规定性是实践性。人在实践过程中改造了对象也创造了自身。"实践本身的含义在于它既是现实生活的创造和建构，又是一切可能生活的开启和显示，它永远超越着现实，包括对人自身的超越。"③ 从这个意义上说人的德

---

① ［古希腊］亚里士多德：《尼各马可伦理学》，廖申白译，商务印书馆 2003 年版，译序第 xxvii 页。

② ［美］约翰·杜威：《民主主义与教育》，王承绪译，人民出版社 1990 年版，第 50 页。

③ 鲁洁：《做成一个人——道德教育的根本指向》，《教育研究》2007 年第 11 期。

性、卓越是实践所造就的。"人在实践中与世界、与他人发生各种各样的关系，随着时间的进展，关系的丰富和扩大，人性的全面性随之而发展，人的能力和智慧也随之而升，人在实践中不断生成。"① 教师的成长是在实践中的成长，有学者②将教师道德划分为遵守道德规范的基础境界，拷问良心道德追求自觉责任的提高境界，体验幸福的更高境界。教师的学科发展划分为三个层次：掌握学科知识的基础层次，探究学科智慧的层次和体悟学科创新的更高层次。教师的职业发展水平分为经验水平，科学、技术与艺术水平，文化水平。应该说这样的划分是基于研究需要而进行的划分，现实中教师发展的层次是整体呈现的，是在教学中通过一定的教学法将学科与道德融合起来的，因此说教师的发展是在实践中教师德性的整体提升。一个有德性追求的教师，教师初入职时，即教师职业的适应期，可能还不能将知识与实践形成恰切对接，多囿于外部的法律、法规、规范等，如依据教师职业道德规范或学校关于教师职业的相关规定程序性地完成教学实践。但其内在的"善"驱使他主动地调动自己的理智德性、实践智慧对教学实践中出现的问题不断反思、不停地学习，以此来提升教学水平，这样的实践发生循环作用，教师慢慢地走出外在规约或者是模仿阶段，他能够有意识地超脱有形的"规约"，根据自身和学生的特点展开有自我定向意味的教育。在教学实践中逐渐形成属于自己独特风格的教育智慧，这其实已经达到了教师德性境界的第二个层次。一个追求自我实现的教师是生命不息追求不止的教师，他在教育实践中超越经验、科学与艺术，将它们融会贯通，融入教育生活，教育之道与修身之道齐头并进，达到"从心所欲不逾矩"，他沉浸其中忘我地享受着教育幸福。这是教师德性的最高境界。教师的德性是在实践中教师主动追求的收获，任何"人内在的德性生命的自主构建之活动，是人的德性生命和谐的、自主的、可持续性发展

---

① 鲁洁：《做成一个人——道德教育的根本指向》，《教育研究》2007 年第 11 期。
② 杨启亮主编：《追求合适：基础教育课程与教学变革》，南京师范大学出版社 2011 年版，第 209—228 页。

的过程"。①

三 教师德性的内容

亚里士多德把灵魂划分为理性和非理性两部分，与之对应的有理智德性和道德德性。灵魂的秉有理性的部分还被划分为两部分，"一个部分，我们是用它来洞见那些其本应不可改变的存在者的；另一部分则是用它来洞见那些可变的存在者的"，② 前者的功能是"认知的"，后者是"推理的"。据此可以把教师的理智德性也划分为"认知"和"推理"两部分。教师理智德性的"认知部分"的德性包括科学、努斯和智慧，"推理部分"的德性是技艺和实践智慧。亚里士多德认为努斯和智慧与直觉和第一推动者有关，所以现实中无法论证，本研究论述教师德性的内容也不对这两部分内容进行论证。

教师理智德性的科学指探求知识之真，它涉及教师对学科知识和条件性知识的掌握与更新。前者主要包括教师的本体性知识，如教师对所教学科知识的理解与掌握，后者包括教育学、心理学和学科教学法知识。教师理智德性的"推理"部分，主要涉及将教师所拥有的"认知"部分在实践中的应用，其德性表现形式有技艺和实践智慧。教师理智德性的技艺指教师运用理性将知识与教学资源结合形成的出色的教学艺术。教师的实践智慧（明智）指依据不同的教育情境，教师进行适时、恰当的选择、判断和行动，如，教师如何将特定的教学内容，根据学生的学习需求，选择恰当的教学时机和方法以最佳的符合道德的方式来帮助学生完成学习，这属于教师的实践智慧或称教育智慧，它是教师德性在实践中的整体呈现。

道德德性是灵魂中受理性指导的非理性部分的德性。教师的道德德性不仅仅是一般人的道德德性，而是有特定功能的道德德性，也即是说

① 吴安春：《德性教师论》，人民教育出版社 2003 年版，第 77 页。
② ［古希腊］亚里士多德：《尼各马可伦理学》，邓安庆译，人民出版社 2010 年版，第 207 页。

教师道德德性存在的意义和价值在于帮助学生德性的成长。道德是调节人与人关系的润滑剂。从关系的视角分析，教育活动中与教师发生关系的有：学生、同事、家长及与其他社会成员。其中教师与学生之间的师生关系构成了教师德性的核心关系，教师与其他人的关系不是私人关系，都是为服务于学生发展而存在的有教育价值的关系。例如以诚实德目为例。教师与同事之间、与家长之间真诚面对，属于私人交往的诚实并不具有教育功能意义，教师与同事、家长之间是否诚实、如何诚实相待都要看他们之间的这种诚实交往是否有助于学生成长。可能为了维护孩子的自尊心给孩子一次改错的机会，教师会与学生一起对家长"撒谎"隐瞒孩子犯错的"事实"，这种看似违背诚实的教师与家长交往行为，却是有教育功能的道德德性。所以说，教师的道德德性不是一个抽象的德目概念，而是教师以促进学生德性成长为目的，以师生关系为核心所架构起来的德性关系实践。

教师德性是一个密不可分的、统一的、一体化的有机整体。虽然从内容上划分它包括教师的理智德性和道德德性，但二者是教师德性的一体两面。任何一个可以被称之为教师的德性行为都必然包含着理智和道德的成分。否则，仅理智德性发挥出色，而不具有道德德性的教师对学生施以的是"近乎残忍的学术训练"（诺丁斯语），而自己也沦落为一架"教书机器"；而仅具备道德德性而无法出色地运用理智来进行教育的教师，是赫尔巴特曾经批判过的"一无所知却带着巨大热情的教育工作者"，[①] 他们至多是生活在教育现场的"好人"，二者都没有严格意义上将教师功能完整落实。所以说，教师的德性是由理智与道德共同组成的有机的整体。如心理学家马斯洛曾经提醒的"从整体上来认识人、分析人"一样，要从整体上来认识教师，认识教师德性。

---

① ［德］赫尔巴特：《普通教育学·教育学讲授纲要》，李其龙译，浙江教育出版社2002年版，第14页。

四 教师德性的本质

"德性就其本质和实体的规定而言就是一种中庸；但按照它是最好而且把一切都实现到最完善的意义，它也是极端。"① 教师德性的本质也是一种"中庸"。教师理智德性的中庸是正当的理性，也就是切近所教学科之真理、逼近学习科学之真理。教师教育活动的中庸就是善谋、善断、善于体谅，是实践智慧。无论理智德性还是道德德性的"中庸"都指既无过也无不及，不偏不倚恰到好处。亚里士多德关于中庸的理解与儒家所讲的"不偏谓之中，不倚谓之庸。中者，天下之正道，庸者天下之定理"（程颐）；"中庸者，不偏不倚，无过不及，而平常之理，乃天命之当然，精微之极金也"（朱熹）② 的理解是一致的。"中"做动词是"切中""命中""契合于"的意思。"庸"是"常道""正确""恒常之理"。

教师的教育实践是教书育人，教书过程中伴随着育人，或者说教书就是育人；而育人是通过教师所传递的知识来实现的。教书育人是一体的，并非两个可以分割的部分。这里仅为论述教师德性的中庸在不同方面有不同的需要，而将教书与育人分开陈述。

对教师而言其理智德性的中庸指全面而正确地把握所教授的学科知识。为把知识传递给学生完成教书的功能，教师得对所教授的学科知识有正确的认识，全面地把握学科所传递的真理内容，切中学科本身的真理，才不至于误导学生。这是成为一个教师的基本前提，更是教师德性的前提。教师理智德性体现为对学科知识的掌握，它应该突破浅层次的掌握学科知识的层次，探寻学科智慧，为此教师要改变对教材的认识，不能局限在教教材的基础层面，而应立足于教材又高于教材，实现"用教材教"，这样才能用教师所掌握的"一"去激活学生的"三"实现触类旁通的教学效果。另外，随着时代发展，知识发展速度加快，一

---

① ［美］余纪元：《亚里士多德伦理学》，中国人民大学出版社 2011 年版，第 90 页。
② 朱熹：《四书章句集注》，浙江古籍出版社 2013 年版，第 18 页。

个出色的教师不仅仅把自己局限在所教授学科狭窄的知识范围内，他需要博学多才，可以在多学科中融通，拥有其他学科能更有益于更好地实现对所教授学科的真理性认识。例如，一位数学教师，如果有美术方面的知识素养，善于构图不仅有助于他对几何的理解和把握，或者教学时构图将会更到位，这将能更好地帮助学生对空间或图像的想象和理解。所以对教师而言，其理智德性的中庸表现为在全面而准确地掌握学科知识的基础上，尽可能拓展学科领域，建构丰富的知识体系，更好地服务于"教书"的教师基本职能。

就教师实践的中庸而言，意味着教师面对复杂、多变的教育情境，要善于调动各种资源，选择恰当的时机，针对特定的教育对象，选择最好的教育方法，助力学生的成长。因此教育实践中教师的中庸，是教师面对特定的境遇，做出最明智的判断，选择最恰当的方法。可能有人会问：什么是正当的尺度或者说什么是最恰当的方法？对这个问题亚里士多德也承认道德德性中的中庸不能像科学那样严格，因为行动本来就不是固定不变。但如境遇伦理学所强调的一样，人的行为选择都有特定的境遇背景，只有以"爱"作为最高行动指南时，才不会使行为偏离道德的航道。教育实践中由于教育对象不同，教育活动发生的时机不同等客观原因，要求教师在当下情境中选择最适合的教育方法，而衡量是否是最适合的方式，只能看这种方法是否有益于学生德性成长，这个德性成长就是境遇伦理所强调的最高原则"爱"，也就是教师教育活动所期望实现的善。有了这个教育善高悬于教师心中，就不难理解教育现场中教师的各种看似"奇怪"的教育行为，例如：为什么教师明明懂得某知识却装作不懂，这装不懂正是教师教育智慧的表现，是他在特定情境下的中庸——最好的教育方式，因为这样的不懂能更好地激发学生去自主学习某知识，让学生经历学习的过程获得学习的能力。

五 教师德性的特征

（一）统一性

教师德性的统一性指教师德性的目的和手段是统一的。

亚里士多德认为人的每种实践都以某种善为目的,这"善"并非是给行动者设定的某个额外目标,是作为一个活着的人,其活动自发地、本能地具有"善"。这种善虽然指向德性却不在于拥有德性,而在于灵魂的合德性的实践活动。德性在于德性的活动。"活动"这个词在古希腊是 energeia,英文常译为 actuality 、activity 或 actualization,energeia。"亚里士多德在《形而上学》中说:'energeia 这个字出自 ergon,并指向 entelechia'。"① energeia 的前缀 en 意思是"在什么之中",telos 意为"目的",echo 是'有'的意思。"故它的字面意思是'有目的在自身之中'。"② 这样就不难理解人活动的目的就是人的德性追求,人在生活的实践中循序渐进的积极发展,其目的就在这个过程中一步步由潜能变为现实,而这个实现目的的过程也就是达到目的的手段,手段孕育于目的之中,目的在手段中实现,目的与手段实现了统一。因之对德性的追求是人实践活动的目的,不同的人在社会生活中通过其所属的特有功能的展示,自发地把内蕴于身的"德性"之种激活,将"德性"激活的过程中,主动地利用各种环境,使活动和环境共同协作,将德性循序渐进地在活动中展现,此展现的过程是事物独特功能出色地发挥。德性实践的报酬就在于实践之中,通过对德性的践行收获了伴随着实践的"内在利益",进而实现了自我价值,与此同时最高善——幸福也得以实现。

任何一个人其活着就期盼能活得更好——无论是物质上还是精神上,都希望更丰富、更富足。求"好"是人活着的希望。同理,若选择做教师,表明他不仅仅承诺了教师职业的基本"应当",而且自发地、自然地都希望成为一个出色的、好教师,一名德性的教师。教师德性是选择成为教师之人的内在目的,是其一切教育活动所指向的"善"。教师德性作为教师活动的目的不是从教育实践以外强加给教师的目的,而是教师做为一个人,对其生活的自然向往。教师对德性的向

---

① 〔美〕余纪元:《亚里士多德伦理学》,中国人民大学出版社 2011 年版,第 59 页。
② 〔美〕余纪元:《亚里士多德伦理学》,中国人民大学出版社 2011 年版,第 59 页。

往并非止于梦想，而是合德性的实践活动；是通过多种多样的教育活动呈现出来的，多样的活动作为手段，其实践过程就是目的实现过程，所以，教师德性是教师内在的要求，而教师德性的实现并非是一个设立于教师实践活动之外的目标，是教育实现活动的自然绽放，如杜威说："目标并不是靶子，而是击中靶子；放枪的人通过靶子来瞄准，但是也要看着枪支。"① 由此可知，教师德性作为教师活动目的不是一个固定的、静态的目标，而是一个动态的"射中靶子"的过程。教师德性不是一个静态、凝固不变、外在于活动的目标，而是教师在活动中去"射中""命中"德性。这个"射中""命中"教师德性的过程既是手段，也是目的。目的与手段并非是分离的，手段之中就包含着目的，教师德性实现的过程就是德性实践活动的展开过程，所以说教师德性的目的与手段是统一的。

如果把教师德性作为一个既定的为活动而设立的目的，那么德性就不是教师自觉的行为要求，而是为了实现外在目的而不得不去从事教育工作，工作成了教师的被动选择，这样的教育活动对教师而言是没有意义的活动，甚至是苦差事。没有了发自内心对德性的追求，教育对教师还有什么幸福可言，所以说"目的和手段分离到什么程度，活动的意义就减少到什么程度，并使活动成为一种苦工，一个人只要有可能逃避就会逃避"。② 其实，作为一个具有独立自主意识的人，选择了做教师仅仅为自己的选择负责，承诺执行教师职业所要求的"应当"是远远不够的。作为一个人，他选择做教师总是希望把教师做好，在做教师的过程中实现自己生为人的价值，对卓越、优秀、德性的追求是教师的动力、目的。否则教师的生活将是没有意义的，没有意义支持的生活是难以维系的生活。因此教师德性不在教育活动之外，就在教师教育活动之中将目的与手段统一。

---

① ［美］杜威：《民主主义与教育》，王承绪译，人民教育出版社 2001 年版，第 116 页。
② ［美］杜威：《民主主义与教育》，王承绪译，人民教育出版社 2001 年版，第 117 页。

（二）动态性

动态与静态相对，所谓教师德性的动态性是指教师德性与教师的教育活动是一体的，教育实践变化无常，教师德性表现为以智慧的方式应对变化无常的教育实践。

教育不是静态的而是充满变数的动态实践。教师是这个动态实践的主要参与者，在参与教育实践的过程中其表现是否出色，直接与其应对变幻莫测的教育情境有关。尽管教育实践中，教师可以凭借其专业知识、技能、阅历等对教育活动做一定的预设，但是实践中根本就没有什么事务是固定不变的，况且学生不是任由教师摆布的木偶，而是有理智、情感、道德的活人，学生在学习的过程中会自觉不自觉地蹦出教师无法预设的问题，这是考验教师智慧的时候，也是最能显示教师德性的时候。教师能否出色地应对动态生成的教育现场是区分教师是否拥有德性以及德性境界的核心评价指标。

德性不能自我表征，"德"是在行动中获得，是执行中表现出来的能力，"德"与行动不可分离。教师德性也是如此，教师身处其中的实践是复杂多变的，仅仅用一个德目概念，例如"友爱"这个词来概括某教师具有"友爱"的品质，这遮蔽了教育现场中师生友爱交往教育实践的丰富性和生动性。所以应当回归到教育活动的现场，师生如何交往，教师如何创设充满爱的教育氛围或者在学生需要时同学间及时给予对方温暖的帮助等等，这些教育实践是教师将"友爱"这种品质作为一种生活方式，自觉或不自觉地教育着学生，在学生身上播种友爱的德性之种。教师的友善在师生友善交往的教育实践中自然而自在地将一个教师之所是优美地绽放。教师德性的力量在师生彼此心中都播种了继续前进生长的动力和种子，这样看到的师生是充满生命力欣欣向荣的生命。

教师德性随着教师实践智慧的提升，德性境界也提升。作为个体的人选择以教师为职业时，应主动将自己放入"教师精神共同体"中。人完全融入"精神共同体"，须经历移入、模仿、重新体验的过程。身体进入学校仅是融入教师共同体的第一步，关键在对教师对共同体所奉行的价值信念的内化和认同。个体教师须首先遵守前在的教师职业规范并逐步将之内化，这一阶段的教师德性实践多以模仿其他优秀教师为表征。随着理性、能力的提升，教育经验的积累，该教师能够在教育实践中根据学科、课程、学生、教育资源的实际需要应对多变复杂的教育实践。此阶段逐步变被动地接受规范、模仿他人德性行为为积极主动地调动自身智慧，在教育实践中时不时地闪现出实践智慧的火花，这种状态如冯契先生所说是教师"具体生动地领悟到无限的、绝对的东西，这样的领悟是理论思维和德性培养的飞跃。它是思辨的结晶，还需用思辨的综合加以论证；是德性自由的表现，还需在言行一致的人生实践中加以自证"。[①] 当教师力量积聚到足够强调大时，教师的智慧实践已经成为一种习惯化的行为方式，教师建构了独特的德性呈现方式也出现，这个阶段的教师有自己教育风格、特色，能自如地根据需要将理智德性与道德德性完美结合，自得"中庸"。所以说教师德性不仅是教师的一种存在状态而且是伴随着教师成长的生命过程。

教师德性实践习惯化后在实践中"自动"展现德性。"一片落叶不是秋"，一次偶然的包含德性的行为并不能真实地反映一个人。只有当以德性的方式实践成为一种习惯，人在任何情境中都能自动、自觉按照德性要求来行事为人，方能说德性是人格的一部分，"因为，习性是从久经历练的相应活动中形成的"，[②] 这个意义上的德性就是德行——行动作为一面镜子显露了德性之人的真实面貌，如黑格尔所言的"个人就是一连串的行为"，[③] 所以说，教师德性是教师一连串的教育实践活动中，不断历练、感悟、反思、提升，逐渐地行动赋予他某些特定的或稳定的品质。

---

① 冯契：《认识世界和认识自己》，华东师范大学出版社 1996 年版，第 43 页。

② ［古希腊］亚里士多德：《尼各马可伦理学》，邓安庆译，人民出版社 2010 年版，第79 页。

③ 参见龚群《麦金太尔的德性伦理观》，《伦理学研究》2009 年第 4 期。

（三）整体性

教师德性的整体性特征指教师在实践中以教育智慧的形式将理智德性与道德德性统整为一体而呈现出来的。

教师的实践智慧，是教师实践理性的德性，是教师的教育智慧，"是一种与学生德性的获得相关的、合乎逻各斯的品质"，① 指教师以"中庸"原则为指导进行教育活动所展示的德性。"中庸"既是指导教师实践的思维方式，也是教师教育活动的具体行为选择，还是此活动期望获得的最佳效果。"在过程维度上，它表现为教师在教育活动中具有解决教育问题、处理偶发事件、创造生命价值的卓越能力，它是出乎意料的、动态生成的、是一种教育机智；在结果的维度上，它表现为教师对美好生活及存在意义的这一'畅神境界'的执著追求，它是矢志不渝、坚定不移的，是永无止境的终极鹄的。"② 故教师实践智慧展开的过程就是教师德性整体呈现的过程，更是教师生命不断追求卓越的过程。

教师实践的主要形式是课堂教学，课堂教学最能体现教师德性。课堂教学看似是教师的"业务"运作，实则是教师德性的智慧实践。在赫尔巴特看来"关于你究竟是一位优秀的教育者，还是拙劣教师这个问题非常简单：你是否发展了一种机智感呢？"③ 这种机智是教师实践智慧将理智德性与道德德性融合后的整体呈现，因为教学从内容到形式原本就应该是知识性与道德性的统一。赫尔巴特称为"教学的教育性"，他认为不存在"无教学的教育"反过来也"无教育的教学"。教学通过训练学生的思维能力，丰富学生情感的感受力，逐渐扩大学生的思维范围，影响他们的行动原则与行动方式④。赫尔巴特曾经批判过

---

① 李长伟：《何为教育智慧——从亚里士多德实践智慧的角度分析》，《教育理论与实践》2013 年第 7 期。

② 王彤：《教育智慧：教师诗意的栖息地》，《社会科学家》2002 年第 2 期。

③ ［加］马克斯·范梅南：《教学机智——教育智慧的意蕴》，李树英译，教育科学出版社 2001 年版，第 169 页。

④ ［德］赫尔巴特：《普通教育学·教育学讲授纲要》，李其龙译，浙江教育出版社 2002 年版，第 12 页。

"无教学的教育"，即那些知识不渊博甚至一无所知者仍然带着巨大的热情进行教学工作，他们的工作无异于侵犯学生感受，而学生的感受正是学生性格生长的地方。这是典型的教师理智德性缺失的表现。他给出了教学教育一体化的案例：如何讲道德性故事。教师在呈现丰富的故事情节的时候，不能脱离儿童的感觉和观念，通过柔和、半朦胧的道德节拍引起儿童的兴趣，吸引他们到一切事物中去思考真理，采用多方面材料引导他们进行多方面判断，最终导向善良的倾向，明智的判断，坚定的选择。① 通过赫尔巴特提供的这则教学案例可以看出教育性的教学需要教师在教育情境中考虑到所传授知识本身的真理性、合理性、丰富性，这是教师理智德性工作的内容。此外，教师要将这些知识与学生可感受、能接受的方式与学生产生勾连，学生在感受、体验中，置身于知识所传递的内容中，不仅接受了知识本身，更在于从一知识点延展开，形成对其他事物的认识和判断，逐渐获得了知识的意义、行动的确据、善恶的原则。这就涉及如何道德地教，即教师的道德德性。所以说，教师的教学是带着道德性的，教师的道德教育是带有知识性的。

"实践智慧在于深思熟虑，判断善恶以及生活中一切应该选或该避免的东西，很好地运用在我们之中的一切善的事物，正确地进行社会交往，洞察良机，机敏地使用言辞和行为，拥有一切有用的经验。记忆、经验和机敏，它们全部或源于实践智慧或伴随着实践智慧"，② 它有三种次级形式："善谋""善解""善于体谅"。具体到教师的实践智慧："教师的善谋"就是懂得如何权衡利弊，达到行动所能实现的最大善；"教师的善解"就是教师能够明辨善断，规定什么可行与不可行，而且懂得在最恰当的时机里得体的行；"教师的善于体谅"就是教师从学生学习、成长的立场进行明辨善断。因为学生的差异客观存在，实践本身

---

① ［德］赫尔巴特：《普通教育学·教育学讲授纲要》，李其龙译，浙江教育出版社 2002
年版，第 17 页。

② ［古希腊］亚里士多德：《亚里士多德全集》（第 8 卷），苗力田译，中国人民大学出
版社 1994 年版，第 460 页。

具有动态生成的特点，所以教育现场随时可能出现无法预测的情况，这客观上需要教师智慧性地进行教育。

学生 A 因身体不适，在教室里呕吐。其他同学本能地躲避、耻笑和指责 A。这时候，刚好教师进来。马上就有学生反映："老师，你看 A，要呕吐也应该到厕所里去，吐了一地，恶心死了。""好恶心啊，我可不想看到、闻到""是呀，知道自己身体不好，注意些嘛，弄脏了教室，一股难闻的味道，想让我们一起受罪啊！"

这时，教师……

面对这样突发的教育情境，考验着教师的实践智慧。

第一种教师处理方式：

教师搀扶 A 看到他面色苍白，立即嘘寒问暖："A，你哪里不舒服"，在询问的同时，一边用找来的工具把 A 制造的呕吐物打扫干净。之后再搀扶 A 去校保健室进行观察，视该生的具体情况，与家长取得联系。

第二种教师处理方式：

教师摸了摸 A 生的头，然后掏出自己的纸巾帮 A 擦嘴和脸，并问学生："谁还有纸巾？"有一位女生递过来一包纸巾。教师一边说"谢谢"后，问："帮我把讲台上的水杯拿过来好吗？"这次几个学生奔了过来帮忙。待 A 生好了些后，教师和其他同学送 A 上了医务室。等教师回来时，地上的污物已被打扫干净。

第三种教师处理方式：

教师：A，你怎么了？现在舒服一点了吗？谁可以为 A 倒杯水？

学生 1：我可以。

教师：（用赏识的眼观看着他）：谢谢你。相信 A 也会感激你的。

学生 A：（虚弱的）谢谢！

学生 1：不客气。你以前也帮过我。

教师：请今天值日的学生过来打扫一下地面。（值日生有点不情愿地起身去拿拖把）有没有其他同学能够一起帮个忙，快点把地清理干净。（几个同学加入进来后，污物很快清理干净）

教师：你们大家都生过病呕吐过吗？

学生：有过。

教师：感觉怎样？

学生：很难受；头晕乎乎的……（学生各抒己见）

教师：A 同学是因为身体不舒服才呕吐，我们应该表达理解和同情。谁都难免会出现这种情况，假如是你生病了，忍不住呕吐，别人指责你，你会怎样呢？如果别人同情你，帮助你，你又会有怎样的感受呢？（学生们纷纷低下头，若有所思）①

第一种教师的处理方式：自己打扫污物，关心照顾学生。这种处理方式看似教师在以榜样教育的方式、身体力行地教育学生。可能 A 生因为老师如此行动，表达出来的关心而心存感激。但这种关心关系也只局限在教师与 A 生之间，并没有将关心关系或者说具有教育性的关心推广到教师所面对的全班同学。其他学生以旁观者存在，可能在以后遇到类似情况时，依然对他人冷漠，道德上没有长进。因此教师所起教育作用有限。这种做法反映出教师的教育实践不"善谋"，没有考虑到如何通过这个事件实现最佳的教育效果，以自己的行动代替了学生的学习，学生没有经历学习的过程如何获得处理问题的能力？同时，教师也不"善解"，他没有在适当的情境下教会学生什么应该做、什么不该做，这样的场合应该如何做。只是自己处理息事宁人，错过了促进学生

---

① 刘次林：《以学定教——道德教育的另一种思路》，教育科学出版社 2008 年版，第17—18 页。

道德认知发展，提升道德践行能力的教育时机。

　　第二种教师的处理方式是教师鼓励学生参与到对 A 生的照顾和污物的处理。这种教育属于"就事论事"的任务驱动下的教育。因此其产生的教育效果也止于事情的结束，尚未达到实践智慧中"善谋"的要求。虽然教师也鼓励学生参与进来，但属于浅层次的参与，没有深入到问题的实质，帮助学生分析问题的实质，并进行思维——以后遇到类似情况如何应对？最终提高学生的问题解决能力和道德执行力。相比较第一种处理方式而言，教师更好的实现了教书育人的目标，但仍达不到智慧处理的德性境界。

　　第三种教师的处理方式是符合实践智慧的要求。教师"善谋"，不仅让生病学生感受到关心，还带领全班学生学习关心。为此，教师鼓励和要求学生参与到 A 生造成的呕吐事件中来，通过移情让其他同学设身处地思考 A 生造成此事件的原因，以及呕吐发生后被指责的心情，经历了事件前后的道德冲突，教师引导学生以后应对此类事情应该如何处理，引出"关心"是每一个学生的需求，人与人应该彼此关心。这样的教师是"善解"的。他清楚最该处理此呕吐物的是值日生，这是他当日应尽的职责，但鼓励有爱心的同学加入进来，让责任与温情并存；之后让同学们换位思考，移情教育的方式让学生经历行为的前后矛盾冲突；再启发学生什么应该做、什么不该做，这样的情况应该如何做？这样通过规训、交流、表达，同学们经历了前后的心理对比之后，形成了新的认知判断，懂得了是非善恶标准，为以后遇到类似情境的解决提供了思维和行为指南。应该说教师的这种处理方式是实践智慧的体现，教师在实践智慧中将教师德性整体呈现。针对特定的突发事件，教师理智地选择让学生参与事件的处理过程，而非把学生置于旁观者的境地。学习是学生的学习，没有学生的参与，教师即使身体力行也替代不了学生。其次，教师在师生关系与生生关系的处理上，由点对点的关心，推广到点对面的关心，使更多的学生体验到关心的需要，以及如何对他人施予关心。最后，教师的实践智慧实现"教是为了不教"的教育目的，学生获得了学习能力能自如地应对未来的挑战。教师通过情境分析、帮助学生移情，引导学生参与到实践的处理，学生获得了解决问题所需要的思维方式和行动标准。这样教师的实践智慧将理智德性与道德德性在这一具体情境中完整地反映出来，最优地实现了教书育人的教育目的。

第二节　教师德性的演进

"每种技艺和探索，与每种行动和选择一样，都显然得是追求某种善，所以人们有理由把善表示为万事万物所追求的目标。"[①] 教育担负着人类文明传承和延续的使命，它所指向的善，即教育善，也即教育的目的在于"育人"——把儿童培养"成人"，这是教育一以贯之的目的。任何存在物都是一个"共时"与"历时"的存在，"人"身上的"共时性"与"历时性"诠释了人在不变与变化的过程中成为"人"。教育作为培育人的专门社会活动，教育善不是孤立存在的。[②] 教育善随社会发展对人的要求和生活于特定社会形态下人的改变而变革。"在人类教育史上，每一次教育革命都缘于社会、政治、经济、文化和教育自身的'根本性变革'或者'内生性变革'。"[③] 教师是落实教育善的专业人员，教育这种社会活动所指向的善，规定和决定了教师活动的"善"，其功能必然随着教育善、社会的变化而改变。因此，教师功能的出色也具有时代特定的内涵和表现形式，研究教师德性，研究作为一个语词的"教师德性"是没有意义的，必须放入教师存在的时空之中，教师在特定的时空中完成了教育善的使命，符合了社会对教育的要求，也就最佳地呈现了教师德性，这种最佳呈现的教师德性样态，就是那个时代教师德性之"中庸"。因此从"历时"的视角，研究社会演进与教

---

① ［古希腊］亚里士多德：《尼各马可伦理学》，邓安庆译，人民出版社 2010 年版，第 38 页。

② 周洪宇：《论第三次教育革命的基本特征及其影响》，《中国教育学刊》2017 年第 3 期。

③ 李怀君：《本质在关系中——关于哲学结构主义断想》，《探索》1986 年第 5 期。

师功能演进，在历史发展的过程中展现教师德性之所是与应该，才能为当前教师德性该如何给以合理的解释。

一 社会的发展与教育的演进

根据亚里士多德的观点，事物的本质是通过功能来揭示的，而功能又是在关系中展开。"本质在关系中"这种思想自亚里士多德提出，经黑格尔、马克思恩格斯发展到如今已被现代系统论、控制论、信息论证实具有科学性。[①] 因此想探寻教师的本质了解它的功能，只能在教育中找寻，因为教师是教育活动的主要承担者。由于社会不是静止不变的，而是随社会生产力的发展而发展，所以社会的变化带动了教育内容、形式的变化，引起了教育善的变化，也对培育的"人"有不同的规格要求，教师功能也随之发生了变化。根据马克思的观点在社会这个有机体中，一切关系同时存在又相互依存。其中物质质料的生产方式，即生产力是推动社会发展的基础性、本质性要素。生产力决定生产关系，由生产关系展开所形成的一系列社会活动的变化发展，归根结底受生产力制约。迄今为止，人的存在经历了"人的依赖"到"物的依赖基础上的个人独立"，再到"个性自由"发展三个阶段。

原始社会的发展史是一部人挣脱自然由"兽"变成"人"的历史。正如列宁所讲"原始完全被生存所困难，被自然斗争的困难所压倒"[②]，当时人生活的唯一目的是能在与自然的抗争中存活下来。那时教育还没有从生活中分离出来，原始的生活即为教育的状态。生活与教育融为一体，生活的使命和教育的使命都是为了生存、存活。为此，人们之间互相传递和分享生存技能，以期提高生存概率。教育的善即教育存在的目的在于"保存人"，通过传递一些生存经验旨在把人从与自然的斗争的活动中保存下来。当时的教育与生活一体，生活即是教育，儿童通过参与成年人的活动，学习社会的风俗习惯，获得生活经验、原始的禁忌，

---

① 李怀君：《本质在关系中——关于哲学结构主义断想》，《探索》1986 年第 5 期。
② ［苏联］列宁：《列宁全集》（第 5 卷），人民出版社 1985 年版，第 90 页。

教育活动自然地在生活中进行。教育没有分化为独立的社会活动，专门的教师也没有出现，长辈和有经验的同族人是实际上的教师，担负着传递生存经验的职责。

随着生产力的发展，石器、铜器、铁器等生产工具的出现提高了生产效率，私有制的出现，社会分化为剥削阶级和被剥削阶级。剥削阶级通过手中的经济优势、政治权利、文化渗透压迫被剥削阶级而获得优越的生活资本，他们有时间从事劳作以外的活动。专门用于培育统治阶级子弟的学校产生。教育从生产劳动中分离出来成为剥削阶级可以享受的特权。能够享受教育权利的是有钱、有闲、有权利的剥削阶级。如中国的"辟雍"（西周）"泮宫"（西周）"弘文馆"（唐）是皇帝和贵族子弟接受教育的地方。地方私学需要缴纳学费普通家庭无力承担，因此他们的孩子事实上被剥夺了受教育的权利。西方，古希腊时期奴隶是会说话的工具连人的基本权力都没有，更别说受教育，教育只是贵族和自由人这些不需要劳动的有闲阶级的特权。西方"学校"一词源于希腊语"Skholk"，意思是"闲暇""休息"。整个农业时代，教育善的培养目标不是劳动者，而是为了通过教育培养统治阶级的接班人。例如，中国"学而优则仕"；西方古希腊雅典教育目的是培养"哲学王"；罗马的教育目的是培养"雄辩家"；中世纪教育培养皈依上帝的"教士"；[1] 文艺复兴时期培养绅士和朝臣。

技术的进步，机器生产代替了小农经济的手工业生产，生产呈现流水线作业，极大地提高了生产效率，人类历史进入工业时代。产品的极大丰富为人从原来对土地的依附环境下挣脱出来逐步融入市场创造了可能。市场需要大量有初级文化会操控技术的技术工人。另一方面自启蒙运动以来强调人权，认为每一个人在上帝面前是平等的，每一个人都有权利平等地接受教育，这也推动了教育变为人的一项基本人权。例如法国唯物主义者狄德罗（D. Diderot）认为人是自由平等的应该享受自由平

---

① 单中惠：《西方教育问题史》，人民教育出版社 2011 年版，第 330—354 页。

等的生活，自由是天赋的权利自然也包括受教育的权利。① 随后世界各国相继颁布了义务教育法，这些因素的共同作用使工业时代的教育从原来贵族的特权变为平民百姓也可以享受的普通人权。文化上新教伦理宣扬劳动是上帝的旨意，人可以通过劳动工作来侍奉上帝，这强化了教育与生产劳动相结合，教育为未来职业做准备；另外一些思想家大力抨击工业社会以前的教育华而不实，例如在斯宾塞看来，传统的人文教育只不过是"一种装饰"，因而他主张教育与生产劳动结合为人的未来生活做准备。特别是随着工业化的推进，量子力学、相对论、生物化学、遗传工程等新科学的产生，人必须经过专门的学习才能获得立足于社会的技术。所有的人必须接受教育才可以立足于社会。人对教育的依赖从来没有如此迫切。因此，社会要求教育培育平等的技术人。"技术人"一方面拥有一定的技术适应流水线式的批量生产，能在标准化、规范化环境下工作，另一方面在自由人权的基础上人把自己交付给市场订立契约，须遵守契约所规定的制度、规约。因此，社会对技术人的要求在理智德性上是掌握科学技术，在道德德性上变为对外在规约、义务、规范的遵从。

　　班级授课制统一的标准化教学模式是落实这一时期教育善的最理想的教育模式，它既可以通过统一授课把标准知识传递给下一代，也可以通过班级管理形式让学生习得对制度、规约的遵从。但这一时期，教育善的内容从原来的人文知识走向了另一个极端——科学技术，"人之为学，则唯学于器物，而技术乃更尊于知识"②，甚至知识就等于技术，技术就是教育的全部，教育的产物成了"空心"的技术人。另一方面，文艺复兴运动推动了人自我意识的觉醒，在自由的旗号下，道德没有了统一的标准，道德相对主义出现，人无需去发自内心地对道德存崇敬、敬畏之心，只需要在义务范围内、在规约范围内不触碰"底线"即可，至于灵魂是否有依托、心灵是否有来自道德给予的慰藉、愉悦这些都统统可以不在教育的范围之内，不在人的生活考虑之内。人的道德德性被

①　钟文芳：《西方近代初等教育史》，上海科技教育出版社2006年版，第233页。
②　钱穆：《现代中国学术论衡》，九州出版社2012年版，第169页。

形式化、外在化、虚无化了。

早在 1996 年，在南非全球 32 个工业化国家的科技部长宣布人类的信息化时代已经来临。"信息"和"知识"成为财富生产的主要源泉。据世界银行学院报告，到 20 世纪末，世界上无形资产产生的价值已经超过了有形资产，同时对无形资产的投资也超过了有形资产。① 知识的总量正经历着爆炸式的增长。"19 世纪世界知识总量每 50 年增长 1 倍，20 世纪中期是每 10 年增长 1 倍，70 年代为 5 年增长 1 倍，而目前是 3 年增长 1 倍，有的学科甚至是每隔 1.5 年增长 1 倍。"② 托夫勒曾经预言信息过载难题不但没有被解决，反而越来越严重。"知识爆炸"已不是夸张用法。

信息时代，数字信息正在改变着社会的生产方式和人们的生活方式。在一个开放、巨变、未知的时代，每一个人都既可以是生产者又是消费者，只有那些具备独特生产能力的人才能因其有个性的创造吸引消费者赢得生机。所以，快速变化的时代需要能不断学习，有创造能力的人，即那些有"学习力"的人才能生存于信息时代。学习力一般定义为"一个人的学习动力、学习毅力、学习能力、学习创新力的总和，是人们获取知识、分享知识、运用知识和创造知识的能力"。③ 未来学家托夫勒指出，"快速、易变和能自动调节的机器将处理信息流和知识流。机器将日益变得承担例行任务，人则承担智力性和创造性的任务。明天的技术需要的不是数百万只有浅陋文化知识的人和在一起干无休止重复工作的人，需要的不是惟命是从，只知道自己活着就应该机械地服从上司的人，而是需要能够当机立断的人，能够在新的环境中迂回行进的人，能够在瞬息万变的现实中敏捷发现和确立新关系的人"。④ 所以

---

① 参见郭建如《社会变迁、教育功能多元化与教育体系的分化：全球的视野》，《教育学术月刊》2010 年第 10 期。

② 夏立容：《信息时代的标准及特征》，《自然辩证法研究》1998 年第 8 期。

③ 裴娣娜：《学习力：诠释学生学习与发展的新视野》，《课程·教材·教法》2016 年第 7 期。

④ ［美］唐·库什曼、卡恩：《人际沟通论》，宋晓亮译，知识出版社 1989 年版，第 181 页。

信息时代的教育善是培育有学习力的人，是能随时应对社会环境的挑战调动自己的知识、能力、情感、道德储备自如地做出反应，从中获得新的学习能力的人。以教师为中心的传统教育模式是无法实现这一教育善的，如果教育依旧按照传统模式进行，则教育的"成果"将与社会需求产生矛盾，现在已"有些社会正在开始拒绝制度化教育所产生的成果，这在历史上也还是第一次"。[①] 互联网技术把不同的社会联系起来，"虽然不同社会之间的联系比以往任何时候都更密切，但是偏执和冲突现象依然层出不穷。虽然新的权力中心正在形成，但不平等现象还在持续加剧，地球正承受着压力。虽然可持续、包容性发展的机会广阔，但是挑战也是十分严峻和复杂的。世界在变，教育也必须做出改变。"[②] 社会发展要求教育打破再现当代的社会和现有社会关系的功能，向教育提出了一项崭新的任务——"教育在历史上第一次为一个尚未存在的社会培养着新人"，[③] 这种新人不是用知识占有的多少来衡量，而是在信息多变，复杂的社会中能不断地进行自我更新的人，这种自我更新的能力来自学习力，即学习能力的支撑，所以教育要培养的是有学习力的人。

表 3 - 2　　　　　　　　　　社会发展与教育善演进表

时代	生产力	社会对人的要求	教育善
原始	打制石器	人在自然抗争中存活	保存"人"
农业	铜器、铁器	人恪守人伦秩序	培育统治阶级"接班人"
工业	机器大生产	人有技术、守规范	培育"技术人"
信息	信息技术	人能自我更新	培育"学习力的新人"

---

① 联合国教科文组织国际教育发展委员会编著：《学会生存——教育世界的今天和明天》，华东师范大学比较教育研究所译，教育科学出版社 1996 年版，第 37 页。

② 联合国教科文组织：《反思教育：向"全球共同利益"的理念转变?》，联合国教科文组织总部中文科译，教育科学出版社 2017 年版，序言第 1 页。

③ 联合国教科文组织国际教育发展委员会编著：《学会生存——教育世界的今天和明天》，华东师范大学比较教育研究所译，教育科学出版社 1996 年版，第 36 页。

二 教育与教师德性的演进

教师因教育而生，随教育而变。教育善旨在把未成年人培育成人，这是教育一以贯之的永恒追求。人生活于社会之中，只有在社会中人才能成人。所以人必须符合社会的要求才能被社会接纳。社会在政治、经济、文化的合力下不以人的意志为转移向前进，生活于社会中的人也随之而变，这意味着社会对教育所要培养的人是有时代特性的，这是教育善不变之中的变。教师是教育善的具体执行人，其功能随教育善的变革而变。教师功能变革意味教师德性的变革，根据时代的变革调整教师的工作方式，教师依据具体情境的变化教书育人，教师德性是镶嵌在具体的、历史的时代背景之中谱写着属己的独特的生命历程。

（一）原始社会的教育与教师德性

原始社会的教育善是保存人——把人从与自然的斗争中保存下来。那时教育与生活一体，还没有出现专门的教师。教师由有生活经验的长者担任，而且只要有经验和生存特长者都是老师，可以说那个时代能把人的德性发挥出色的人，是那些在人与自然的抗争中表现出勇敢、机智、善战、善劳作的人，德性的人也就是当时德性的教师。虽然据考证在母系氏族向父系氏族发展时期，出现了"青年之家"，青少年在这里专门学习劳动训练、参加诸如建筑房子、耕种、照看牲畜的社会活动。① 但总体上说这一时期的教育即生活，"教师"（长者）在生活之中将生存所需的一切技能、禁忌、习俗毫无保留地传递给族人，原始社会的教育因生活的贫瘠，远没有达到理想的程度。

（二）农业社会的教育与教师德性

在原始社会末期，随着生产力的发展，专门培育年青人的学校出现。《孟子》中有记载我国"夏曰校，殷曰序，周曰庠。""序者，射也"。到商朝时期已经有"序""庠""学""瞽宗"四种学校形式。西

---

① 叶澜：《教育理论与学校实践》，高等教育出版社 2000 年版，第 31 页。

方的学校被称为"学园"如柏拉图创立的阿卡德米学园。加上这一时期文字的出现，一部分人（僧侣和官吏）对文字的垄断加剧了脑力劳动与体力劳动的分化，受正规的学校教育成为统治阶级培养接班人的主要手段。整个奴隶社会到封建社会生产力的发展都是缓慢的，人们被牢固地依附于土地，被土地所限制，人出生时就被所处的家庭关系、邻里关系、教会关系所固定，绝大多数人从生到死都厮守在一地，人员的流动性极小，社会依据一定的等级秩序维系着稳定而正常的运转。教育这个时期成为维护和巩固统治的工具，贵族子弟通过学习一定的内容来标榜自己的身份，形成知识与权力的结合，更在于系统地学习统治术可以达到维护统治的目的。所以，这一时期教育与生产劳动相分离，教育善不是要培育劳动者，而是要培育"统治阶级的接班人"。农业社会维护统治的手段无非是两种：一是武力压制，一是人文教化。所以，教育善的具体落实在教育内容上表现为武力和人文道德，如与武力相关的教育内容在中国有射、御，希腊有"五项竞技"或骑士教育；与人文道德相关的教育内容中国有四书五经、礼、乐；西方学修辞、文法、雄辩术、公民道德、基督教道德教育。

　　农业社会，人安分守己是最好的维系统治阶级利益的方式，教育是统治阶级的特权，人民只能在社会规约系统之中受道德教化。为实现对教育的控制，教师一般由官吏、僧侣担任。在中国，统治阶级假借天命制定了人伦制度，遵守人伦之道的人，才能被社会接纳从而立足于社会。所以，统治阶级的统治术就是人伦制度，它化作一系列礼教要求人们遵守，以此实现对人的统治。因此那个时期教师功能"教书育人"之"书"就是道德知识的集结，通过"道德知识"的传递学生掌握人伦秩序。中国儒家基本上把教育等同于道德教育，即使像"射"这样的学习内容也不仅仅为了训练射击，也是修养道德的一种方式，通过射击学习培养学生懂得"仁者如射：射者正己而后发；发而不中，不怨胜己者，反求诸己而已矣"。[①] 西方，农业社会的教育善是培育"哲学

---

　　① 《孟子》，万丽华、蓝旭译注，中华书局 2016 年版，第 71 页。

王""雄辩家""传教士"这类治国人才，想要维护和巩固统治权的贵族和自由民有责任专攻修辞、文法、辩证法、音乐、体育、天文等"博雅学科"，掌握一些关于生活世界、宇宙运行方式和人性的知识，这些学科能帮助他们理智地思考、富有逻辑和激情地参与辩论，从而获得统治国家的主导权。

农业社会的有闲、有钱的统治阶级子弟不需要参加生产劳动，无需为生活担忧，他们受教育无需顾及生产，甚至把体力劳动和教育对立起来，例如孔子认为稼穑是粗鄙的小人干的事，亚里士多德认为从事劳作是"贱业"。那么教育的目的是促使身心和谐发展从而更好地享受生活，另一个目的是通过教育提升人的理智德性，以便更加智慧且隐秘地增加对劳动者的控制，达到维护统治的目的。为实现这样的教育目的，学校的教学以人文道德知识为主，强调知识陶冶人的性情、升华人的灵魂、涵养人的理智作用。那时中国学生所学习的一切可以用"道"来概括。"道"在中国是一个兼具知识论和价值论、集真理性和价值性于一身的概念。"道者万物所共由"中国人认为万事万物都有其自然之道，这"道"就是法则，人类社会也有其运行之"道"，它是依循天命之道在人间的转化。社会之道的表现形式是"礼制""伦理纲常"这类人伦道德秩序。教师所要传递让学生学习的也是这些"道"的内容。关于人"道"的知识被称为道德知识，道德知识的习得需要个体身体介入在道德行为中方能有所得，即中国所谓"德者，循道所得"的意思。道德学习不在于"知不知"而在于"愿不愿知""做不做"，它不是靠推理来证实，而是人们的生活体验和体认中生成。农业社会的教学组织形式一般是个体化教学，原苏联教育家麦丁斯基通过大量历史资料分析，认为西方直到中世纪的教学，仍旧是教师把学生叫到跟前，施以个别化教学①。学生与教师在校期间的生活与学习一体，教师的任何行为都成了学生学习的内容。因为道德学习不仅是获得一些道德知识，更

① 熊川武：《反思性教学》，华东师范大学出版社1999年版，第21页。

重要在于知行合一，这要求教师身先示范才能实现教育善所规定的培养目标。教师要教学生成为一个彬彬有礼、遵守人伦道德的人必须自己身先示范，隆礼尚德，恪守纲常秩序规范，以礼养情，以礼克欲。西方教师所传之"道"是关于人的理性提升人的灵魂品质之道。博雅教育反映的"道"是西方人用理性实现自然与人性的统一、绅士教育反映的"道"是成为一个优雅的高贵者、基督教教育之"道"是用理性达到上帝要求之"善"。教师传递这些"道"的前提条件是拥有这些"道"，拥有"道"的唯一证明方式是行"道"，身体力行将之展现于学生眼前才能让学生习得，所以要求教师注重本身的修养。总之，无论中国还是西方，农业社会的教育内容、形式都对教师本身的修养提出了要求。因此那个时代教师功能发挥的一个显著特点是言教与身教合一，教师担负着知识的传递者和行为示范者角色。

适应农业社会需要，能胜任教师角色并出色地完成教育善所规定的教育目的的教师是那些人文道德修养好，能知行合一的教师。人文道德的学习并非是简单地师生参与其中的学习，让学生获得"关于修养"的知识，而是师生介入其中获得的主体性知识。鉴于此，教师德性要求教师不断地从人文道德知识的拥有和践行两方面提升自身修养，将自身作为一个知识载体对学生进行显性或隐性教育，伴随学生成长把学生培养成人。在中国，德性出众的教师被称为人师，"是那些能体现道义，能用人格感化学生，能以己身感化学生、为社会民众做表率的教师"。① 如汉儒董仲舒在《春秋繁露·玉杯》中指出："善为师者，既美其道，有慎其行。齐时早晚，任多少，适疾徐，造而勿趋，稽而勿苦，省其所为，而成其所湛，故力不劳而身大成。此之谓圣化，吾取之。"② 这表明善教者不仅仅"美其道"有丰富的知识，而且"慎其行"身体力行来传道、弘道、卫道和行道，方能以"其昭昭，使人昭昭"。西方教师也一样，例如苏格拉底这位西方最伟大的教师，尽管相貌丑陋，但气质

---

① 丁钢：《文化的传递与嬗变》，上海教育出版社 1990 年版，第 57 页。
② 董仲舒：《春秋繁露》，湖北崇文书局 1877 年刻本，正文第 12 页。

高雅、作战勇猛、拥有超强的耐力和自控力，他注重对学生道德、智慧、治国才能的培养，他不直接教给学生知识，而是通过自己的言行引导学生思考、分辨，从而逼近真理获得知识，① 甚至最终以自己的生命为例为学生示范了人性的高贵。

（三）工业社会的教育与教师德性

近代，由农业社会步入工业社会，第一次工业革命蒸汽机、内燃机的发明加速了人认识自然的能力，人工劳动被机械化生产取代。标准化的批量生产需要大量懂技术、规范的技术工人。培育大量有技术、懂规范的技术人是教育对那个时代人才需求的回应。同时，商品丰富为人远离土地进入市场自由流通提供了条件，人自主选择自己的工作和生活方式，挣脱禁锢获得自由。启蒙运动正是对这一自由人权呼唤的响应。经历了文艺复兴和启蒙运动，人权普遍受到关注，教育从特权变为普遍的人权，从精英教育向大众教育转变。为适应社会对教育的新要求，班级授课制孕育而生，它在单位时间内由一位教师教育多名学生，极大地满足高效培育人才和普通大众受教育的人权需求。与农业社会的生活式的个别化教育不同，班级授课制采用工厂式的集体教育模式，学生在规定时间出现在规定地点，被安插在一个个座位上，犹如工厂自动生产线上等待加工的原料，等待着一个个特定教师对他们进行"加工"。教师也像工厂工人一样被划分为一个个"工种"，只需要掌握与自己相关的知识和技能，就能完成教学任务。因此，工业社会的教师必须拥有一定专业知识和技能，能熟练、快速地将"学生"组装成符合标准要求的样式。另外，工厂式的流水作业模式和专业、技术的分工细化，承担教书育人功能的教师由单个教师变为教师集体，共同完成教育的使命，这为个体教师从学生的生活中抽离出来创造了条件。但客观上要求教师间彼此合作才能帮助学生各方面得到最优发展，否则会造成"产品"的瑕疵。班级授课固定的时空限制打破了农业社会中师生之间的全面、整体

---

① 单中惠：《西方教育问题史》，人民教育出版社 2010 年版，第 279 页。

的融合，一定程度上为教师从学生生活中抽离出来提供了便利，这样教师无需完全暴露在学生面前，这削弱了对教师人格素养的整体要求。因此，教师由原来学生成长的陪伴者、知识的传递者，道德行为的示范者变为特定时空的知识传递者，技术训练者，教师道德也从个人与职业道德一体的状态演变为职业道德。

这一时期，社会对工具理性的追求也波及到教育领域。教师功能发挥的出色与否被烙上了效率的标签：那些在单位时间内能培养出越多懂科学技术的教师被认定为出色的教师。为此教师一方面需要自己拥有科学技术同时还要研究如何在单位时间内把学生训练成有技术的人，教师要出色地完成育人目标不仅需要学科知识的专精，而且要思考怎样的教学方法能使学生快速地掌握知识。教育学、心理学的系统发展，解决了教师教学方法上的困扰，例如赫尔巴特提出了五段教学法，为教师教学设计了一套标准、规范、有一定程序的教学操作流程。教学活动在固定的预设中完成一个个标准流程，教师作用得到了极大发挥，帮助教师摆脱了单纯依靠经验来教学，依循规范的操作提高了知识的传递效率，最大限度地满足了工业社会对劳动者基本读写算能力的要求。但逐渐地班级授课制下的教学行为变成了机械地标准化知识、技能的传递和训练，如弗莱雷所描述的"教育变成了一种存蓄行为。学生是保管人，教师是储户。教师不是去交流，而是发表公报，让学生耐心地接受、记忆和重复材料"。① 此外，进入工业社会以后，量子力学、相对论、生物化学、遗传工程等新科学的产生，工业社会之前的人文道德知识显然难以实现对技术人才培育的需求，不少人认为人文知识只能对人产生"装饰"作用，不能产生实用价值，惟有科学知识才能为人的未来职业做好准备，斯宾塞是这一思想的积极支持者，不少教育工作者对课程设置、教师内容的理性认识也导致了重"科技"轻视"人文道德"的倾向。承载教育善落实的内容从原来的人文道德知识走向了另一个极

---

① ［巴西］保罗·弗莱雷：《被压迫者教育学》，华东师范大学出版社 2014 年版，第35—36 页。

端——科学技术，"人之为学，则唯学于器物，而技术乃更尊于知识"，① 甚至知识就等于技术，技术就是教育的全部，教育的产物成了"空心"的技术人。这些都导致教师德性更偏重于对理智德性的完善而将道德德性边缘化。但这并不意味着工业社会对教师道德德性没有要求，教师与学生不再是农业社会的"主仆"关系，随着人权、自由、平等等思想的传播，师生之间人格上的不平等逐渐消除，学生之间也没有了贵贱之分，教育公平问题成为教师需要关注的问题。这些向教师提出了公平、平等、尊重上的道德要求。

（四）信息社会的教育与教师德性

信息社会知识更新超过了以往任何时代，知识爆炸意味着一个人无法穷尽占有所有知识，谁都不占据知识上的绝对领先地位，惟有终身学习才能适应不断变化的社会。"教育的目的在于使人成为他自己，'变成他自己'。而这个教育目的，就它同就业和经济进展的关系而言，不应培养青年人和成人从事一种特定的、终身不变的职业，而应培养他们有能力在各种专业中尽可能多地流动并永远刺激他们自我学习和培训自己的欲望"，② 因此教师善要培育的人是有"学习力"的人，通过学习成长与在成长中学习并存是信息化社会人的生存样态，"成长和发展的奥秘就是学习怎样与变革力量作斗争——在削弱它的消极力量的同时，把积极的力量转变为对我们有利。世界的未来是学习的未来"，③ 这种人不能拘泥于学习某一种知识，而是知识、能力、情感、态度、价值观等方面均获得全面协调发展，拥有健康的身心、能力，能随时调动学习资源进行再学习的人。

信息技术下海量的知识、学习打破了时空界限、年龄界限，教师在拥有知识方面不占据垄断地位，传递知识已无法捍卫教师地位的尊严，

① 钱穆：《现代中国学术论衡》，九州出版社2012年版，第169页。
② 联合国教科文组织国际教育发展委员会编著：《学会生存——教育世界的今天和明天》，华东师范大学比较教育研究所译，教育科学出版社1996年版，第14页。
③ ［加］迈克尔·富兰：《变革的力量——透视教育改革》，教育科学出版社2004年版，第1页。

玛格丽特·米德所说的"后喻时代"已经来临，这意味着要教师自身要具备"学习力"方能在瞬息万变的社会生存。为此成为出色的教师必须不断的学习，终身学习是时代对教师提出的新要求。信息时代知识、技术日新月异，教师不仅无法穷尽所有知识，也无法传递所有知识，这客观上要求教学从注重知识内容传递转向教学生获取知识的方法。联合国教科文组织已经敏锐地意识到社会变革对教育的影响，提醒各国教育"应该较少地致力于传递和储存知识，而应该更努力寻求获得知识的方法（学会如何学习）"。① 信息社会开放的学习资源、学习空间，学生的学习打破了固定的时空限制，可以自由地在网络上选择自己感兴趣的学习内容，教育由原来的卖方市场转向了买方市场，个体教师若还以高高在上的姿态不理会学生的学习需求，将会被社会淘汰而失去做教师的资格，因此，学生学习的服务者是教师必须接受的新身份。另外信息化社会先进的网络课程，使得学生不必依赖学校教师就可以自主学习，课堂变为学生之间互相交流讨论的地方，变成一个学生资源分享的地方，变为一个教师为学生答疑解惑的地方，这样教师的角色从知识的传递者变为一个学生学习的组织者、协调者。总之，信息社会下学生拥有了更多的自主选择权，教育被定义为学习，教师只是为帮助学生更加高效地学习的一个助力者、协调者、组织者。如果教育依旧按照传统模式进行，则教育的"成果"将与社会需求产生矛盾，现在已"有些社会正在开始拒绝制度化教育所产生的成果，这在历史上也还是第一次"。②

信息社会能帮助学生出色地完成学习任务的教师，不以掌握知识的多少作为衡量的标准，教师作为知识传递者的功能大部分被网络取代，教师更多地致力于为学生的知识建构与运用搭建"脚手架"，学生在教师提供的"脚手架"帮助下自主学习，素养在这个过程中不自觉地形

---

① 联合国教科文组织国际教育发展委员会编著：《学会生存——教育世界的今天和明天》，华东师范大学比较教育研究所译，教育科学出版社1996年版，第12页。

② 联合国教科文组织国际教育发展委员会编著：《学会生存——教育世界的今天和明天》，华东师范大学比较教育研究所译，教育科学出版社1996年版，第37页。

成。在这个过程中，出色的教师通过为学生提供学习的"脚手架"帮助学生建构知识，教师的功能主要表现为能用专业的方法指导学生学习。所以，这个时期教师专业性、教师出色与否的核心评价指标体现为教师是否能够通过娴熟的计算机操作技术或者网络资源分析能力教会学生精准、快速地获取需要学习的知识，同时教会学生分析、比较、归纳知识的方法。

第三节 当前中国社会转型与教师德性

一 当前中国社会转型对教育的"应然"期待

自 1978 年改革开放以来，我国加快了社会转型的步伐。社会转型"指由传统社会向现代社会的过渡，由传统社会向现代社会的结构性变动，由传统社会向现代社会的整体转化"，[①] 主要内容包括[②]：经济转型的工业化、结构转型的城市化、政治转型的民主化、文化转型的世俗化、组织转型的科层化、观念转型的理性化。教育作为社会复杂有机体的一个子系统，与其他子系统互相依存、相互影响，结成一个宏大的关系网，维系和推动着社会向前发展。

经济上，我国经济运作方式已经由计划经济向市场经济转变。市场经济讲求自由、公平竞争，生产者自由参与市场活动并以契约作为维系双方交往的依据，从而承担相应的责任。市场生存的法则是优胜劣汰。为避免淘汰，生产者必须不断创新或提升产品品质，方能在市场赢得一席之地。市场的生存方式和交换方式迫使人们抛弃计划经济的等、靠、要的被动思维转为积极主动理性的思维方式，以自主创新、公平交换、自由竞争等理念规约人的行为。市场对人的要求是社会对人要求的核心部分，教育作为专门培养人的社会活动，社会对人素质的新要求就是教

---

① 吴忠民：《20 世纪中国社会转型的基本特征分析》，《学海》2003 年第 3 期。
② 刘云祖：《从传统到现代——当代中国社会转型研究》，湖北人民出版社 2000 年版，第 52—53 页。

育善的新指向。其次，当前推动经济增长的动力正由传统农业转向工业，有些部门甚至向信息化迈进。工业化、信息化带来的"第三次工业革命"其生产能力使市场从原来的买方市场占主导推向了卖方市场，为此生产者的"生产方式将从大规模生产转向个性化定制，刚性生产系统向可重构制造系统，工厂化生产转向社会化生产、家庭化生产"，①这意味着工业化和信息化背景下生产者只有通过专业化、个性化的生产方式才能满足卖方的需求进而赢得发展空间。因此，教育要培养的人不仅仅要拥有一定的专业技能，更需要有超强的学习能力，能根据多样、多变的市场需求快速调整知识技能结构，进行重组或创新，这样才可能拥有"人生出彩的机会"。为此，教育需要致力于让每个学生不仅拥有健康的身心，更要拥有参与未来社会生活和提升自我生活品质的专业知识和能力。

市场经济推动经济发展的同时，也影响着我国政治生态的转变。自由、平等、法治等人类普遍认同的共同价值观念直接冲击着我国传统政治生活的"官本位"思想。"臣民"政治生态向公平、民主、法治的公民政治生态发展。这意味着每个公民都有参与到国家事务管理的权利，都有不可侵犯的人格尊严，都毫无例外地在法律允许的范围内行事。如美国学者希尔斯指出："在公民社会，普通人可以拥有自己的信仰和价值，拥有被统治者所承认的内在尊严。正是因为这种作为自己生活所在社会成员资格和内在的尊严使他们成为公民，而不因财富、地位、权力和知识上的差异而被取消公民资格。由于他们具有公民资格，所以他们可以通过代表机构分享对所在政府管辖范围内的事情做出应有的决定权力。他们不是任何统治集团摆布的泥塑。他们需要教育和通报，但这些并没有减低他们作为公民的效力。"② 从"公民资格"到真实地拥有

---

① 周洪宇等：《第三次工业革命与中国教育变革》，湖北教育出版社 2014 年版，第 34 页。

② Cf. Edward Shils," Reflections on Civil Society and Civility in the Chinese Intellectual Tradition" *in Confucatian Traditions in East Asian Modernity*：*Moral Education and Economic Culture In Japan and the Four Mini-Dragons*, ed. TuWei-ming, Cambridge, MA：Harvard University Press, 1996, p. 66.

"公民身份"教育应发挥其功效。"公民身份是个人在一个民族国家中，在特定平等水平上，具有一定普遍性权利与义务的被动及主动的成员身份"，① 这意味着从"被动"的方面，需要政治上的赋权，政府将本属于公民的权利交给公民，保障每个公民的权利得到切实维护，例如确保每个公民的受教育权、发展权等；更重要的是"主动"方面，即公民主动地参与到国家的政治生活中以主人的身份规范政府行为，在尊重他人自由、平等权利的基础上，凭借才智实质性地参与到公共事务的管理中去，既尽自己的一份义务也捍卫自己的权益。政治生态转型要求教育培育的人是既具有公民意识更具有公民执行力。为此，除每一位公民的受教育权益得到保障外，还应为每个公民提供公平的受教育条件，强调教育过程的民主、公平，把民主、公平、参与等现代政治对公民的新要求融入学校生活的各个方面，使它们变为学生日常生活的一种行为方式，在潜移默化之中培育学生的公民意识和能力。

正如梁漱溟所言："文化，就是吾人生活所依靠之一切。"② 从这个意义上说影响人生活的一切均影响文化的形成，反之亦然。但是文化并非仅仅是陈列于"博物馆"的摆设，它更"是一种行动的逻辑，似乎无人可以逃出此一逻辑的范围。因为，此种逻辑对于个人而言是无意识的，即在一种不知不觉之中，行为就发生了，并造成了某种效果。在这个意义上，文化是人为自己的行为寻找到的一种合理的解释"。③ 根据费孝通先生老师马林诺夫斯基的观点，文化是为着人的需要而存在的。④ 依此不难理解中国转型期文化为何会由原来传统的乡土熟人文化、情义文化、封闭的文化正向陌生人文化、利益文化、开放的文化转

---

① ［美］托马斯·雅诺斯基：《公民与文明社会》，柯雄译，辽宁教育出版社 2000 年版，第 11 页。
② 梁漱溟：《中国文化要义》，上海人民出版社 2011 年版，第 7 页。
③ 赵旭东：《从社会转型到文化转型——当代中国社会的特征及其转化》，《中山大学学报》（社会科学版）2013 年第 3 期。
④ 赵旭东：《从社会转型到文化转型——当代中国社会的特征及其转化》，《中山大学学报》（社会科学版）2013 年第 3 期。

变。当前文化的转变是社会转型的一部分，是伴随着社会转型对人们需求的回应。在中国实现现代化的道路上，文化转型的方向和目标是实现文化的现代性。文化的现代性是一个与现代有关的概念，但它并非意味着与传统决裂，而是基于传统对其进行批判性吸收、再造、创新与超越。根据现代社会对人的思维方式、思想立场、行为方式、精神气质上的新要求创造符合现代社会要求的文化。现代人的思维和行为方式是在现代文化熏陶下的结果，市场经济并不是盲目逐利的代名词，它的本性是维护彼此公平、正义前提下遵守契约，合作共赢。与现代民族政治相适应的现代文化要求公民积极参与公共事务，尊重每一个主体的人格，平等协商达到和谐共处。信息化时代，网络打破了人交流的时空限制，文化传播更加开放、便捷，这要求参与其中的人既要尊重、理解、包容其他文化；达成文化上的"各美其美""美人之美"；更要拥有文化创新能力，以彰显文化自信和引领文化的自觉，把我国创建的先进文化传播向世界，实现"美美与共"，才不至于在开放的文化交流空间内丧失了民族的个性与尊严。为此，教育应发挥对传统文化的批判、吸收和传承功能，把优秀的传统文化通过改革创新传递给学生，让学生吸收传统文化的滋养，而不至于失去了生存的精神之根。同时，教育担负着培育学生接纳异质文化，创新文化的使命。

社会转型中教育应有的作为是要根据时代要求培育出符合时代要求的"新人"。在具体落实时，关键要确保教育公平，"公平代表一种价值，是一种个体和社会以道德为根据的善，它与教育具有相通性，也体现了教育的内在需求和内在品质"，[①] 不仅指每个人的入学资格的公平对待，更在于教育过程的公平，让每个学生既能有学上，又能上好学。特别是义务教育作为一项公共产品，是维护社会公平正义的基础，这意味着不论身处何地，只要是中国公民，在义务教育阶段都应做到教育机会公平，为学生提供同等的受教育机会；教育条件的公平，为所有学生

---

① 孟庆霞：《习近平教育公平思想的内核及民生价值》，《黑龙江教育学院学报》2018 年第 2 期。

享受优质教育提供必备的教育资源；更要做到过程的公平，坚持"学生情况相同，同等对待；学生情况不同，则差别对待"。但教育从来就不仅仅是教育的问题，而根本是个社会问题。只有政治、经济、教育一起努力才能实现十九大报告的目标：生活在我们伟大祖国和伟大时代的中国人民，共同享有人生出彩的机会，共同享有梦想成真的机会，共同享有同祖国和时代一起成长与进步的机会。

二　当前中国社会转型中教育的"实然"状况

经历了 40 年的改革开放，中国社会在转型升级过程中经济、政治、文化、人民生活水平等各方面都取得了有目共睹的进步。教育在这个过程中一方面分享了社会进步的成果，同时也为社会进步做出应有贡献。在党和人民的共同努力下，坚定地落实科教兴国战略，到 2020 年为止，学前教育的毛入学率达到 85.2%，九年义务教育的巩固率为 95.2%，高中阶段的毛入学率 91.2%，高等教育的毛入学率 54.4%。[①] 2019 年全国财政性教育经费投入首超 5 万亿元，到 2020 年，全国教育经费投入总额为 53014 亿元，比上一年增长 5.65%，其中义务教育阶段的经费投入占比最大为 24295 亿元，其次是高等教育和高中教育阶段。[②] 这些数据反映出在党和国家的重视下，加大了对教育的投入，更多人有机会接受教育。

但我国地区之间差距还是比较明显，不同地区之间经济发展水平还有差距。我国社会转型不是一蹴而就，当前社会发展中还存在一些问题："发展不平衡不充分的一些突出问题尚未解决，发展质量和效益还不高，创新能力不够强，实体经济水平有待提高，生态环境保护任重道远；民生领域还有不少短板，脱贫攻坚任务艰巨，城乡区域发展和收入

---

① 教育部：《2020 年全国教育事业发展统计公报》，http：//www.moe.gov.cn/jyb_ sjzl/ sjzl_ fztjgb/202108/t20210827_ 555004.html，2022 年 2 月 21 日。

② 教育部：《2020 年全国教育经费执行情况统计快报》http：//www.moe.gov.cn/jyb_ xwfb/gzdt_ gzdt/s5987/202104/t20210427_ 528812.html，2022 年 2 月 21 日。

分配差距依然较大，群众在就业、教育、医疗、居住、养老等方面面临不少难题；社会文明水平尚需提高；社会矛盾和问题交织叠加，全面依法治国任务依然繁重，国家治理体系和治理能力有待加强；意识形态领域斗争依然复杂，国家安全面临新情况；一些改革部署和重大政策措施需要进一步落实；党的建设方面还存在不少薄弱环节。"① 这其中由于地区发展不平衡、城乡二元结构、收入分配差距、政府治理能力有待加强、传统思想影响、人口基数巨大等多种原因下，我国教育现代化、教育公平的真正实现还有一定距离。

总的来看，因经济发展不平衡导致了当前我国不同地区之间的教育发展不平衡，主要表现在：（1）教育资源的投入和使用不平衡。以各级教育生均公共财政预算教育事业费为例，2019、2020 年发达地区北京、上海小学生生均经费都在 2.4 万元以上，相比之下经济欠发达的中西部地区如河南、江西、湖南、云南等地区小学生生均经费都在 1 万元上下，生均经费最高地区北京与最低地区河南之间的差距竟然高达 4 倍以上。由于资金投入地区之间的巨大不平衡带来的连锁反应有教育设备配备的不平衡、教师素质的水平差异、班级规模的差异、学校教育系统设置的差异等。（2）教育水平不平衡。发达地区如北京、上海、江浙等地区由于教育投入充足、教育配套资源富足、教师整体素养高，教育水平已经达到了世界领先水平，连续几年上海市学生参加的 PISA 测试成绩都居全球第一，充分证明上海拥有高质量的教育水平。与之相比在欠发达地区还有不少学生因为家境贫寒无法入学或中途辍学（义务教育阶段入学率没有达到 100% 就是证明），不少地区因缺乏基本的教学设备无法开展全部学科的正常教学。这些客观事实导致了教育水平的现实差距。（3）教育结构不平衡。这主要是教育体系内部因配套支持缺

---

① 习近平：《决胜全面建成小康社会 夺取新时代中国特色社会主义伟大胜利——在中国共产党第十九次全国代表大会上的报告》，新华网，http://www.xinhuanet.com//politics/19cpcnc/2017－10/27/c_1121867529.htm，2022 年 2 月 21 日。

表3-3

各级教育生均公共财政预算教育事业费增长情况①

单位：元

地区	普通小学			普通初中			普通高中		
	2019年	2020年	增长率（%）	2019年	2020年	增长率（%）	2019年	2020年	增长率（%）
全 国	11197.33	11654.53	4.08	16009.43	16633.35	3.90	16336.23	17187.02	16336.23
北京市	33775.31	33546.46	-0.68	61004.53	58686.11	-3.80	70582.25	70295.87	70582.25
天津市	19479.87	18562.97	-4.71	31321.20	29874.29	-4.62	33566.16	31723.15	33566.16
辽宁省	10791.80	11581.00	7.31	15457.46	16481.23	6.62	14662.30	14720.10	0.39
上海市	24539.11	25083.73	2.22	34788.61	35182.11	1.13	43433.71	45367.21	4.45
江苏省	13119.23	14060.21	7.17	22144.14	23006.93	3.90	26891.86	27299.28	1.52
浙江省	16515.73	17737.25	7.40	23925.89	25524.17	6.68	29093.86	30601.88	5.18
安徽省	10481.29	10879.76	3.80	16064.27	16360.38	1.84	13841.62	14062.97	1.60
江西省	9976.48	10572.37	5.97	12958.28	13493.30	4.13	13741.68	14019.48	2.02
山东省	9784.69	10251.61	4.77	15826.03	16612.75	4.97	15631.74	17020.03	8.88
河南省	6950.98	7236.81	4.11	10484.86	10721.18	2.25	10309.09	11221.52	8.85
湖北省	11017.75	11455.28	3.97	18109.22	18606.87	2.75	20225.29	19123.91	-5.45
广东省	13062.28	13464.75	3.08	19229.25	19851.18	3.23	20087.35	21185.95	5.47
海南省	8355.20	8621.69	3.19	10735.21	11164.02	3.99	10751.41	10666.71	-0.79
广西壮族自治区	12551.28	12616.58	0.52	16951.28	17755.75	4.75	19185.46	19777.68	3.09
……	…	…	…	…	…	…	…	…	…

① 教育部：《教育部国家统计局财政部关于2020年全国教育经费执行情况统计公告》http://www.moe.gov.cn/srcsite/A05/s3040/202111/t20211130_583343.html, 2022年2月21日。

乏而导致的教育系统内部结构失衡。例如，发达地区学校可以设置教师培训机构、教学监督机构等，而欠发达地区却因缺少教师，甚至连基本的学校管理机构都难以组建，如一个教师坚守一个学校的案例，在这样的情况下为学生提供高质量的配套服务是奢谈。上述这些教育发展中存在的地区发展不平衡状态显示出我国的教育公平仍然任重道远。

另外，我国地域之间的文化差异明显，北方文化粗犷豪放，南方文化细腻温婉。这些不同的地域文化也客观上造成了教育资源，教师理念、教学方式、学生思维方式等方面的差异。

三　教师德性：实现教育"实然"向"应然"转变的关键

无法否认的事实是当前我国的教育现实仍存在诸多问题还无法实现"让人民享受满意的教育"的目标，还无法真正实现教育公平，还困于条件限制无法真正实现时代对人才培育的所有要求。这其中政府当然需要担负起主体责任，但这并不意味着教育本身只能被动等待社会为之创造条件，也不意味教育有理由推卸其义不容辞的责任。教育可以积极有为，这积极有为的落实关键在教师。因为教师作为一个能动的主体，存在着把"实然"（即事实）转变为"应然"的可能性。这种可能性来源于教师积极有为运用理智，以现实为起点，既不盲目乐观也不消极悲观，而是从自己所处的"实然"为基点，具体问题具体分析，运用其智慧在实践中将功能最大化，进而超越"实然"的限制走向教育善所要求的"应然"。

为此，教师首先须以客观、冷静的头脑实事求是地正视自己所处的"实然"，这是教师走向"应然"不可回避、无法改变的起点。这些实然包括：（1）本体论的"实然"是指不以人的意志为转移的教学实在，具体包括教师当下所拥有的教学环境、国家和社会要求的教学内容、培养目标等；（2）认识论的"实然"即"已被正确认识到的客观事物、实践、现象、关系、属性、本质及规律性的总称"，如学生年龄阶段的认知规律，道德心理发展阶段等。"按照人们把握事实的形式和程度，事实可以分为经验事实和理论事实。"① 经验事实是通过感性认识获得的事实，理论事实是人们对经验事实进行抽象概括而获得的事实。教师认识教育教学的实然，不仅要获得必要的经验事实，而且要获得丰富的理论事实。只有如此才能突破直接经验的限制，在广阔的教育理论背景下设计出，兼具科学性和价值性的教育方案，从而超越教育的"实然"主动逼近"应然"要求。如果一个个观念的"应然"被证实，意味着问题被解决，教育实践在某些方面或整体上更加合理。如果观念的"应然"被证伪，那么教师反思自己的假设或实践过程，不断修正自己的思想和行动，用新的"应然"取而代之，就这样当一个个"应然"都实现的时候，时代赋予教育的善也在这些积极有为的教师努力下成为现实。

教师德性在致力于把教育"实然"推向"应然"的过程中，正视"实然"只是教师出色地实现教育善目标的一个事实前提。任何时代教师的功能都是围绕着"教什么"和"怎么教"来具体落实教育善的，当前我国的社会变革和时代发展要求教师结合国家、社会和教育变革的实际转变功能：

第一，在教什么上，教师从原来通过"教书"育人或"教知识"育人转变为"教方法"育人。如此转变并不意味着知识已经不重要，知识的学习仍然是教育中非常重要的内容，只是因为信息时代知识爆炸式增长，谁都无法穷尽所有知识。这意味着现代社会的人需要掌握获取知识的手段和方法，才能从众多的信息中提取有用的知识为己所用。因为面对杂多的知识，一个人有限的生命中谁都无法穷尽所有知识，只有具备甄别、选择、运用和创造新知识的能力，才能变无用的信息为有用的知识。为此，"我们更应该保持清醒的头脑，精选教学的知识，教学生学会学习，培养他们的判断、选择知识的能力，引导他们去积极选择、学习最有利于他们自我发展的知识"。② 这客观上要求教师从传统

---

①　冯契：《哲学大辞典》，上海辞书出版社 1992 年版，第 958 页。

②　刘铁芳：《走在教育的边缘》，华东师范大学出版社 2006 年版，第 124 页。

的"教知识"转向教学生获取知识的方法，让学生拥有学习的方法，从而自主地去获取有益的知识，学习不再以知识的掌握多少来定论而以学生是否能拥有继续学习的能力、动力、热情来衡量。

第二，在怎么教上，由原来以教师为中心的教学转变为"以学定教"。如今学习内容面向所有人开放，学习的渠道已经不再是垂直式而是转为扁平式，这预示着教育已经由卖方市场转向买方市场。在信息时代，教师把持控制教育的局面已经被打破，教师的生存境遇面对越来越多的不确定性，要想在不确定的氛围中赢得一席之地，教师得拓展自己的能力，过"生产性"生活，这意味着仅从生存的角度讲，个体教师如果想赢得生存机会获得更好的发展空间，必须根据学生的学习需求、社会需求来调整教育内容、教学方式，激起学生的学习兴趣和热情，提高学生的学习效率和质量，这样教师要用服务者的心态来面对自己的"顾客"——学生，从某种意义上讲，教师是否能满足学生的学习需求成为决定个体教师能否继续以"教师为业"的关键。为此，教师要从原来高高在上的位置上走下来，走进学生，了解学生的学习需求，学习习惯、学习样态，现代学习理论的发展前沿，教育技术的发展等等将这些因素结合起来，为学生提供最优的学习环境，创造最佳的学习氛围，提供最优的学习支持服务，使学生通过教师的专业帮助获得比自学更愉悦的学习体验。如此，教师与学生之间将不再是传统教育中的主仆关系，而是现代社会中的合作关系。合作者彼此之间在人格上是平等，为了双赢而共同努力——学生通过教师的帮助获得身心健康成长，德才兼备拥有享受未来美好生活的资本，教师伴随着学生的成长、成人获得自我生存、发展的资本，同时师生双方在合作交往中因对方的参与，增添了彼此人生的深度和广度而享受了一段美好的时光，这是一笔丰富的精神财富，它滋润着彼此的生命。如此这般的教师与学生之间不会再有压迫与被压迫，而是为了共赢，为了共享美好生活而互相协作，互相促进、互相发展，实现理想意义上的"教学相长"。

当教师的功能实现了这两方面转变，教师德性的实践变为教师在教育善的指引下，从教师当下所面对的"实然"出发，既无过也无不及，而是在面对一个个具体的教育现场时，具体问题具体分析，选择恰切的教育方式，将教师功能最佳呈现从而帮助学生实现最佳的成长。这样的教育实践是教师德性的实践，是以"中庸"为原则、目标和方法的实践。因为毕竟教师面对的教育情境不一样、学生不一样，教师德性就须基于这些事实，用智慧的方式、方法为每个学生提供对其而言最合适、最恰当的教育，使每个学生都能获得成长。

当然，把"实然"向"应然"推进的过程中，教师的情感因素发挥了不可估量的作用。情感，特别是教师对教育热爱的情感是激励教师构想和物化"应然"的动力。带着这份对教育事业的执着、热爱，教师才会在教育实践中不畏惧困难，积极主动地去迎接挑战，不断地根据需要调整自我。情感可以帮助教师展开想象的翅膀，冲破逻辑或惯性思维的束缚，自由飞翔。这往往是教师萌生新的"应然"的关键。情感，如教师坚强的毅力，有助于教师在教育实践中克服教育环境"实然"的障碍，最终顺利实现"应然"。

第四章 教师功能发挥的现状与反思

第一节 教师功能发挥的现状

社会的变革正在进行，教育内部诸要素也随之悄无声息地发生着变化，这客观上要求教师必须随之改变。然而现实中教师功能发挥得如何？是否能根据时代要求，从自身所处教育现实出发，恰到好处，既无过也无不及，具体问题具体分析以与教育环境、教育资源相匹配的方式尽可能地满足学生成长需要，帮助学生实现最佳成长？任何一个事物的存在都是时间和空间统一的存在，依据教师德性的衡量标准"中庸"来审视教师功能发挥的现状，发现教师功能发挥在时间、速度上存在"滞后""超前"两种状况，功能执行在空间、区域上存在"脱阈""错位"的现象。

一 滞后

所谓"滞后"是指教师功能的转变速度明显滞后于现代社会、教育变革的现实状况和需求，仍旧以落后的方式履行教书育人的职能。我国新课程改革已经实施了十几年，"课程标准和教材更新了，相应的教师培训也在进行着，但教学实践并没有发生实质的改变，说得直白些，许多实践者正在变着法地把新课程纳入到自己的旧教学，惯例还在延续着"。[①]

---

① 杨启亮：《规约与释放：教学实践智慧的选择》，《教育理论与实践》2002 年第 11 期。

思想是行为的先导。杨启亮教授认为新课改能否取得成功根本在于教师是否更新思维方式和价值理念。[①] 当前教师功能滞后主要表现之一是思想滞后，进而导致行为方式滞后，其中思想滞后表现为教育观念滞后，随之带来的行为方式的滞后表现在教学内容的选择和教学方式运用上的滞后。

（一）教育观念的滞后

教育观念的滞后指教师没有根据时代要求更新教育观念，用落后于时代发展的思想观念指导当下教育活动。教师观念滞后的核心是教育善认识的滞后，由此牵涉到教育观、学生观、教学方式、师生关系等观念和行为方式的滞后。

现代社会要求教育培育的人是具有综合素养，能够适应瞬息万变的时代发展，快速更新自我，具有自我学习能力，全面发展的人，这是时代对教育善的要求。然而现实中一些教师受保守思想影响仍旧认为学生有好分数就一定有好未来，或者认为能让学生考上好大学或者掌握了一门技能就实现育人的目标，国内某些中学以高压的方式对学生进行管理，一切皆指向高考就是典型例子。为此，他们把教育变成了高考强化班或者把学校变为"职业训练"机构。这些教师认为教育其实很"简单"——学生能考上大学就是王道，而不管学生是否是"畸形"人——高分低能的人或者智商高情商低的人或者是"精致的利己主义者"，这些教师还未意识到"一个人有了一定的知识和技能以后便可以终身应付自如，这种观念正在迅速过时并在消失之中。由于内部需要的压力，同时作为对外部需要的回答，教育正处于实现其真正意义的过程之中，这种意义不在于获得一堆知识，而在于个人的发展，在于作为连续经验的结果得到越来越充分的自我实现"。[②]

困于教师落后的思想观念，不少教师眼中实现或体现教育善的唯一

---

① 杨启亮：《规约与释放：教学实践智慧的选择》，《教育理论与实践》2002 年第 11 期。

② 杨斌编：《什么是真正的教育——50 位大师论教育》，福建教育出版社 2010 年版，第 38 页。

指标就是"分数"。本来分数是用来衡量学生学习成效的一个客观量度。当教师的一切教育活动都指向分数忘记了育人时，滞后不足以表达教师功能状况，教师功能实质上出现了异化。分数作为评价方式它有很多表达方式，如百分制、五分制、等级制等。由于分数一般是客观标准化的测评结果，因而有客观、直观、公平、超越时空等优点，在现代社会广受欢迎。学校中运用分数在一定程度上能为学生学习提供反馈和发挥激励功能，但当分数成为教师和学生的唯一目的时，作为手段的"分数"已僭越为教育目的，教师功能出现异化。教师眼中只盯着分数，为提高分数，教师在教学上可以想尽一切办法：变相补课、给学生加布置作业、甚至给学生答案……

　　　　某生在数学考试前，亲戚前来告知该生，其父突发脑溢血去世，孩子当时非常伤心，老师一边责怪亲人在考试前告诉他这个消息，一边告诉学生排除困难考完试。当然孩子也没有立刻去与父亲道别，而是继续考试，考试结果出来后，老师无不惋惜地说"本来他可以考100，结果只考了85分。①

　　这位教师只看到了学生分数由100分降至85分的结果，但教师的眼中无"人"只有分数，他不知道"一个真正意义上的人，必须是一个有情感的人"②，所以教师可以无视这个学生内心的煎熬，无视人情的冷暖。分数可以再考，亲人却已经不在了，有什么比亲情更重要的呢？分数是冰冷的，即使能考满分，即便以分数衡量该学生特别优秀，如果没有感情他只是一个"残疾人"。

　　一些教师甚至将"育分"渗透在学校教育的方方面面，学生在学校一切行为都量化为"分数"。走进教室，经常可见墙壁上张贴着学生

---

① 吴菲：《不跪着教书》，华东师范大学出版社2004年版，第137页。
② ［美］诺尔曼·丹森：《论情感》，魏中军、孙安译，辽宁人民出版社1989年版，第5页。

行为记分榜，学生交作业情况、上课表现、做操、好人好事等等事无巨细，全部可以量化为分数。然而只对分数这一最后的结果重视，学生获取分数的动机和经过全部被自动过滤，学生在学校的一切都用客观的分数作为唯一评判标准，如此机械的评价方式常常会错失很多帮助学生健康成长的时机。这样唯分数尽心尽责的教师，在分数至上的理念之下，把自己和学生都置于分数的奴役之中，专注于培育"高分人"的教师放弃了其本应承担的其他教育责任。学生为尽可能地获得高分，不敢、不愿意去突破标准而做额外的思考或创新，甚至可能违背自我意愿或认知去迎合"正确或不正确"的标准，久而久之成了冰冷机械的"考试机器"。

"分数"本是评价学生学习的一种方式，然而教师仅看到分数表面的公平形式，却忘记了当前教育善对教师使命的要求，甚至走向了教育的反面，正在制造教育危机。（1）分数正在制造人际危机。一些教师"公平地"以分数作为标准对教育的各种资源进行分配，也正是这种形式"公平"使得教育危机在无形中滋生。经常可见学生的座位是以分数排名进行安排，学生奖励是以分数多少来给予，学生获得学习资源的多少、优劣根据分数的高低来决定等等。教师通过一次次对学生分数的记录，把学生置于一个公平的平台。这样唯分数的做法，在学校生活中一次次地被强化，学生为获得学校生活优质生存资源，把行为直接与分数挂钩，能计分我就做，甚至是用非常规方法做，例如"有同学为了获得德育表扬分，自己丢钱，上演拾金不昧"；为了考试得高分，把同学视为竞争对手彼此敌视等。可以为了分数不顾同学情谊，以分数的名义掩盖人性的丧失。教育本是教人为善的事业，班级是学生离开家庭后由同学组成彼此依存的另一个"家"，应该为学生健康成长提供适宜的环境，却在分数的引诱之下，把人推向了它的反面。（2）分数正在制造思维危机。所谓思维危机是指思维在分数至上的引导下，将思维活动限制在标准答案的范围之内。人类的文明史已经证明人类的不断进步得益于思维的多样性。而教师为帮助学生获得高分，被标准思维辖制，主动地对其他思维排斥，在这样氛围之下接受教育的学生，久而久之其思维被固化。而现代社会需要具有创新思维的人才，显然唯分数境遇下成长的学生，错过了思维多样成长的最好时机。（3）分数正在制造主体性危机。教师为了学生获得高分数，讲课只讲与考试相关的内容，教师教学的创造性被分数抑制，教师变成被动的教书机器。教师为方便管理，将学生在校行为量化为分数，忽视了学生行为的动机、态度、过程等其他因素，对学生的评判和裁决简洁明了，但是这种"统一"的处理方式，违背了教师应该因材施教帮助学生获得最佳成长的教育职能，事实上推卸自己本应承担的教育责任。对学生而言，分数作为学生的命根，更是限制了学生主体性的发挥：作业、考试都严格遵守书本要求，而且为了得到高分，不断地强化标准答案，把对标准答案的复述再现，作为学习收获的唯一评价指标。这样的学习是被动的学习，毫无主体性可言。在班级生活中，学生不是发自内心地主动完成校园生活的各项要求，而是迫于想得分或不扣分而被动，甚至是违心地去行动，这样有可能造成学生的"伪善"或"双面人"的出现。叶圣陶对教师的要求在当下仍然有教益——"千教万教教人求真，千学万学学做真人"。教育善要培育人，培育"真人"，"真人"是去探求真理的人，是真实的人，是真诚的人，是有真情的人。

（二）对"教什么"认识上的滞后

"教书育人"是教师的天职，但"书"作为知识的载体可以分为有形之书与无形之书。生活中的有形之"书"，如，平常人们阅读的书本、电子书；也有无形之书，如大自然，人们常把它视为上天赐给人类最好的一本"天书"，所以，"书"作为知识的载体，其形式是多种多样的，因而学习是无穷无尽的，特别是现代知识更新速度加快，终身学习已是每个人生活的一部分。在这样的现实面前，现代教育已经要求教师从教"书"本内容转向通过知识的学习使学生获得学习方法。因此现代教师当然不能局限于有限书本——"教材"知识的传递，应带领学生到其他领域去探索、学习获得知识的方法。知识学习的目的更在于在知识的学习中形成能力、体验情感、形成认知、获得审美情趣，经由这些素养的形成使学生有能力能读懂自然、社会这本无字之书，进而能书写出自己人生的华美乐章，这才是教育真正的目的所在。对此，不少教育家曾有过论述，如杜威认为："学校中求知识的真正目的，不在知识本身，而在学习获知识以适应需要的方法。"① 斯普朗格认为："教育绝非单纯的文化传递。教育之为教育，正在于它是人格心灵的'唤醒'。这是教育的核心所在。"② 赫钦斯："教育就是发展；教育就是引申；教育就是自我实现；教育就是由于人逐渐认识真理而使人变得富于人性。"③

然而由于教材所代表的书本知识与考试内容直接挂钩，学生分数直接与学生、教师的既得利益密切相关。因此，一些教师可以堂而皇之地打着"为学生好"的旗号，在畸形教育善的指引下专心致志、心无旁骛地教课本、教材、标准答案。其他一切与教材和考试无关的内容，在教师眼中都是无意义的，所以"教书"在此类教师这里被简化为：传递知识＝教书＝教教材，这样的"好教师"把他的全部精力用在钻研教材，应付考试上去。

教师 D 是一位有 26 年教龄的老教师，现在是某中学英语教研组副组长，她任教的两个班的英语成绩不仅在全年级数一数二，而且在全市的排名也领先，因此，她为学校争得了不少荣誉。这位教师抓学生特别有一套。那就是不让学生停下来。她的办法是让学生自己的事情自己去做，学生做不了的也让他们自己想办法学会。我（D 教师）的任务就是给学生布置一个个学习任务。学生按照我所布置的学习任务一个个做下去，可以让学生少出错、少走弯路。我

① ［美］约翰·杜威：《民主主义与教育》，王承绪译，人民教育出版社 2001 年版，序第 27 页。
② 参见张纯美、洪静媛主编《中外教育思想荟萃》，上海文化出版社 2014 年版，第 3 页。
③ 参见张纯美、洪静媛主编《中外教育思想荟萃》，上海文化出版社 2014 年版，第 5 页。

的教学都是以中考为导向。中考关注的知识点，哪怕出现在初一，我也会让学生知道这个知识点会以什么样的题型出现。①

这个教师是典型的以"教材""考点"为导向的教师，她被人称道的绝招是"能把中考知识点抓牢"，而她如此"出色"的教书做法还赢得了不少社会认同，学生也以在她手下学英语为荣，认为她是一位出色的英语教师。难怪杜威说："习惯可以使人对原初丑陋的东西发生兴趣，但这是最糟糕的。"②

当教师把自己定位在教教材这个层次上时，实际上他背离了教育善的要求，背离了"教育是教人们掌握如何运用知识的艺术"。③ 据调查显示，59.1%的教师仍将课程标准和课程计划奉为教学的唯一准绳，不能随意变动。④ 教材上的知识点一个不漏那是自然，而且对教材、教参、标准答案严格到不越雷池一步。"刻画描摹得非常逼真"一词语概括这句话，如果标准答案上是"惟妙惟肖"就决不能解释为"栩栩如生"。如此刻板地、尽心尽责地教教材，将教育与学生的生活孤立起来，教育演化为：教教材—学教材—考教材。学生只需要学习那些被教师认可了的教材中的知识，只需复制教师所教内容，无需动用个人智慧与教材或知识对话，久而久之学生习惯了接受而变得思想"呆滞"。怀特海曾经批评过"呆滞的思想"——"这种思想仅为大脑所接受却不加利用，或不进行检验，或没有与其他新颖的思想有机地融为一体"。⑤这类教师越是认真负责，越是将学生丰富多彩的学习内容给简单处理，

_____

① 余闻婧：《教师的操心》，华东师范大学出版社 2015 年版，第 52—53 页。
② ［美］杜威：《学校与社会·明日之学校》，赵祥麟等译，人民教育出版社 2004 年版，第 126 页。
③ ［英］怀特海著：《教育的目的》，徐汝舟译，生活·读书·新知三联书店 2014 年版，第 6 页。
④ 裴亚丁：《新课改中的"中年教师困境"：问题、原因与对策——以 Y 小学为例》，硕士学位论文，华中科技大学，2011 年，第 26 页。
⑤ ［英］怀特海著：《教育的目的》，徐汝舟译，生活·读书·新知三联书店 2014 年版，第 2 页。

学生就越难以应对复杂生活的挑战。这就是为什么会有那么多"高分低能"不能适应社会生活的"教育产品"出现的原因，为什么一个人可以理解所有关于太阳的知识，所有关于空气的知识和所有关于地球旋转的知识，却视日落的光辉木然。这样的教育不仅没有提升人生命的质量，反而在浪费学生的青春。这种浪费恰如杜威曾指出的"人的生命的浪费，儿童在校时的生命的浪费和以后由于在校时不恰当的和反常的准备工作所造成的浪费"。①

现代知识观认为，知识是人与对象不断对话建构的结果，它的价值不在于获得现成的答案，而在于通过知识的学习给人生活提供新能量和能力。知识不外在于人，而是人凭借已有经验，在环境中感受、经历和体验，既利用旧经验又产生新假定，在人与环境的交互作用中生成意义和新知，这样的知识学习，人的生命与知识融为一体，不是为知识而知识，知识的学习过程就是人生命的丰富过程。学生作为一个成长中的人，其生命的丰富需要吸收各种营养，不仅有来自课本知识的滋养，更需要主动去建构知识，获取知识，超越固化的知识，将知识置身于动态的生活之中去获得生活所需要的能力、人生观、世界观、生活情趣、生活态度，而这需要教师超越"教材"带领学生到更大的"书"或知识的海洋中才能获得。

因为教师信奉不折不扣地让学生掌握这些有限的知识，所以他不关注知识的创新、不关注知识与学生生活的联系，不关注学生的学习动机，只注重学生对他所讲授的知识掌握了多少，记住了多少，能复述多少，他自己是一个知识传递器，也把学生看作是低等动物。"教育者们在工作中往往把人当做低等动物对待，正规学校教育仿佛是在进行训练而不像是进行教育，因为训练是强调模仿、服从、重复、操练和控制，而教则是强调首创性、创造力、选择性，做出决定，以及自由。其结果是，学校教育在提高机械和反复活动的技能水平上，也就是说在提高低

---

① ［美］杜威：《学校与社会·明日之学校》，赵祥麟等译，人民教育出版社 2004 年版，第 53 页。

级能力上比较成功，然而对于人发展所特有的知、情、意的高级品质则不那么成功。"[1] 教师只将自己的功能局限在有限的知识传递上，如何能满足学生对高层次能力和精神的需求，如何能把学生培养成适应巨变时代会学习的人？学习演化为无聊应付，浇灭了学生求知的欲望，这样越是负责任的"好老师"，越背离了现代教师德性的要求，只能依靠制度或成人权威——恐吓、惩罚来保证"书"继续教下去，按照上面案例中 D 教师的说法"把学习任务一个压一个地看着学生完成"。

（三）对"怎么教"认识的滞后

新课改提出的"关注学生""以生为本""以人为本"的教育理念深入人心。"一切为了孩子，为了孩子的一切""以人为本，追求卓越""全心全意为儿童的成长服务"诸如此类的办学理念或口号被标识在学校的醒目位置。公允地说"以生为本"这样的词句对当今的教师并不陌生，但它却是以口号，而非理念的形式存在于不少教师的脑中。也即是说不少教师口头上喊着、说着要"以生为本"，却没有经过理性分析为什么要"以生为本"？如何"以生为本"？没有将这种理性的观念付诸于实践，调查数据显示 55.4% 的教师认为将以生为本的理念在教育实践中落实还存在困难，[2] 口口声声"以生为本"却踏踏实实践行"教师中心"。正如一位老教师真诚吐露的心声："我也觉得新课改的理念不错，但这么多年的老观念不是说改就能改过来的。"这也许就是"知易而行难"的一个原因。

对于教师教育理念在多大程度上实现了转变，课堂最有发言权。课堂是师生教育生活的主要区域，它不仅是一个物理空间，它同时因师生的互动而被赋予了"意义和关系生成"的含义：课堂是学习课程内容的知性场域，是形成并维系多维社会关系的场域，是制度化的场域。[3]

---

① 陈友松主编：《当代西方教育哲学》，教育科学出版社 1982 年版，第 240 页。

② 田虎、贾玉霞：《基础教育教师培训的问题探源与体制改革——基于对 X 省参培教师的调查分析》，《当代教师教育》2016 年第 12 期。

③ 钟启泉：《课堂话语分析刍议》，《全球教育展望》2013 年第 11 期。

在这个空间师生的活动状态最能真实地反映出到底是"学生为中心"还是"教师为中心"。

新课改要求"以生为本"把课堂还给学生，变教师为中心的"课堂独白"式教学为"对话"教学。对话意味着教师放弃话语霸权以平等的姿态启发引导学生学习，学生由被动接受的学习者变为学习的主动探究者、建构者，教师根据教育现场学生的学习需求提供学习支架，学生凭借教师提供的学习支架一步步地"占领"知识高地。克林伯格（L. Klingberg）指出："在所有的教学之中，进行着最广义的'对话'。……不管哪一种教学方式占支配地位，这种相互作用的对话是优秀教学的一种本质性的标识。"[1] 然而课堂呈现的事实远非"对话"形式那么简单。当然教师在课堂上的话语权和话语运转是保障教学完成所必要的，但不意味着教师凭借身份把控课堂话语霸权，霸权就意味着不平等。有学者选取某中等城市的小学和初中的班级进行随堂听课（其中两所为市区学校，两所为郊区和农村学校）。[2] 从话语、话题、话权三个维度观察师生在课堂上的话语权情况。所谓"话语"指课堂上师生对话的话语行为和形式，话语下面分为："提问""要求""评价""答复"四个观测点。在"话题"项目下，分为话题"设置"、话题"重组"、话题"转移"三项。在"话权"的项目下，分为话权"掌控"、话权"移交"和话权"获取"三项。从他们的调查数据显示：第一个维度"话语"，10 次课中，课堂对话多由教师发问（521 次），学生回答（545 次），对话形式基本上是"教师问—学生答"，少有"学生问—教师答"的对话出现，这表明学生的自主性没有得到充分发挥。课堂师生交谈是 1.2/1，说明交谈多在师生之间进行，生—生之间交谈少见，这反映出教师是言说的主体，教师所理解的教学只是教师教—学生学，而忘记了学生的学习不仅包含与教师对话，还包括与其他人

---

① 参见钟启泉《课程的逻辑》，华东师范大学出版社 2008 年版，第 205 页。

② 黄伟：《教学对话中的师生话语权——来自课堂的观察研究》，《教育研究与实验》2009 年第 6 期。

（同学）对话，与自身对话。第二个维度"话题"，统计数字显示师生话题设置是 8/1 教师占据了话题设置的绝对权威。这明显不符合对话理论所倡导的在对话时不能给等级和权威留有任何位置，"对话中不欢迎劝告或说服的存在"。① 第三个维度"话权"，观察发现对话中话语掌握权的师生比是 1.1/1 也就是说教师一人言说的次数与全体学生言说次数相当，另外话语移交权基本被教师掌控。最后他们观察的数据显示"在教学对话中，无论是话题设置、重组、转换，还是话权的掌控、移交、获取，教师都处于强势地位，学生处于弱势，明显表现为权力的不对称。正因为有这些优势，教师在课堂教学中常处于核心地位，进而可能演变为话语霸权。可以说，教师的话语霸权不仅可以表现在"独白式"的课堂教学中，也不仅仅是教师独白的课堂就是话语霸权的滋生土壤，教师的话语霸权完全有可能在"对话式"的课堂上改变一下手段和面孔"卷土重来"。也就是说，在对话课堂中，教师可以通过掌握话题设置、重组、转换的权力，可以通过话权掌控、移交、获取来掌握对话的主动权，这些权力使用得过度和僭越，就可能形成话语霸权。"②

      课堂上的话语霸权是一个方面，教师对课堂或班级管理不符合现代社会所提倡的公平、公正、平等观念的行为也时有发生。一些教师经常因为一个学生犯错误，例如：作业没按时完成，而惩罚全班同学取消课间休息或者罚抄。这里并不是对教师在教育中合理适当惩罚的否定，而是认为教师采用这种"连坐"落后的教育理念、思维，完全以自我为中心，想怎么"教"（其实是罚）就怎么教的否定。教师本应该针对犯错误学生就事论事，即使为了以点带面教育全班同学，也应该用友善的方式，而非莫名其妙霸气地惩罚全班同学。显然如此落后的教育方式对未犯错误的同学是显失公平的，教师用最简便的方式把自己置于学生的对立面而非教师功能要求的学生的同边促进者、服务者、合作者的角

---

① ［英］戴维·伯姆：《论对话》，王松涛译，教育科学出版社 2004 年版，第 33 页。
② 黄伟：《教学对话中的师生话语权——来自课堂的观察研究》，《教育研究与实验》2009 年第 6 期。

色，于是处于教师对立面的学生内心排斥教师，不能亲其师如何能信其道呢？采用"连坐式"的惩罚方式甚至对犯错误的同学也造成了隐形的不公平。因为"连坐"把学生与学生对立起来，理性未发展充分的学生无法对事情发生的原因进行正确归因，可能只看到了某同学犯错而老师剥夺了全班学生课间玩耍时间或受惩罚这一现象，而无法对为何受罚进行正确归因，导致对犯错误学生不友善，作为教师其功能是"育人"，教育学生与人为善的，而学生之间彼此敌视这是有违教育初衷的。诸如此类落后的教育方式在当前的学校中还时有发生，教师这样的行为既不符合现代社会要求教师公平对待学生的德性要求，也不符合教师德性所要求针对学生具体情况采取具体教育措施以实现功能最优的原则。

二　超前

所谓"超前"是指教师不顾自身所处的教育环境现实，以超过学生现实需要或可以承受的方式开展教育活动，这只是一种形式超前的表现，而非真正发挥对教育的引领功能。

形式超前是指教师用一些所谓先进的教育方式实质上仍旧上演落后的教育。多媒体技术被应用到教育中为教师教育教学提供了很多便利，因其具有声音、图像等多感官效能，能吸引或有助于学生对学习内容的学习兴趣或加深对内容的理解而被广大教师认可。但是一些学校以是否用多媒体作为衡量教师教学先进还是落后的标志。于是在外界评价的刺激下，多媒体被普遍地、不加分析地运用到每一节课中，只是原来一些教师上课是读教案，转变为读 PPT，一些教师由对教参的依赖变为对 PPT 的依赖，这种看似很"超前"的教育形式，实质上仍旧是落后、机械的工作模式，教师无法根据课程内容需要，学生认知需要，恰当选择是否运用多媒体，而是盲目追逐形式的"超前"，然而实际上教师所从事的教育活动并没有发生实质性改变。

信息时代带来了很多教育变革，翻转课堂是其中之一。它将学习的自主权交给学生，让学生通过看视频、听播客，阅读电子材料，利用网络与他人交流释疑等方式进行前期自主学习，教师则主要为学生答疑解惑或者为满足学生个性化需求提供学习支援，协助学生完成个性化的学习目标。这种教学模式需要丰富的教育资源、便捷网络资源作为依托，对学生的学习自律和学习能力要求比较高，教师完全承担起学生学习的援助者，协调者角色。这种教学模式无疑是当前国际上最先进的一种教育模式。在我国一些发达地区已有学校开始尝试使用这种教学模式。但对于相对落后的地区电脑、信息技术还不是很普及，教育配套资源还不充足的地方开展翻转课堂式教学，时机还未成熟。现实中一些教师被这种先进的教育模式吸引，不顾自己所处教育环境远没有达到符合翻转课堂教学要求，也来开展所谓的"翻转课堂"式的教学，这只是形式上的课堂翻转，并未产生翻转课堂所要求达到的个性化项目学习、个性化指导的教学要求。有学者的研究发现翻转课堂实践中一些教师只是做到了"形似"而非"神似"，因而并没有大幅度提高教学效果。① 翻转课堂对教学资源、教师、学生都有相当高的要求这是其一，其二并非所有年龄阶段的学生、所有的课程都适合使用"翻转"的方式来学习，教师如此超前的教学变革如果无法抵达"翻转课堂"的实质，不仅浪费了学生的学习时间，在一定程度上教师也放弃了其应尽的教育责任。

三 脱域

所谓"脱域"是指教师在教育教学中脱离所处地域学生的文化背景、教育现实情况，不从实际出发组织教育教学而是盲目照搬照抄他人教育经验的行为。"域"指地域，地域既可以按方位划分为东西南北，也可以按照归属划分为本土和外域。故脱域从大的方面就是脱离国家所属地域文化特点、实践状况盲目模仿国外的教育教学模式；从小的方面看，就是脱离所在学校、所在地区的实际情况照搬照抄其他地方的成功

---

① 卢强：《翻转课堂的冷思考：实证与反思》，《电化教育研究》2013 年第 8 期。

教育经验。

（一）脱离祖国文化现实，盲目引进西方所谓"先进"的教育。自改革开放以来我国教育发生了翻天覆地的变化，一方面自上而下的教育改革将西方先进教育理念、教育模式引入国内，另一方面国内各学校也开启了如火如荼的教改实验，这些教育改革在一定程度上推进了我国教育向更科学、优质的方向发展。但在引进西方教育理论或实践经验的过程中，承认外国经验的先进是一回事，如何将先进经验本土化又是另一回事。然而一些教师被所谓的"先进"教育理论或实践方式所吸引，盲目地对西方理论崇拜，完全忘记了一种理论生长所需的特殊资源、环境，只被这些"先进"理论或教育经验的表象吸引，不自觉地对其进行模仿，不对所谓的"先进理论"进行辩证分析，不了解理论产生的教育生态环境，对他人经验奉行"拿来主义"照搬照抄，罔顾国情、校情、生情、教情这些教育生态的客观差异，造成的结果可能是"淮南之橘变为淮北之枳"。例如，一些发达地区的幼儿园、中小学认为国外教材编写更符合学生的认知规律，更能激发学生的学习兴趣，更能体现自己所在学校的水平，于是耗费巨资引进外国原版教材，教师在教学时不考虑中国孩子的思维方式、文化氛围、知识结构与引进教材国家孩子之间存在差别，以所谓的"原汁原味"方式传递给学生，他们不在乎中国学生是否习惯吃"西餐"，对国外教材所提供的精神食粮是否能消化、是否有排异现象，只贪求所谓的"与国际接轨"不顾教育生态的差异，生搬硬套地将"国际化"的教学内容"喂"给学生，不仅没有实现预想的教育效果，反而出现了学生因吃了"不适应"的"教育营养"而造成本国文化没有学习好，外国文化也没有学到的四不像状态。需要特别强调的是任何一国的教育都内在的蕴涵着政治功能，一味地"崇洋媚外"有丧失我国文化特色的风险，幸好国家已经意识到教材对学生学习的重要性，加大了对教材管理和审查力度。所以，向先进学习必须因地制宜，结合实际情况对西方先进教育理念、内容借鉴的同时将其本土化改造使之能成为适宜于我国学生生长的教育资源。

（二）罔顾地域文化差异，忽视由此造成学生的学习兴趣、学习习惯和行为方式的差异。我国是幅员辽阔的多民族国家，地域文化差异明显，它直接影响着人行为的方方面面。例如，南方人性格细腻，说话声音柔细，北方人性格粗犷，说话声音大且洪亮。不仅南北方存在明显差异，就是同为南方或北方的不同城市之间的文化也存在差异。例如，大城市的人因见多识广所以视野开阔，小城市的人因相对闭塞，更保守拘谨等等。少数民族地区更是形成了自己独特的民族文化。在不同地域下生活的学生，其生命里已经蕴涵了自己所在地区的文化基因。然而在教学技术化、规范化成长起来的教师，习惯了用常规的技术思性、标准思维面对教育，将教学内容、教育对象、教学方法等做同质化处理，忽视学生生长的文化背景差异。所以一些看似出自教师手中可能"技术含量"很高的教学设计或者教学技术，在面对异质文化背景下成长起来的学生时，并不总能引起学生的学习欲望，一些学生因无法与教师取得文化共鸣反而背离了教师教学设计的初衷。例如，少数民族地区的学生，带有明显的民族文化气息，全国统一版本的教材可能无法兼顾到少数民族文化的特殊性，虽然国家已经实施了"一纲多本"，允许编写地方教材、校本教材。但在实际教学过程中，一些教师在教学设计时，只是用自己学过的或熟悉的知识来设计教学，没有将学生的文化背景纳入到课程设计中去；甚至有些教师在具体教育教学时，无视地方差异，不管学生是否有相关文化背景，只为完成教学任务照本宣科，教师可能口若悬河，但学生如同隔靴搔痒般地学习相关内容，难以在新旧认知之间顺利实现同化和顺应，味同嚼蜡难以获得学习的愉悦。

（三）脱离所在学校、所教班级学生的实际情况，一味地迷信成功教育范式。我国不少学校进行教育创新取得了较好的效果，其中北京十一中、杜郎口中学、洋思中学就是这些教育改革成功的典范。于是全国各地的学校派遣教师蜂拥而至这些学校学习取经。先进的经验是需要学习借鉴，但并不意味着"照葫芦画瓢"，而是需要教师在教育实践中结合所在学校、学科、学生及教育资源的具体情况有针对性地吸收后将其内化再生，要在具体的教学关系中兼取百家之长，动用智慧形成属己的教育风格。如果对他人教学经验不理性分析却生搬硬套，只能是"东施效颦"，因为从来艺术中有"学我者生，似我者死"的状况，教育艺术也是如此。这就是为什么有些教师学习"洋思""杜郎口"可以成功，而有些则没有明显的效果的原因所在。

四　错位

"错位"是指教师在教育中偏离了学生所处实际接受能力和水平的现实状况，用适合于 A 的教育内容和方法来教育 B，没有对号入座地因材施教，也即是说对正在接受教育的学生而言，教师选错了教育内容或方式。

依据教师教育活动涉及对象是群体还是个体，当前教师功能的"错位"的典型表现：一是学段错位，一是个体错位。

第一是学段错位。每个年龄阶段教育都有与之对应的教育内容和方式，然而现在我国教育中出现幼儿园小学化，小学成人化，大学小学化这样的教育错位现象。例如，小学生因为认知能力、自治能力等方面还处于发展的初级阶段，他们的认知还属于前运算和具体运算阶段，多以感性直观通过迁移的方式学习新知识。以基础知识、基本行为规范和习惯的养成教育为主。由于小学生的理性发展还不充分，这个阶段学生的学习以继承和模仿为主，因此教师要为学生提供可以模仿的学习榜样，另外学生的道德认知此时属于他律阶段，需要教师在尊重学生人格前提下，帮助学生将社会规范通过习惯养成的方式将之内化。鉴于上述原因，小学教师应结合该年龄阶段学生的认知、品德发展规律进行直观化、生活化的教育，帮助学生借助他们熟悉的背景知识过渡到未知内容的学习，帮助他们由具体思维慢慢过渡到抽象思维，形成良好的思维方式，养成良好的行为习惯。然而在现实教育中不少教师从成人思维出发，无视学生发展的学段现实，用对待成人的方式对待小学生。例如，进行思想品德教育不从小学生最容易理解和接受的内容如爱亲人、爱同学入手，与小学生说爱党、爱国，对小学生而言"党""国"这么抽象的概念是他们小小年级无法理解也感知不深的内容。这里不是否认对小学生进行爱国、爱党教育的必要和重要性，只是强调教学要尊重学习科学，教育应从学生的年龄阶段特点的实际状况出发，与其空洞抽象地对学生宣讲，不如从学生能切身感受到的爱家人、爱班级、爱校园开始慢慢扩展到爱所居住的城市、爱国。令人感到疑惑的一种现象是如今大学教育小学化的倾向并不少见。大学生作为成年人理性已经发展，是具有完全行为能力的人，这个阶段的教师应当多引导大学生，动用自己的理智在不侵犯他人权益的情况下自主地选择适合自己的学习内容、生活方式，并为自己的行为选择负责。然而，如今的教师把大学生当成"无知"的小学生教育，教师在课堂教学照本宣科那些无需教师讲解也能习得的内容，课堂秩序的维持通过点名、扣平时成绩等他律方式来维持，学生晚上就寝需要检查等等，教师如此的教育管理方式俨然把大学生当成一个没有自制力、自我管理能力、限制行为能力的"小学生"来教育。这种学段错位的危害是教育在加速制造"巨婴"，不仅造成大量教育资源的浪费，更在于这种违背教育规律的教育，是对教育善的背离。

第二对象错位。对象错位是从教师教育活动所涉及的具体教育个体对象而言的错位。教师一般在理论层面承认学生的个体差异，现实中由于各种原因却无法完全兼顾个体差异。这种情况因现代信息技术的进步可以被改观。它可以为教师因材施教提供很多技术上的便利，例如，教师可以利用数据分析学生对知识点的掌握情况，学习风格等，基于这些数据教师可以有的放矢因人施教，而非是对待所有学生千人一面。但现实中教师从方便自己开展工作着手，在教育教学时会忽略学生的差异，不考虑适合 A 同学的学习内容未必是 B 同学可以掌握的，对 A 同学可以采取激将法调动其学习，对 B 可能只能使用诱导法诸如此类的问题，如果教师用一种方法、一样的内容、一样的学习要求去教育所有学生实则是便利了教师对学生却显失公平的。

总之，教师在教育实践中不结合实际情况具体问题具体分析，理智地采取相应的教育行动就会出现"过"或"不及"的状况，是教师在教育实践中没有协调好个人与教师身份、主观与客观，理性与非理性、价值理性与工具理性的结果，所以教师会自觉或不自觉地选择有利于自己的教育方式简单且"粗暴"地扎扎实实践行"教师中心"。当教师顺从于自身的条件和能力的限制，不想走出"教师中心"教学的舒适区，自然就会忽视或无视教育的主要矛盾、教育善等问题，所以功能的扭曲或功能出现"故障"导致教育异化。

第二节　归因分析

教师功能的"过"或"不及"，即教师未能根据现实的教育条件选择最佳的教育行为，表现形式虽然众多但归根结底实质上都是以便利于"我"（教师）的方式组织教育教学的变式。尽管新课改提倡教师以"学生为中心"改进教育教学，但现实中很多教师依然以"自我为中心"，以成人或自我的标准来控制学生，这显然与教师德性的本质——以"中庸"方式促进学生最佳成长相背离。教师之所以出现上述状况不能在实践中智慧地以"中庸"方式落实教育善，可能的原因有：（1）一些教师未形成正确的教育本质观，所以即使选择了以教师为职业也不明了教育善是什么？既然对教育本质、对教育善是什么不甚明了，那么即使选择以教师为职业也无法按照教育本质要求的价值方向正视教师之是，进而无法根据教师之是规定的教师应当来指导教育行为，更无从企及教师功能的优美、卓越呈现。（2）一些教师虽然明了教师是什么，也愿意为教师这个职业去尽力履行"教师的应当"，然而由于能力欠缺、力量不足，所以也无法顺利实现教师功能之应当，教师功能因教师的力量不及而无法实现最佳状态。（3）一些教师在当前社会环境下对自我生存状况的迷失，以"单子式"的存在方式将自我与他者割裂，无法从生命存在的整全意义上协调自身与周遭环境的关系，因而无法在与他者和谐共生的环境中找寻到生存的动力、价值和意义，致使无法从职业生活中体味到自身存在的意义，因而虽然置身于教师职业之中，但无法积极主动地享受职业带来的乐趣，所以百无聊赖地应付了事，当然无法调动生命的能量、力量参与到职业生活中去。故没有职业的动力，造成教师因动力欠缺而无法将功能最佳呈现。

一 教师对教育本质理解的偏误

苏轼的题西林壁"横看成岭侧成峰，远近高低各不同。不识庐山真面目，只缘身在此山中。"形象地表达了人们对一个事物的认识并非能轻松抓住本质。教育就是这样一个概念，似乎人人对教育都有发言权，因为人人都接受过教育或正在接受教育。的确，关于教育每个人都有自己的见解。柏拉图把教育视为一种推动灵魂转向的艺术。爱因斯坦："什么是教育？当你把受过的教育都忘记了，剩下了的就是教育。"无名氏说："教育是影响、引领和激励。""教育，是回声与原声的碰撞，是池水对游鱼的呵护，是云朵推动云朵，是大树撼动小树，是心灵赢得心灵，是爱博得爱。"……从上述人们对教育的不同表达，不难看出，有时候人们把对教育的期望或教育的理想当成了教育，或者有些人把教育的结果当成了教育，有人把教育的过程当成了教育。这些对教育的描述属于"与教育相关"的现象描述，是对教育本质的部分描述，并不是教育本身，也即不是教育的本质。辩证唯物主义早已告诫人们对事物把握时需要"透过现象看本质"。因为本质是唯一的共相而本质之表现形式却可以有分殊。

本质，就是一事物之为该事物，而区别于其他事物的根据。根据亚里士多德的观点，事物的独特功能规定了事物的本质。现代教师虽然受过专门的教师教育但并非都能把握教育的本质。无论教师是否意识到，在事实上，每个教师都践行着一种教育本质观，"无论是教师的言语、行为，还是它们关于科目、关于学生和关于自我的认识，都受它们有关教育本质的信念的支配性影响"。[1] 在教育发展史上对教育

---

[1] 陈向明等：《搭建实践与理论之桥——教师实践性知识与研究》，教育科学出版社 2011 年版，第 103 页。

的本质理解存在几种有代表性的观点，秉持不同教育功能观的教师，根据对教育的理解相应对教师功能定位也不同，因而形成了不同的教师价值观。

观点一："教育即知识或文化的传递"。这种教育本质观认为教育就是将过去积累的知识或优秀文化传递给下一代的社会活动，持这种教育观的教师认为自己的角色使命就是把人类优秀文化遗产传递给学生，因而把自身定位于知识或文化的传递者的角色，而学生作为未成年人只能等待教师将人类积累下来的知识或文化的"喂"养，所以，想把什么"知识"，以何种方式"喂养"学生都是身为成人的教师应尽的职责。在这些教师看来，优秀的教师就应该尽其可能地将自己所掌握的知识毫无保留地"灌"给学生，"倒"给学生越多的知识就越是好教师，他完全不懂得教师的德性其实是"生产性的"，教师固然要把知识传递给学生，但只有学生参与到知识与智慧的生产过程之中，学生才能产生真切地对知识、智慧之爱，爱智慧的好奇心会带领学生主动探究知识、检视知识、运用知识，逐渐地知识内化为其人格素养之一部分。总之，在教育过程中教师作为知识的代言人占据主动权，具有主导地位，学生被视为是无知且被动的"空壳"，教师完全不用考虑学生能否消化、是否对教师所给予的知识有兴趣等等，尽可能地多传递知识的教师就是好教师，就是有德性的教师。

观点二：教育即机能的训练。这样的教育观看到了知识毕竟具有时代局限性，而能力可以超越时空伴随学生一生。因此主张教育在于完善学生的各种官能。在这种教育观指导下的教师把自己置身于"驯化师"的角色，从行为主义的视角不断对学生机能进行刺激，通过大量练习反复训练学生运用注意、观察、记忆等能力，不断加强练习让学生形成刺激—反应的条件性反射，直至某项机能达到自动化。持这种教育观的教师，将知识与能力割裂，无视学生机能、心智发展的生长性事实，以刻板驯化动物的方式来对待学生，学生所能形成的是刻板而非随机应变的机能，与身心的全面发展相去甚远，他不知道"教师不是简单地从事于训练一个人，而是从事于适当的社会生活的形成"。①

　　观点三：教育即预备。教育的目的在于为学生的未来生活做准备，斯宾塞是这种观点的倡导者。这种教育观在中国教师中特别有市场，很多教师告诫学生今天在教育中所受的一切苦都是为了将来有个好工作、好生活。既然奉行教育为将来做准备，那么教师的角色职责就是尽可能为学生未来生活做好铺陈，教师应该做的事情是根据学生未来的生活状况对学生学习提出要求，教师为学生规划了美好的未来生活图景，却不知道学生现在也正生活在生活之中。以牺牲现在生活为未来生活做准备，学习的成功以失去学习的热情和兴趣为代价，如此"先苦后甜"憧憬未来的教育其实是竭泽而渔，考试的成功换来的是学生对学习的厌恶，每年高考结束后一些学校铺天盖地的撕书现象，学生们将对学习的厌恶全部宣泄在无辜的书本就是一个例证。没有学习动力和热情的未来公民，如何能应对未来复杂生活所需要的持久的学习力？为未来生活做准备的教育正在浇灭学生未来生活的动力。

　　一般来说对事物本质的概括要实现"A是什么"这样的描述与"什么是A"描述的一致，才达到了对事物本质准确的概括。反观上述几种对教育本质的理解，以"教育是技能的训练"这一概括为例，显然"技能的训练是教育"说不通，因为技能的训练还可以是一般运动的构成要件。上面几种教育本质观的偏误在于将教育具有的某一项功能，例如传递知识的功能、能力训练的功能、为未来生活做准备的功能当做了教育本质，此外还有把教育的经济功能、政治功能当成教育本质的认知。"尽管教育有政治、经济、社会功能，但对于直接从事教育工作的人来说，教育应主要考虑学生的利益，教育应该增进受教育者的幸福"。② 舍此便无法把握教育本质，因为它们偏离了本质是事物独特功能，是此事物区

　　①　［美］杜威：《学校与生活·明日之学校》，赵祥麟等译，人民教育出版社2004年版，第15页。
　　②　［英］约翰·怀特海：《再论教育目的》，李永宏等译，教育科学出版社1997年版，第27页。

别于其他事物的功能这一核心要点，犯了以偏概全的错误。教育作为人类一项独特的社会活动，其独特在于教育是专门以培养人为使命的社会活动。这是教育的独特功能，教育的本质。也可以反过来说"专门培养人的社会活动是教育"，教育所要培养的人是从现在一步步走向未来的人，是知识、能力、情感、道德丰富而且身心健康的人。为了将这一功能完成，教育需要依托一定的知识，也需要训练学生掌握一定的技能，还需要关照学生当下的生活，从当下把他或她引向未来。一个身心健康的人，意味着此人是个性与社会性兼具的人，通过教育培养的"人"进入社会生活随之产生教育的经济功能、政治功能，所以教育的一切其他功能都服务于或者围绕着教育培养身心健全的人这一核心功能展开，舍此都将导致教育不是教育。

　　人的每一种活动都以某种善为目的，教育的善在于促进每一个学生都得到适合于他的生长，使之成长成人。正如医疗之善是帮助每一个人获得健康一样，医生只能依循这个"人"的病症、这个人的体质结构，分析药物的性质后，选择适合这个人的药物和治疗方案，这样病人才可能药到病除，但"健康"的到来总归需要病人自己机体对"药"的吸收，所以病人是医生工作的出发点，使病人健康是其工作的旨归，这是医生工作的内在善。教育也是如此，教师存在的意义和价值在于帮助学生更好、更快地成长，但成长是学生的成长。虽然教师可以运用强力控制学生，却不要忘记了无法"强迫学生学习"，如杜威曾经告诫"我们虽然可以把马引向水边，却不能强迫马喝水一样"，① 教师所能做的、且要专心做的是根据学生的素质条件、生长的环境资源，为其提供能被接受和吸收的教育"方略"，激发学生的学习欲望，帮助学习动力的维持，提供学习方法指导等等，最终学习的启动，对教师所提供的营养吸收如何得依赖学生自己。从这个意义上说教师存在的意义和价值就是把内蕴于学生身上的向善的生长力量激活，通过创设更优质的生长环境，

---

　　① ［美］约翰·杜威：《民主主义与教育》，王承绪译，人民教育出版社2001年版，第33页。

为学生的生长提供必要的养料，能被学生更好地消化吸收从而让学生健康地生长，更自觉地"向善"——逐渐地学生由一棵"幼苗"生长成为一棵可以独自经历风雨的"参天大树"。

一些教师因为对教育本质认识的偏误用教育的部分功能代替了教育的本质，在这样的教育本质观的指引下形成了不一样的教师观。同样，他们所形成的教师观也存在偏差，把教师应该履行的部分职能当成了教师的本质，偏离了教师功能应有的航道。因为对教育是什么没有正确的认知当然在具体落实教育活动时无法根据教育之应当来履行教师应当履行的职能。意识不到教育是学生受教育，教育是在教师帮助下让学生学会求知、学会成长、学会与他者共处的社会活动，不承认学生的主体地位，学生当然会被边缘化，而是根据"我"（"教师"）的喜好、便利来进行教育教学。背离了教育本质要求的教师，自然无法准确定位职业角色，不明了教师功能规定的"教师应当"，谈教师功能之出色发挥是奢望。

二 教师的教育教学能力欠佳

公允地说"以生为本"这样的词句对当今的教师并不陌生，不少教师已经认识到教育是助力学生成长的事业，教师在教育中应该以"学生为中心"，帮助每一位学生获得最佳成长是身为教师的自己应该履行的职责。不少教师也确实想尽最大的努力帮助学生成长，这样的教师具有良好的教育价值观。如一位教师对自己职业进行反思时写道："我在课堂上要特别注意调动'学生的积极性，加强师生交流，充分体现学生主体作用，让学生学得容易，学得轻松，学得愉快这样的教学理念'，自己的行为却与这一理念背道而驰，因为课堂的目标就是讲完所有准备内容，讲不完就会引发极大的焦虑"，[①] 可见，正确的职业价值观、教育理念，的确可以确保教师在职业生涯中不至于偏离教育本真要

---

① 吴颖芳：《认识你自己：自我研究对教师专业发展影响的个案研究》，《当代教育研究》2013 年第 15 期。

求的航道，但一个出色的教师是一体两面的，既要有正确的职业价值观，也要有将职业价值落实于实际的教育教学能力。因为一个好人或者说良好的职业动机只是成为好教师的必要条件之一，而非充分条件，除此之外，教师是一个带有专业使命的人员，他必须有能力将自身的专业知能，转化为教学上能运用且被不同学生适应和理解的形式。我们十分赞同德国教育家克拉夫基关于教师教学的论述："衡量一个教学计划是否具有教学论质量的标准，不是看实际进行的教学是否能尽可能与计划一致，而是看这个计划是否能够使教师在教学中采取教学论上可以论证的、灵活的行动，使学生创造性地进行学习，借以为发展他们的自觉能力作出贡献——即使是有限的贡献。"[①] 若教师自身知识满腹，却无法转变为教育学生学习的能力，那么教师应尽的职责和教育善所期望实现的"应然"状态只能成为永久的空中楼阁。显然教师功能的出色发挥需要教师"德""才"兼备合力作用才能变成现实。其中的"德"不是指一般的教师道德而是指带有教师职业伦理使命的专业伦理德性，"才"是指教师完成教育善所需要的知识和能力。

教师完成教育善的使命所需要的"才"，是教师完成教育教学任务所表现出的素质，它是支撑教师德性必备的一个条件，具体来说就是指教师的教育教学能力，它是教师在教书育人过程中所必备的，随着从教时间的增加可能发生质的变化的核心能力及其组合。关于教师在教育中需要哪些能力，学界有多种不同分法，本研究认为它由核心能力群和外生能力群两大部分组成。其中，"核心能力群包括知识提取能力、教学监控能力与教学执行能力；外生能力群包括教学效能感、教学个性、职业性向。此外，教师职业生涯规划与管理能力对教师教育教学能力发展起着整体健康与提升作用，是影响教师教育教学能力的重要因素"。[②]

造成教师教育教学能力不尽如人意的原因是多方面的。其中与教育教学能力本身的特性有很大关系。（1）教育教学能力是教师将习得的

---

① 瞿葆奎主编：《教育学文集》（教学），人民教育出版社 1988 年版，第 778 页。
② 王沛：《中小学教师教育教学能力的内涵与结构》，《课程·教材·教法》2010 年第 6 期。

知识在教育实践中应用的能力，实践的复杂性导致了能力习得只能凭借实践经验的累积才能不断增长，此过程中可以探寻到一定的规律，但实践的不可预测性导致了教师已有的能力未必能够应对未知的实践，相对于复杂多变的教育实践而言，教师教育教学能力欠缺永远是客观存在的事实，教师只能以终身学习的态度不断通过实践积累，提升应对类似实践的能力。（2）教育事业是一项复杂的事业，需要教师拥有多种能力。人们常说的优秀教师需要有"十八般武艺"：为把课讲生动需要有良好的语言表达能力；为促进不同的学生彼此互相学习，需要教师良好的组织能力；为发现学生的某项潜能，需要教师敏锐的观察力等等。总之拥有良好教育能力的教师能使学生如沐春风般不知不觉中受到教育，被滋养长大成人。反之，缺乏教育能力的教师可能导致误人子弟，甚至如赫尔巴特所言："使人厌倦就是教学的最大的恶"①。然而现实中并非每一个教师拥有教育教学的全部能力，可能存在能力结构不合理的现象，例如某教师先天存在某些方面能力的缺陷，如有些教师不擅长组织协调，但教师无论哪方面的能力欠缺都可能影响到教育教学质量的完美呈现。（3）能力是在实践中渐进习得的，教师教育教学能力的丰富不能一蹴而就。教师随着年龄、阅历、理解力的提升原来可能不具备的能力，例如理解学生的能力，随着教学年限的增多，与学生打交道的频次增多，慢慢摸清楚了学生的一些习性，因而原来不能理解的学生行为，现在可以读懂了，这就说明教师教育实践的深入，教师教育教学能力存在提升的可能。

除教育教学能力自身的特点导致教师在实际教学中因能力欠佳无法最佳地将功能呈现外，教师教育教学能力欠佳在很大程度上与教师自身对教育事业的认同、自身是否有主动提升能力的意识密切相关。部分教师由于自身惰性不愿也不想去挑战积习已久的教学陈规。正如一位老教师真诚吐露的心声："我也觉得新课改的理念不错，但这么多年的老观

---

① 杨斌编：《什么是真正的教育——50位大师论教育》，福建教育出版社2010年版，第104页。

念不是说改就能改过来的。"若教师由于自身惰性导致能力停滞不前不能应对复杂的教育实际，这样的教师必然不能很好地处理自己与周遭的他者之间的关系。一方面表现为不能从最有益于学生学习需要的角度为学生提供学习援助；另一方面表现为不能将外在于己身的教育环境转化为有助于提升学生学习效能的条件，教师与"他者"处于物我分化而非物我合一的状态。所以，这样的教师没有看到学生的未成熟性其实意味着学生的发展性、学习的可能性；无法将教师评价制度视为对教师职业的助力者反而看成对教师自由的束缚；不能很好地利用家校合作共同促进学生成长，而一味地指责家长不懂教育等等。教师如此这般排斥"他者"以自我为中心的工作方式实质上是教师力量弱小的表现。当教师无力处理自我与"他者"关系时，外在于"我"的他者要么被"我"有意忽略，要么被"我"习惯性的忽视，总之，他者都不纳入"我"的视域，"绝对自由"的"我"在排斥了"他者"的同时，其实也被他者排斥，成为一个孤独无助的"我"，无法从"他者"身上汲取成长的力量，自然只能停滞不前。

也有一些教师由于实践经验不足或者反思意识不强，阻碍了教学能力的提升。"反思是存在者通过转身回顾发现自身与世界的关系，在已经被构造的客体世界之中发现自我的存在。"[1] 这样的教师既无意识去欣赏周遭世界呈现给他千姿百态的美景，也不去倾听自己内心的声音，所以他既看不到其他教师教育教学的问题或进步，也没有主动改进自己教育实践的意识，结果虽然做了多年的教师，教育教学能力仍旧原地踏步。总之，在现实中因为能力欠佳而无法恰当处理好主客观关系，所以出现了知道要如何当教师是一回事，实际上怎样做教师又是另一回事，这就是平常人们所说的"知易而行难"，调查数据显示55.4%的教师认为将以生为本的理念到教育实践中落实还存在困难，[2] 无奈之下，一些

---

① 余闻婧：《教师的操心》，华东师范大学出版社 2015 年版，第 9 页。

② 田虎、贾玉霞：《基础教育教师培训的问题探源与体制改革——基于对 X 省参培教师的调查分析》，《当代教师教育》2016 年第 12 期。

教师只能回到"以自我为中心""选择一种驾轻就熟、随波逐流的生活方式，也可能选取一种标签化的思维，在自己已有的图式框架内，对新颖刺激视而不见、主观扭曲、削足适履"。①

三　教师的生存哲学欠清晰

人原本是自然界的一部分，时至今日人的动物性依然存在，但人又不甘于囚禁于动物之内，人用理性将自己从动物之中分离出来，人成了孤独的人。为了消除孤独，更为证明人是优于其他动物的一种存在，人与人联合起来，不听命于自然的摆布而是运用自身力量去发现自然、运用自然。起初，人虽然能通过自身努力来证明自己并非完全受自然辖制的生物，但那时的人总归对自然心存敬畏——敬畏一切秩序的安排者"神"，他是人无法完全洞悉的一个神秘存在，始终控制着宇宙的运转。所以，人虽然傲气但因为敬畏"神"，却不敢胡作非为而是在神所创造的宇宙空间，小心翼翼地与自然、他人和自己共生。

然而随着实践深入，人力量的增强，人类文明的进步，使得一些人越来越盲目自大，当尼采宣布"上帝死了"之后，一部分人完全挣脱了压在身上的最后一根稻草，把自己当成"上帝"，陷入无节制的为所欲为之中。由于过于追逐物质财富，这些人任意破坏自然，导致人与自然疏离；对物质享受的过度迷恋和依赖，异化为物对人的控制，人反而变成了物的奴隶，导致了人与社会的疏离；受功利思想影响，一些持利己主义思维方式的人，在市场经济中过度追求私利，造成了贫富之间的差距，导致了人与人的疏离；与此同时，因全身心投入追逐贪欲、物欲的洪流之中，人的贪欲膨胀，人完全没有时间和空间来安顿自己的心灵，导致了人的身心疏离；诸如此类盲目放大自我的行为，这些人将目的与手段颠倒，手段遮蔽目的，也即工具理性占主导而价值理性被忽视，导致目的与手段的疏离。疏离了一切的人只能形影相吊，他已然又

---

① 刘次林：《幸福教育论》，人民教育出版社 2003 年版，第 168 页。

回到了洞穴变成了那个"囚徒"。这样在人的现代文明进程之中，由于生存哲学的分化，人被分成两类：一种是占有式的人，另一种是存在式的人。[①] 前者指望尽可能多地占有东西，而后者以充满活力、开放包容，克制自我的方式与他者共生。

　　教师的生存不能脱离社会，一部分教师受功利文化、利己主义和社会中无德而富现象的影响，放弃了对教师职业的神圣追求落入"占有式"生存状态的网罗。这些教师失去了价值理性的指引，为最大限度的实现"我"的利益，把工具理性的运用发挥到极致，一切外在于我的人、事、物，要么与我无关无法进入"我"的视域，要么只是作为谋求"我"利益的手段，用完则弃如敝屣。他根本不知道自己的利益其实是根植于他人利益基础之上的。只有在尊重他者，客观地不偏不倚地承认他者的价值的基础上，他者才会亲近"我"，走入"我"的世界，成为助力"我"成长的力量。否则在排斥他者的过程中，"我"也会被他者排斥，主动地排斥他者意味着我迟早会被他者报复，被动的排斥意味着他者无法被主体（"我"）客体化，无法转化为有益于我谋求更好生存的力量。这样的教师被欲望所辖制，过度追逐生存所需要的外在善，完全没有将生存论当成指引其生活的哲学，陷入"自我中心"占有式的存在。"所谓欲望，就是指当生命有机体处于缺乏状态时，对能够满足自身需要的客观存在产生的一种倾向性的心理状态"，[②] 具有主观性、非理性、无限性的特点，对人的行为具有定向、激励和驱策功能。欲望若受理智指引则会带领人建构合理的意义序列，若非理性控制了欲望，只会导致人重新落入"自然物"——动物的存在。根据哲学家约翰·希克的观点，[③] 他认为人的意义分为三个层次：第一是自然意义，包含维系人生存所需的衣食住行的实现；第二是伦理意义，是人在

---

　　① ［美］埃里希·弗洛姆著：《弗洛姆行为研究讲稿》，吴生军编译，北方妇女儿童出版社 2004 年版，第 23—27 页。

　　② 鲁芳：《欲望与人的价值实现》，《吉首大学学报》（社会科学版）1998 年第 1 期。

　　③ 参见杨乐强、夏海《教育的生存论维度及其启示》，《武汉大学学报》（哲学社会科学版）2014 年第 11 期。

一定社会内遵循被社会认同的道德规范而形成被认同状态；第三是信仰的意义，是人从精神层面追求超越和圣化而呈现的对自我的确认。被欲望控制的教师其生命的意义只处于希克所言的谋求自然的意义阶段。作为人而存在的教师必然生存在社会之中，用信仰引导人对伦理和自然意义的规范，拥有信仰是其另一种可能的存在方式，"存在方式的信仰首先不是一种对特定观念的信仰（尽管也可能是），而是内心的一个目标，一种态度。也许这样说更恰当，人在信仰中存在，而非占有信仰"。[①] 为教师而生，以教育为业的教师，是将教师作为自己毕生追求的事业来经营的人，其生命因为教师而存在，因教师而有光彩。故这样的教师以"生存论"哲学来规划和践行自己的生活，"所谓生存论，它是一种关乎生存的根本力量，是人作为个体存在和群体存在的关联方式及过程，同天、地、物的相互关系的理论。"[②] 这种生存哲学从人的经验、感性生活出发，但不局限于此而是超越对人存在的朴素理解，寻求在有限之中突破，从而创造"可能的"美好生活，生存论为哲学指引下的人总是把自己视为一个与周遭环境共生的整体性、过程性和价值性的存在，努力达成与他者共生的过程中尽可能地将自我的潜能释放，从而实现成人成己和谐生存状态。

缺乏生存论指引的教师，受制于自我中心主义、功利主义、竞争观念、工具理性、短视心态的影响和侵蚀，把自己与周遭环境对立起来，他心心念念地是"为我"，他不明白"我的利益"是建立在给他者"方便"的基础上的，他者的利益是我利益的保证，为了"我"自己的幸福，必须在行动上与有利于"我"的那些他者共生，我只有融入他者之中，获得他者的承认才能在共生之中为"我"保留施展个性、价值的空间。否则，没有"为他"或作用于"他"或"它"这样一个过程，

① ［美］埃里希·弗洛姆：《弗洛姆行为研究讲稿》，吴生军编译，北方妇女儿童出版社2004年版，第29页。
② 杨乐强、夏海：《教育的生存论维度及其启示》，《武汉大学学报》（哲学社会科学版）2014年第11期。

154

我的力量根本没有施展的地方和安顿的去处，不被他人需要、承认和接纳的"我"，是弱小而无价值的"我"，久而久之会被自然、社会和他人抛弃。

帮助学生建立生存论哲学是教育的使命，通过受教育，年轻一代在自我、他人、社会、宇宙生命之间建立知识性联系和精神融通。让学生不断地突破生存限制和不足，逐渐摆脱"自我中心主义"，在他人、社会、自然的交往中提升生存品质和践行存在意义的升华。然而若身为教育者的教师，陷于"自我中心主义"之中，如何能担负起教育所需完成的培养学生"生存论"使命。所以，当无视自身之外事物的价值，要么因为贪图"私利"，如"好名次""好声誉"，无视学生主体地位用农业文明的教育方式苦役学生；要么因为想"自我逞能"不顾当前学生或教育资源的现实状况，用所谓的"超前"教育模式来开展教学，导致形式大于内容，学生成了教师"逞能"的牺牲品。这样以自我为中心的教师，他的生存没有在内在善与外在善之间寻求到一个合理平衡点，而是迷恋外在善——它们包括获得权力，扩大影响力，意志驱动力的实现，对他者的占有和支配等。所以他对教育进行极端或片面理解和操作，他无法在帮助学生获得知识、技能和自我精神生命成长之间找到平衡的实践策略；无法在眼前利益和长远利益之间找到平衡；无法在自我和他者之间找到可以和谐共生之处；所以只能以"自我"的方式来进行教育，导致的结果是教师在工作时要么超前或滞后，要么脱域或错位。

第五章　教师德性的实现

当前教师功能发挥时表现出的"过"与"不及"现象，无法完成教育善对教师使命的要求。特别是我国"中小学教育教学改革进入攻坚阶段。改革进入攻坚阶段后所呈现的前所未有的艰巨性、复杂性，以及教学活动自身的特异性、多变性和不确定性，都对教师洞悉复杂局势、把握复杂局面、应对复杂挑战的智慧品质和水平提出了很高的要求"。① 这客观需要教师作为一个能动的存在者出现在教育现场，主动地将客体纳入主体范围内，将客体主体化，动用实践智慧应对复杂教育环境。这意味着教师将理性认知、伦理价值在教育实践中融合，理论联系实际既基于现实又不囿于现实而是在教育活动中以教育善为行动指针，无过，也无不及，在一个合理的范围内，审时度势，选择恰当的时机，灵活应对，如此将"主我"与"客我"有机统一，以最佳的教育方式帮助每一位学生成长、成人的同时将自我价值完美呈现。

"实践智慧以观念的形式内在于人并作用于实践过程，其中既凝结着体现价值取向的德性，又包含关于世界与人自身的知识经验，二者同时又渗入人的现实能力。以成己与成物为指向，实践智慧融合了理论理性与实践理性，体现了说明世界与改变世界的统一。在制约和作用于实践的过程中，实践智慧既渗入了'应当做什么'的价值关切，也包含'应当如何做'的理性判断，既涉及'是什么'，也关乎'怎么做'。"②

---

① 田慧生：《时代呼唤教育智慧及智慧型教师》，《教育研究》2005 年第 2 期。

② 杨国荣：《实践智慧》，《中国社会科学》2012 年第 4 期。

教师的实践智慧是中庸在教育中的应用和实现，必然包含教师之为教师"应当做什么"的价值诉求，和为实现价值而"应当如何做"的理性判断及相应的行动，教师的实践智慧集价值取向、知识经验、恰当的选择和判断于教育行动之中，呈现出师生最美的合作样态。据此，可以认为教师德性的实现就是教师实践智慧对中庸的贯彻和落实，是教师的价值理性、理性判断的合力在教育活动中将教师功能出色地呈现。

第一节　教师德性实现的始基

"始基"是一个哲学用语，指万物从它产生又可以复归于它的共同的东西。教师德性的实现，就是作为教师的人，将教师功能发挥，实现教师的价值。"价值"是描述存在的意义的一个范畴，它阐释"是"与"应当"的匹配程度。价值取向直接规定了行动的方向和行动的性质。

"解决'应当做什么'的问题，则以'是什么'的追问为其现实的依据。"[①] 所以对教师的价值判断，须基于"教师之是"，即教师实际功能的发挥状况是否符合功能之规定。当教师认识了自己，自觉根据"教师之是"所规定"教师之应当"来做教师时，是教师通过认识自己，努力实现自我价值从而更深层次地认识自己的过程。这个过程既是教师基于认识自己之后对自我深化认识的过程，也能促使教师进一步更好地认识和把握自己。从这个意义上说教师认识自己既是教师德性的起点也是教师德性的结果。所以说教师认识自己是教师德性实现的始基。

人认识自己是一个渐进过程，教师功能的呈现也是一个渐进、动态的过程，维系功能持续且有生命力的展开的不竭动力来自于教师对自我的悦纳，对职业的认同。教师清楚地认识自我，认同自己的职业也就不会把职业仅当做维持生活的活计而不得不为之，而是将自我与职业融为一体，主动地融入职业生活，不断地完善自我，享受职业生活带来的乐

---

① 杨国荣：《实践智慧》，《中国社会科学》2012 年第 4 期。

趣。这样，职业不是穿在"人"身上的一件"外衣"可以随时更换，而是人的一种重要的生存方式：既通过职业展示自我存在的意义和价值，又通过职业享受作为人的快乐和幸福。当然人对自我的认识不是一蹴而就的，人在实践过程中，会不断地调整对自我的认识，但是无论人所处的周遭环境如何变化，积极心理学的研究已经证实总是那些能对自我进行积极认识、悦纳自我的人，能更轻松地面对生活，哪怕突遇压力、逆境和挫折，也能从中享受到生活带来的"乐趣"。

一　认识自己

现代社会匆忙生活的人，因为"忙"，没有时间看顾自己；由于物欲横流，欲望充满了人的头脑，在头脑中没留下空间留给自己。匆忙、迷茫中生活的人，"忙"却"心""亡"。因"心"无归宿，当代人出现了不同程度的自我同一性的危机。"同一性是个体关于自己是谁、在社会中应占怎样的地位、将来成为怎样的人以及怎样努力成为理想中的人等一系列问题的觉知。"① 人的自我同一性危机导致自我认同焦虑，消极地对待生活，个体若无法激起能动性，对自我的身份感丧失，就会表现为角色混乱、生活无聊而迷茫、缺乏自我价值感和幸福感，极端者甚至走向堕落或自杀。从这个意义上说，如果人不能正确认识自己如何能成为自己？如果不认识自己，人可能在迷乱中良莠不分、迷失自我，更谈不上发展自我；如果不能认识自我，人可能无法体会到真正的生命精彩与丰富，陷入现代性危机之中，成为一个没有灵魂空壳的"我"。

赫舍尔的代表作《人是谁》有："正确认识人是正确理解人关于世界的知识的前提。我们的一切决定，无论是认识上的，还是道德上的或美学上的，都取决于我们关于自己的概念。"② 认识自己就是对"自我"的完整、全面的认识和把握。"我"不仅是个性、性格、品质等因素组合成的"我"，"我"更是一个时间序列中以行动表征自己的存在，现

---

① 杨韶刚：《西方道德心理学的新发展》，上海教育出版社 2007 年版，第 320—321 页。
② ［美］A. J. 赫舍尔：《人是谁》，隗仁莲译，贵州人民出版社 1994 年版，第 18 页。

在的我是从过去走来又将走向未来的我，我的过去、现在和将来都包含在自我认识之中，所以，认识自我不是一次性的活动，而是一个动态渐进变化的过程。从"我"是自然界的一份子而言，"我"是一个有限而平凡的存在。从"我"是世界的唯一而言，"我"又是能动且独一无二的存在。认识自我就是要在"我"的有限、平凡与"我"的无限与独特之间寻找到一个平衡点，接纳自己、创造自己、欣赏自己。

（一）认识到自己的有限、平凡，接纳自己

从生物学角度看，人仅是自然界众多存在物种的一种。人必须遵循自然界运行规律，在自然秩序下生存，尽管人类已经可以进入月球，但人无法跳出宇宙。人首先是一个有限的自然人。自然界的运行规律、人活动所涉及的对象的客观性将人的活动划定在一定的范围之内。所以，认识自己首先要认识自己的自然属性，这些自然属性包括人的身体结构、生理机能、自然欲求、安全需要等，它们是维系人存在的基础。

与其他动物一样，人需要群居，融入社会才能摆脱孤独、无助，人以社会组合的方式让人的存在由生存变成了生活。作为社会一份子的个人，人无可选择地被抛入了一个既定的社会，他首先必须顺应社会的环境，才不会被社会抛弃，为更好地融入群体生活，个人须贡献自己的智慧和才能，方能分享群体带给个人的物质和精神财富。这个意义上说，社会为人的发展限定了一定的内容和范围。每个人既是一个被约束者又约束他人。作为社会的一员，我应贡献自身的力量服务于社会、他人，才可以主张我的权益。每个人都是如此，无人能例外，我就是芸芸众生中的普通、平凡的一个。

承认人是一个有限的自然人，并不意味着对人的贬低；同样，承认人是社会中普通的一员也不是对自我的否定，它是提醒着我们自然赋予"我"身上的属性，无论美丑，优劣，我都要客观接受，认识自己既不能盲目自大也无需自怨自艾，客观地承认自己的有限、平凡，接纳自己，这是成为自己的起点。

（二）认识到自己的无限、独特，创造自己

人是动物，但人是有能动性、理性的动物。正是人的能动性、理性使人从自然的状态变为"自为"的存在。人凭借理性、能动性可以去认识自然、利用自然，甚至改造自然，变自然对人的限制为利用自然、改造自然。这反映出人身上具有无限的潜能，他可以突破自然对他的既定限制去开创属己的、未知的可能生活。人与动物的不同在于"动物与自己的活动直接同一，与此不同，人与自然的关系以劳动工具为媒介。人由于创造出自然所不能以成品形式提供的各种对象而仿佛使自己加倍，把自己客体化于他所创造的物之中，从而有可能把自己作为活动者同自己的活动产品和结果区分开来"。[①]

无论是作为物质存在，还是精神存在；无论是从历史还是现实的角度；"我"都是世界的唯一、独一无二的人。生活于一定社会关系中的人，其独特性不仅仅是从自然性上标榜出独特、有个性，更是通过其创造性的行为方式利人利己，显示出健康而独特的人格魅力。这个过程人创造了自己的世界，也创造了自己本身，把自己造就成世间独一无二的存在。所以，认识自己充分挖掘作为独特存在的"我"的意义和价值，把人体内不甘于被动生活，而是积极生活的精神发挥到极致，并非逆来顺受，主动地与世界融合，通过自己的力量来影响世界、改变世界，创造一个新的世界。

（三）认识自己就是在人的二重性矛盾中找到平衡点

"理性的诞生在人的身上造成了二重性。"[②] 人被束缚的同时又是自由的，是动物又不是动物，是感性的又是理性的，人是现实的又可以超越现实……。人就是一个二重矛盾的组合体。人认识自己就是要把握人二重性矛盾，让二者互补互动，找到二者合理平衡点，使它们成为引导人成为"自为"的人的合理力量。所以，人认识自己既要承认自己有限又不能甘于自己的有限，要超越有限去尽可能创造无限。人承认自身的平凡，但不甘于平凡的人生，人需要物质但又不囿于物质之内……诚如德尔菲神庙上的"认识自己"的用意是提醒向神求教之人，摆正与

---

① ［苏］科恩：《自我论》，佟景韩译，生活·读书·新知三联书店1986年版，第35页。
② ［美］马斯洛等：《人的潜能和价值》，林方主编，华夏出版社1984年版，第104页。

神的关系，不要忘记自己的身份，不要自以为是，凡事不能过分。这告诫人在"中庸"范围之内认识自己，既不要自高自大，毫无敬畏之心，也无需妄自菲薄逃避现实，而是给自己一个恰当的定位，在有限之中尽可能发挥主观能动性、拓展人的力量，成为一个自为的人，一个可以去创造更美好的可能生活之人。

二　教师是？

（一）教师认识自己，才能成为自己

长期以来，我国的教师是世人的行为示范，是"至善"者的化身，是蜡烛，是园丁，是人类灵魂的工程师……"中国的教师一直被强行披着道德的圣装，从'天地君亲师'到'为人师表'再到行为世范的'圣贤'，不仅要当'师'，还要当好'表'，更要当好'圣贤'。教师这一道德主体，慢慢就成了泥塑的香火'神'，而非鲜活的真实人"。① 人们看到了教师职业对学生、甚至民族的重大责任，因而对教师有太多的期望，故"教师，似乎不是一个职业，而是一个神圣俱乐部"。② 当前教师身处于一个价值多元、信仰迷失、功利的社会，是继续穿着至圣者的盛装还是与世俗随波逐流？生活在道德重负之下的教师在真实的自我与他人眼中的"社会自我"间游离不定，备受煎熬，负重前行的教师难以表达自己真实的情感和思维，有时会陷入极度的失落。现实中夹缝生存的教师，被现实困境压迫把内蕴于体内的"善"给遮蔽了，丧失了最初对职业的热爱转为对职业倦怠，有些教师甚至出现身份认同危机。难怪有学者说："不得不说，在一个价值多元，信仰失落的时代，'成为教师'是需要勇气和毅力的。"③ 费尔南多·萨瓦特尔也曾指出，教育是"勇者之为"，"在一个需要教育但却又迷失教育前行方向的社

---

① 王超、陈飞：《多元文化时代"教师"道德主体的困境与抉择》，《湖南科技大学学报》（社会科学版）2012 年第 11 期。

② 龚郑勇：《草根教师的日常困境：被道德化与被计量化》，《青年教师》2011 年第 11 期。

③ 马文珠、栗洪武：《"成为你自己"：教师教育信仰的价值归依》，《基础教育》2017 年第 6 期。

会中，教师这一职业，非常容易让人生出心理挫败感，陷入抑郁，疲惫不堪，让人泄气，有被漠视或忽略感"。①

所以，对教师而言，首先应回归真实的自我，在内心问自己"对我而言什么是真实，什么是真我"。心声告诉自己"这职业适合我，或不适合我""这赋予我活力还是这扼杀我的灵性——使我觉得生不如死"。教师认识自我就是要在"社会期待的自我"与"个体的自我"之间寻找合理的张力，所以，教师若能真诚地面对自己的心声，发现自我的真实心声也是一种创造性的行动。如果对教师职业实在无法提起工作的兴趣和热情，只是以做教师赚取糊口的粮票，那么这样的职业状态对自己是一种煎熬。与其在煎熬中度过大半生，不如坦诚回应自己的职业兴趣所在，果断地投入到自己擅长、喜爱的职业中去，毕竟，现代社会只要人勤劳、肯学、愿意努力是可以找到一份自己喜欢的职业的。成年人若在与自我进行对话后，选择继续以教师为业，就意味着需要对自己的选择负责，因为"选择既是一种创造自我的方式，同时也是一种将自我与外界联系起来的方式"，② 此时对自己负责就意味要对社会期望的"我"进行回应，努力把生命中的善彰显出来，通过"做教师"将它发展壮大，那么他的"个体自我"需融入"社会自我"之中，通过"社会自我"体现"个体自我"的价值，为此需要对自我更进一步认识，即从职业身份认同角度来认识自我，将"我"和教师统一起来，从教师角色是什么来认识教师，认识作为教师的我，这是对自我负责也是履行教师承诺必须的回应。

生活中那些出色的教师一般都有清晰的自我认识。如情境教育创立者李吉林老师认为自己之所以能成长，在于能正确地认识自己，有自知之明，她说："人贵有自知自明。我非常了解自己，懂得自己的短处在

---

① ［西］萨瓦特尔：《教育的价值》，李丽、孙颖屏译，北京大学出版社 2012 年版，前言第 15 页。
② ［美］黑泽尔·E. 巴恩斯：《冷却的太阳——一种存在主义伦理学》，万俊人等译，中央编译出版社 1999 年版，第 137 页。

哪里，我承认自己的短处。一般说来，用到'自知自明'都是讲要了解自己的短处，然而我认为这个成语应该包括两个方面：看到自己的长处和看到自己的短处。看到短处能补短，能由弱到强、由短到长；看到长处，就能在克服短处当中有驱动力。"① 再如被誉为"中国的苏霍姆林斯基"的斯霞老师曾告诫年轻教师"别人可以看不起我们教师，可是我们自己可不能看不起自己，我们得自己看得起自己"。② 所以，教师须静下心来与灵魂交流，既不贬低自己也不盲目抬高自己，而是根据教师身份需要客观地认识自己，明了教师是什么，才能基于教师之是，踏踏实实地完善自我，教师是"我"的展现，自我也在做教师之中经历和感受着生活的幸福。

（二）教师是人，是一个普通的人

教师认识自己，首先要接纳教师是人，是一个普通人的事实。作为普通人的教师当然有自己的优势和不足，有自己的特点等。这里强调教师是人，主要是从教师是一个普通人的角度重申教师应享受普通人的权益。教师既不是"神"也不是"兽"，他是普普通通的一个人，作为人的教师是一个"有限的存在"，因此，教师承认自己的不完美，心灵才能自由。一个普通人身上所具有的需求、欲望、利己、自私、同情、关爱等在教师这里都可能有。中国的文化传统把教师置于道德家的位置，希望教师的道德境界越高越好，那是顺应自然经济人生依附关系的产物，"在古代社会，教师的教育身份没有独立性，教育身份与道德身份是等同的。教师必须从道德身份中获得其真实的教育身份，正是这样的传统才使教师背负起不能承载的道德责任"。③ 现代社会，每个人都是独立个体，人与人交往的首要价值原则是平等、公平，在这样的环境下，如果还要求教师以道德圣人的形象出现，忽视作为普通人的教师的

---

① 敖艳：《正确认识自我，让自己真正成为名师》，《贵州教育》2016 年第 11 期。
② 杨国林：《追寻教师美德：斯霞教师德性解读》，东南大学出版社 1970 年版，序言第 3 页。
③ 甘剑梅：《教师应该是道德家吗？——关于教师道德的哲学反思》，《教育研究与实验》2003 年第 3 期。

正当权利与需求，这有违现代社会所强调的权利、义务公平对等精神。在现代社会讲权利与义务对等的情况下一味要求教师牺牲奉献，反倒可能引起教师不安心于本职工作，从而使本应正常的教育教学变味、走样。例如，虽然国家三令五申不允许公办教师校外补课，但是还是有一些教师办私人补习班，把本应该课堂讲的知识点留到补习班去讲，这既是某些教师缺乏职业道德的一种表现，也是他们变相追求利益的一种反应。所以，不要把教师看作是不食人间烟火的"神"或道德家，教师和普通人一样是一个矛盾的复合体，"必须承认维持教师生命存在、满足教师生命存在需要的必然性与合理性"。①

当前社会讲求公平，却对教师提出不公平的要求，这本身就是一种不道德。因为教师只是万千人中的一个，教师应该享受与他人一样的公平待遇。当然，强调教师是人，希望给予教师社会常人的待遇，这并不意味着作为教师的个人，他可以不为自己的无耻行为买单，也不意味着不鼓励教师去追求高尚道德，因为成为一个怎样的人是个人自由的选择，自由的人对自己的选择负责。

其次强调教师对己而言，承认自己是普通人，"承认自己的不完满"，才能使教师从不能承受的生命之重的生活中走出，"能够面对真实的世界，面对自己内心的真实责任感，真实地存在下去，真实地活下去，承担一切，这就是一个真人了"。② 解放自己的心灵，让灵魂得以自由，做真实的自己。同时这并不意味着作为一个完整的人，他只能囿于"不完满"之中，而是要尽力"在感觉方面把被动性推向最高程度；在理性方面把主动性推向最高程度"。③ 这意味着教师作为被动与主动、有限与无限的复合体，须在明晓自己有限性的前提下，去延展个体最高程度的主动性，达到认识自己与成为自己的最佳状态，因为"在最有

---

① 冯建军：《论教师生命发展的策略》，《当代教育科学》2006 年第 10 期。
② 牟宗三：《生命的学问》，广西师范大学出版社 2005 年版，第 43 页。
③ ［德］席勒：《审美教育书简》，张玉能译，译林出版社 2009 年版，第 39 页。

限的环境里的最微小行动也蕴涵着潜在的无限性"。[1]

（三）教师是人，是有专业职责的人

教师认识自己，要坚持教师是教育专业人员的职业立场。教师是专门从事教育工作的专业人员。教师这个职业对从事该职业的人有专门的职业要求，选择成为教师意味着个人接受教师职业的规约，他必须在职业规约范围内开展教育活动。

教师职业规约的核心内容有[2]：（1）服务精神。教师以自己的专业、专长向学生提供教育服务，学生是教师的教育对象，教师的生存和发展以学生的存在为前提，造福学生是教师的职责，所以教师的职业规约中特别强调教师服务学生的精神，同时教育在我国是一项公共事业，教育服务的公共性要求教师一视同仁、公平、公正地对待所有学生，不允许因教师的个人好恶对学生歧视。（2）敬业精神。任何一个职业都要求职业人敬业，而教师的敬业主要体现在教师要不断根据社会发展、学生需求提高教育教学水平，以专业水平的提升更好帮助学生发展、培养学生成人，从而获得专业尊严。（3）协作精神。在教师专业化背景下，教师内部的专业分工越来越细，要把学生培养成为一个具有综合素养的人才，需要多学科教师协作。不仅如此学生的成长还与家庭和社会有关联，因此教师要把家长和社会力量吸纳入教育活动中，形成一个教育共同体，共同协作一起把学生培养成人。（4）以身作则。教师职业的特殊性之一表现为教师本身就是一个强有力的教育工具，教师在与学生交往的过程中，将自己展现在学生面前，他一切的行为举动都是隐形的教育力量无形地影响着学生，因此，要想取得更好的教育效果，不能忽视教师自身作为教育力量的作用，教师的以身作则需要特别强调。上述几点是从契约的角度对教师进行的一种外在约束，是教师职业对教师的"应当"的规定。作为一个具有主动精神的专业人，教师职业的专业性，"正是作为教师，需要恰切地理解学生发展的内在需求，并作出

---

① ［美］阿伦特：《人的境况》，王寅丽译，上海人民出版社 2009 年版，第 149 页。

② 参见黄向阳《德育原理》，华东师范大学出版社 2000 年版，第 127—128 页。

合理回应的专业立场和态度"。① 不可撼动地专业自主、专业自治、专业自觉的等专业内容，它们是建基于教师主动积极的建构专业自我的结果。在这个过程中教师会对自我剖析、澄明，自主且不可替代地对学生进行高品质的教育，教师的尊严，在教师的专业自觉的实践中被树立起来，这是教师作为专业人员的实质所在。

（四）教师是人，是专门促进学生成长的人

教师认识自己，更要看到教师的本质是专门助力学生成长的人。从发生学的角度分析，人的学习早于专门的教育出现，最初学习者通过动用自己的一切器官、大脑思维，调动自己的情绪机制进行原初学习。如杜威所言："在儿童进学校之前，他用手、眼和耳来学习，因为手、眼、耳是儿童做事过程的器官，他从做事中理解意义。"② 随着学习内容的日益复杂，学习者通过自己的力量难以掌握需要学习的内容时，专门为学生学习提供帮助的机构——学校出现。学校对学习内容进行精心组织、优化，教师借助一定的手段方法提高学生学习效率。据此可知，教师是因学生自身的学习能力不足以支持其完全掌握学习内容，为提高人类自身生存、繁衍能力，而专门委托教师来承担辅助学生学习的任务。

其次，从教育中的主要矛盾来看，教育是学生受教育，学生是教育的主体，学生在受教育过程中，已有的知识、能力等与将要学习的内容之间存在差距，才有"学"："未知未能而求知求能之谓学"，③ 才有受教育的必要。学生与学习内容之间的矛盾是教育的主要矛盾，是这一矛盾对立状态无法实现统一时，教师的介入，帮助化解矛盾推动学生的学习继续进行。因此，教师只是帮助学习调和已知与未知矛盾的一个外在力量，他是学生学习过程中力所不能及时，推动、助力学生学习的力

---

① 刘铁芳：《什么是好的教育——学习教育的哲学阐释》，高等教育出版社 2014 年版，第 131 页。

② ［美］杜威：《民主主义与教育》，王承绪译，人民教育出版社 2001 年版，第 156 页。

③ （宋）黎靖德编：《朱子语类》，岳麓书社 1996 年标点本，第 401 页。

量，因为学习总归是学生的学习，教师只能在学生力量不够时推或拉学生一把，教师作为一个中介桥梁，帮助学生从学习的一个端点走向另一个端点。但是需要指出的是，教师虽然是学生学习的一个中介力量，但因为教师是接受过专门教育的专业人员，因此，教师可以发挥其专业优势，能动地介入学生的学习，这要求教师要调动其专业素养把握介入学生学习的程度，什么内容学生可以自己学习、怎样讲解学生易于接受、教师过多的解释可能适得其反、选择怎样的教学形式等等这些都体现了教师助力的专业性。因为教师是能动地"活的"专业助力者，所以教师对学生的影响不容小视，教师是学生教育生活中的"重要他人"。重要他人"指对学生身心发展具有重要影响的个人或群体，他们构成学生成长环境中最重要的组成部分，同时也是推动学生发展最具动力性的因素，因而在学生个体生存和发展中具有关键性意义"。①

其实，从对教育的基本矛盾分析，任何时期的教育，教师都只是助力者角色。学习是学习者的学习，个体生命发展的主动权掌握在每个有自主意识的主体手中，学生如果对学习内容排斥，任何内容都无法真正内化为学习者的素养。从这个意义上教育并非外力作用的结果，教师只能对学生进行引导，引发或激发学生的内在学习需要。如果说在古代社会，学习内容相对简单，教师采取一些极端的、甚至非道德的手段和方式能将学习内容强行"喂"进学习者脑中，而现代学习内容的复杂程度，一个教师本身难以胜任复杂学习内容的全部教学这是一个原因；其次，学生的学习渠道增多，这将撼动教师知识权威的角色，学生在学习过程中存有矛盾仍然是事实，只是教师已经不能用过去强压的手段和方式教育学生，而必须选择学生感兴趣和易于接受的方式为学生提供有针对性的服务。如有学者指出的"新教育要围绕着每一个人的学习，采用信息技术，充分发挥它的'帮助'功能、'服务功能'。服务意识，是新教育最重要的意识"。② 否则，虽然作为教师这一个职业仍有市场需求，但是

---

① 庞丽娟：《教师与儿童发展》，北京师范大学出版社2003年版，第1页。
② 陈建翔、王松涛：《新教育：为学习服务》，教育科学出版社2002年版，第15页。

个体的教师，如果不提供专门性、专业性、个性化的学习服务，学生可以不选择此教师，教师将面临失业的危机，所以如今教师的价值不是从学生依附教师的程度来体现，而是以教师服务学生的水平来衡量。

教师摆正对自我的认识，认识到自己其实是个普通人，因而就不会被圣贤的要求压得无法喘息，承担一个普通人应尽的责任，享受普通人应该享受的相应待遇和生活。教师是有专业使命的普通人，因而在特定时空教师需要根据自己选择和承诺的专业使命为党育才为国育人，做一个专业人。作为专门教书育人者，作为专门助力学生成长的人，要做到名副其实，作为教师的"我"拥有怎样的专业知识、能力、情意，"我"应当做什么？哪些"我"不能做？这些都应被纳入教师自我认识考量范围之内。有了清楚明确的自我认识，自我接纳，教师前进的道路上就不会迷失和彷徨，就不会走错方向，坚定地朝着成为好教师，做最好的自己的道路前进。

三 教师认识自己的实现机制

"机制的原意有两层：一是指有机体的功能及其相互关系；二是指机器的构造和工作原理。"① 这里主要是从教师认识自我所需要的核心要素和工作原理层面来论述教师何以可能实现认识自己。人认识自己的两个核心因素：一是"镜子"呈现"我"，让"我"看见"自我"；二是自我意识。没有"镜子"我看不到"我"，但是即使有"镜子"将我呈现，若此人没有自我意识也无法认识自我。据此，可知教师认识自我的机制是在"自我意识"作用下对"镜像"之我进行理智分析、反思、建构，将它们转化为更新自我，实现自我的能力，从而达到对我的超越，这又增进了对自我的认识，这样一个循环活动。

（一）人认识自我的实现机制

正如人要看见自己须借助镜子一样，人认识自己也需要借助"镜

---

① 李方安：《论教师自我发展》，《教育研究》2015 年第 4 期。

子"。人一般认识自己借助三面"镜子"：一是人通过"神"来认识自己。尽管东西方神的名称有差异，但神实际上存在于人的心中。西方的上帝，中国的"举头三尺有神明"都在提醒人的行为应该小心翼翼，不能无法无天，应行走在合理的边界之内。所以"神"是人的一面镜子，人是什么样子，在神面前一照就显露出来了。二是人可以把自己外化为对象世界，对象的世界就是人认识自己的一面镜子。自然界是人最直接的对象，在与自然界的交往过程中，人一方面通过自然物来认识自己，如用松柏来寄予人的坚贞、用春蚕来诠释奉献等；另一方面通过改造自然来认识自己。人在改造对象世界的同时，把自己也镶嵌在对象之中，"把他的本质力量实现出来，这样他是个什么样的人就显示出来了"。① 三是人（包括他人和自身）是人认识自己的一面镜子。社会学家库利的"镜中我"理论认为通过他人这面"镜子"反射，我确立"自我"概念。如马克思的经典概括"人的本质不是单个人所固有的抽象物，在其现实性上，它是一切社会关系的总和"。② 人只能在人之中生存，在与他人的合作、交往中，人确定自己的身份、责任、义务等。

如哈贝马斯所言："无论是作为自律的存在，还是作为个体的实在，实践的自我关系中的自我都不能通过直接的自我联系，而只能通过其他人的观点进行自我确证"，③ 因此，他人作为"我"的镜子是不以自我意志为转移的客观存在，在生活中人无法避免被人评价和评说，这些他人的言说之词就是他人眼中的"我"的样子，这是"客体的我"。而至于"客体的我"能否被"我"主体化，关键在于"我"是否"在意"那是"我"，也即是"我"对"镜子"中呈现的"我"的样子是否有明确的"自我意识"。一个有自我意识的人会理性地反思，借助他人来认识自我，一个有自我意识的人会主动采取一些措施来认识自我、反思自己的行为，会为成为真正的自我而不断提高认识自我的能力。正

① 余卫东：《"认识自己"的三面镜子》，《哲学研究》2012 年第 12 期。
② 《马克思恩格斯选集》（第 1 卷），人民出版社 2012 年版，第 135 页。
③ ［德］哈贝马斯：《后形而上学思想》，曹卫东等译，译林出版社 2001 年版，第 207 页。

如人本主义心理学家罗洛·梅认为的那样[①]：一个人越有自我意识，就越能够变得既有自发性又有创造性。相反，人的自我意识越弱，他就越缺乏自由，只能以被动适应而不是积极创造的方式来对待生活和生命。所以说，认识自我关键在于激发"我"的自我意识，才会对他人或自我进行监控，反思"我"的一举一动，在理性反思之中还原我的本真，从而成为自己。

（二）教师认识自我的实现机制

1. 以"他人"为"镜"照出"我"的样子

正如人无法看到自己，与他人照面时，从他人的瞳孔中看到自己一样，生活于社会中的人，他人是呈现"自我"形象的一面"镜子"。社会学的"镜像"理论认为，一般来说，人们通常通过想象自己是如何被别人评价来决定自身如何感知自我和认识自我，心理学的相关研究也证实了这一观点，男人女人都一样把他人反馈当作自尊最重要的来源[②]。因为教师的工作对象和日常生活交往对象主要是人（学生、同事、家长）。故每次与他人交往相遇的过程都是认识自己的时机，充分利用"他人"做镜子的时机，从多面照出"我"的样子。这里的他人既有显性的在日常生活中与教师正面接触交往的人，如学生、同事、家长，也有隐形的他人，即没有正式出场与教师打交道，但为教师提供了认识自我的参照，如，教师阅读书籍中出现的人物，也成为教师认识自我的一面"镜子"。教师认识自我中最重要的两面镜子是学生和同事。

学生是教师的"镜子"，学生使教师"名副其实"。人们在日常生活中称某人为某某老师，是用"教师"这个符号所代表的社会身份来称呼此人，是对作为教师的人的一种尊敬，并没有实际的内容。教师不是一个静态概念，他是以鲜活生动的"在场"，为助力学生成长需要而建构相

---

① 参见岳欣云《"迷失"与"回归"——试论教师自我意识对教师生命发展的作用》，《当代教育科学》2006 年第 8 期。

② 许晓璠：《认识自我的途径：内省和他人反馈》，硕士学位论文，西南大学，2016 年，第 4 页。

应关系时其专业主体身份才名副其实。"身份并不是先于那些关系而存在的某种固定的东西，而正是通过那些关系找到的。"① 教师的真正和终极身份，并不取决于教师本人及其自我理解，而必须在自己与现在面对的事物之间的关系中求得。一旦教师走进教育场域，与学生发生关联，产生了社会所期待的教育交往时，学生"让"作为教师的人从私人身份变为了特定功能的角色身份——教师，从这个意义上说是学生让教师成为了名副其实的"教师"。因为"人总是在自己的行动中塑造着自己的本质，塑造着自己的主体性，使自己成为主体"。② 凭借着师生交往，凭借学生这一对象的存在，作为形式的教师才有了实质性内涵，师生之间的教育性交往的时间和空间，为教师成为真实的教师提供了时机和场域。所以存在一定是具体的，而不是抽象的，是与此在共在的，教师是以学生共处共生的状态存在，在帮助学生成长的过程中，绽放自己的生命。

一般来说学生能从六个方面照出教师是否名实相符，这六个方面即是教师建构专业自我的六个方面。专业自我是教师作为一个专业人员对自身素质的认识，凯尔克特曼斯（Kelchtermans）③ 从六个方面建构了专业自我的内涵：（1）"自我意向"，是教师对"我是谁"教师本质问题的回答，它与教师的自尊紧密相连，是教师一切专业自我建构的基础；（2）"自尊"；（3）"工作动机"，是促使教师选择教师职业和继续前进的力量；（4）"工作满意感"指教师对自己工作效能的满意程度；（5）"任务知觉"，指教师对工作内容和工作方式的理解；（6）"未来前景"，指教师对职业生涯、职业状况、生存发展的期望。

A 校在教师节来临之际向全校学生发起了一次描绘"好教师"形象活动，要求学生们用最真诚而自然的情感，以文字描写或用绘画的方式描绘他们心中的"一位好教师"。此次活动得到学生和家长们的热情支

---

① ［加］大卫·杰弗里·史密斯：《全球化与后现代教育学》，郭洋生译，教育科学出版社 2000 年版，第 228—229 页。

② 李方安：《论教师自我发展》，《教育研究》2015 年第 4 期。

③ Grossman，P. L. Teacher's Knowledge. In L. W. Anderson（Ed.），*Inernational Encyclopedia of Teacher Education*，Kidlington，Oxford，UK：Elsevier Science Ltd，1995：20 – 24.

持，共收到不同年级共计 500 多名儿童的作品。一幅幅充满童真童趣的图画，一句句真挚的话语，照出他们心中"好教师"的形象。五年级的佳琪是这样描绘她喜欢的沈老师的：

> 我喜欢老师的 8 个理由：（1）班设立了图书角，同学们自愿带书，沈老师带的书最多，我们都爱看。（2）秋游时，我把食物弄丢了，沈老师把她的食物送给我吃，我们一起吃得很开心。（3）上次我作业忘记带了，沈老师没批评我却让我回家养成晚上收拾书包的习惯。（4）沈老师给我们班配了"大水壶"，我们不用担心口渴了。……看到孩子写的话，我难以抑制这份激动：'这是怎样的一份情愫呢？'看到孩子们的描绘我泪如泉涌，早已淡忘的小事，孩子却如数家珍，我该如何守住学生和家长们对我的喜欢、对我的信任和真诚呢？①

当沈老师看到孩子对自己的喜欢、肯定时，其对教育的专业情意被点燃，激起了沈老师重新认识作为老师"我该如何守住那份喜欢，那份源自内心的真诚呢？"沈老师在学生的眼中看到了自己被承认、尊重的形象，这加深了沈老师对专业角色的认识和认同，它转化为沈老师进一步提升自我的动力，为此沈老师思索应该以何种方式回应学生对她的真诚与爱，才配得"好教师"的名分，通过学生这面镜子沈老师的专业自我有了更清晰认识，明确了她职业前进的方向和应该提升素养的内容，力争使自己与学生心目中"好教师"形象一致。

> 那一次，赶去上课，一上讲台就发现一张纸条：我们不喜欢您的课。我几近眩晕，内心沉到谷底，我意识到自己的教学失败无效、亟需改进……旧的自我已被否定，新的自我在哪里？我不知

---

① 案例来源：访谈学校某教师教育日志。

道，我失去了作为教师的自我。失去自我是为了找到自我发展自我……纸条事件之后，我问自己：什么是教师的责任？我的答案是：在教学过程中主动地去了解学生的所想、所惑、所得、所感，整理科学的教学理念，制定具有针对性的教案，实施卓有成效的教学方法，创造感染学生积极学习、摄取知识的氛围，并以教师的人格魅力赢得学生的敬爱，激励他们为理想、为目标做坚持不懈的努力，从而获得良好的个人发展。责任感的确立，让我下定决心增强上课技能，提高教学质量，为此，我经常问自己这堂课上得成功吗？学生满意吗？①

显然，学生递上来的纸条触动了该教师的"本体安全"，"本体安全"是吉登斯提出来的一个概念，指"大多数人对其自我认同之连续性以及对他们行动之社会与物质环境之恒常性所具有的信心"②，教师的"本体安全"表现为个体教师认同教师职业并对该专业充满信心。案例中的这位教师在学生眼中看到了自己被人"厌恶"的形象，她意识到作为教师的我"被否定了""我失去了作为教师的我"，对自己能否胜任教师职业产生怀疑，因为自己虽然认真教学，却没被学生承认，没有从学生那里赢得"获得性尊严"。庆幸是那位递纸条的学生照出了"我的原型"，让案例中的教师开始思索作为教师的"我"该以怎样的姿态出现在学生面前，"我要主动地去了解学生的所想、所惑、所得、所感，制定有针对性的教案，实施卓有成效的教学方法"教师从学生这面镜子中，看到了作为教师的自己知识、能力的欠佳，明确了作为教师的"我"的责任何在，从学生的眼中，教师认识到作为教师的"我"应该朝什么方向去建构自己的专业知能和情意。

---

① 吴颖芳：《认识你自己：自我研究对教师专业发展影响的个案研究》，《当代教育科学》2013 年第 15 期。

② ［英］安东尼·吉登斯：《现代性与自我认同》，生活·读书·新知三联书店 1998 年版，第 40 页。

除学生外，教师的同事是教师认识自我的一面非常重要的"镜子"。同事因为与我一样都是教师，而且受过专业教育，每个人身上都积累了不同的经验，他们可以从不同方式帮助"我"以更加专业的角度来看清"我"。同事作为镜子照出"我"样子的形式主要是听评课。如窦桂梅老师写道："我至今还记得……参加全国教学比赛时'练课'的情景。11 位专家把我这只'麻雀'解剖的体无完肤。我的教态、声调、组织教学能力、对教材的挖掘……就是因为有了'公开'的这面镜子，才知道如何不断地修正、不断地纠正自己，并改造自己……"①听评课过程中同事与"我"对话，帮助我全面地还原我的"形态"，甚至把我自己无法看到的"背影"也通过"同事"描述呈现出来。描述是现象学的一种方法，指认识事物需要回到事物本身，从事物本身出发了解该事物。如佐藤学所言："在讨论中，最重要的是丢开一切抽象的语言，只说出自己对所观察到的世界的质朴感受和具体的事实本身。只要大家能够相互交流自己朴素的感受到的一切，就必然能学到许多意想不到的东西"。② 在听评课过程中每一个同事都是"我"认识自我的一面镜子，同事既直观地看到了我的全貌，也为我提供了认识自我的参考坐标，能让我看到自己的优势和不足所在。

从 2002 年起，省政府督学、山东省莱州双语实验学校的赵福庆校长的帮助对我的角色形象的打造也非常重要。他认为我的实践不要"老做别人要求做的无聊的事""要做自己的事""并坚持下来"……我想，赵校长实际上是引领我做一位有教育个性的教师。③

案例中的赵福庆校长显然是与"我"一样从事着教育工作，他从

---

①　梅云霞：《优秀教师专业成长的动因——基于 2009 年〈小学语文教师·人物〉的内容分析》，《教育理论与实践》2010 年第 9 期。

②　[日] 佐藤学：《静悄悄的革命》，李季湄译，长春出版社 2003 年版，第 55 页。

③　王立华：《对好教师的角色追寻》，《当代教育科学》2008 年第 4 期。

专业角度看到了我"个性"不足的缺点，通过赵校长这面镜子，让我明白了一方面虽然"我"能够根据社会期待教师的样子来展示"我"，但那是一个被动且没有个性的"我"；另一方面"我"存在开创教学个性、形成"我"的独一无二教学风格的可能。这告诉"我"，模仿或重复他人的教育模式和方法，虽然也可以帮助学生实现高效地成长，但那是"用自己的头脑说别人话的行为"，我似乎只是一个"傀儡"而非真正展现真实的自我，真实的自我是富有个性且独一无二的"我"，所以，"赵校长"这面镜子让我看清了原来的"我"只是在模仿他人，并非是真正的"我"。同时"赵校长让我要做自己的事并坚持下来"这无疑让我意识到了自己不曾发现的"我"——原来我也是有能力有潜质成为有教育个性的教师，所以，"我"应该勇敢地迈出一步形成自己的教学风格，用自己个性的教育方式实现学生和自我德性的双成长。

　　　　1995 年暑假前夕，我们区里首次破格晋升教师职称的评审……出乎意料的是，最终因为缺少一篇获奖论文而未能遂愿……于是，我就开始解剖自己，反思自己……当年的暑假，我开始了自己的写作实践之旅。①

这个案例中的他人并未与教师直接相遇，他们作为教师职称评委、专家是关系到教师成长的重要他人，当这些人以专业眼光审视案例中的教师时，以"一篇获奖论文"这样的方式"照"出该教师作为专业人员研究能力欠缺的事实，这是"我"原来未曾意识到的问题，因此为完善自己的专业能力"当年的暑假，我开始了自己的写作实践之旅"。

从这些案例可以发现，案例中的教师认真对待每一次与之相遇的他人，把他人"照"出的"客体"的我，当做认识自己的好时机，借助他人的力量，与"个体的我"在心灵统合力量之下认识"自我"，发展

---

　　① 梅云霞：《优秀教师专业成长的动因——基于 2009 年〈小学语文教师·人物〉的内容分析》，《教育理论与实践》2010 年第 9 期。

了"我"的观念，在个人的我和角色之我之间获得平衡，从而将"我"完善，更新之后的我已然是更好的"我"。

2. 激发教师"自我意识"，理性反思自我

"自我意识"意味着人把自己作为认识和自觉实践的对象，来建构自己的内部世界，在自我意识驱动下人会主动认识自我、自我体验和自我调节，它意味着人完全是自己存在和发展的主体，是人主体性的体现。从类的角度来看，人的特性在于人具有自我意识，可以根据自己的意识创造和发展自己，故自我意识是人区别于动物的一个重要因素。但是，作为个体的人，自我意识是在社会生活中不断发展起来，且不断变化的。前文已经论述过在社会的功利文化、对教育的工具化认知、现行学校管理制度等多种因素影响下导致教师自我意识被"遮蔽"。所以，唤醒教师的"自我"意识需要"去蔽"，使教师以独立的主体姿态出现在教育活动现场。其中可能的路径多种多样，但根本出路在于给教师赋权，管理者营建教师赋权的支持性环境，建构教师赋权的学校文化，方能使教师摆脱"木偶"姿态，以自主的专业者姿态对自己的教育教学负责，用这种独立的方式证明"我"的存在，用"我"的劳动证明"我"存在的意义和价值。另外，教师又是生活在一定集体中的教师，营造积极健康的学校共同体，教师在稳定的共同体中互帮互助、可以消解教师间、教师与学生之间的隔阂，教师在面对问题情境时才不会感到孤单，才能找到归属感，从而激发其改进教育教学的热情和获得主动提升自我的动力，为发现自我、实现自我和发展自我创造可能。

有自我意识的教师会主动对"我"进行反思。"我"是谁与我是如何存在同一的。"人的存在不仅是存在的自然过程而且是存在的创造性过程，于是，人的存在不仅仅是 to be 的显现，而且是 to be 的各种丰富性的显现，确切地说，人的存在的根本意义不在于显现存在性而在于显现存在的扩展性"[①]。作为学生成长助力者的教师，是在丰富多彩、变

---

① 赵汀阳：《论可能生活》，生活·读书·新知三联书店1994年版，第38页。

化的师生交往互动中生存和绽放。教师因学生的需要而存在，因学生的变化而改变甚至创新自己的行动方式，所以，作为教师的"我"是存在、行动和变化发展的我。只要我有"自我意识"，我的存在、行动和发展都可以是我思考认识的对象，故教师认识自我的过程就是主动对自我进行反思的过程。教师的反思是教师对自己作为教师的存在方式进行批判性的深思，反思既是一种思维、也是一种态度，更是对"自我意识"的觉察。所以，有自我意识的教师会主动对自己的教育教学进行反思，这种反思可以发生在行动前、行动中或行动后。也可以伴随着教师实践能力的提升，认识自我的水平和反思能力也提升，从最初的技术性反思上升到实践性反思，最后达到解放性反思的境界。将反思划分为技术性反思、实践性反思和解放性反思，[①] 是陈向明教授借鉴哈贝马斯人类认识旨趣的三种形式：技术性、实践性、解放性，提出来的。所谓技术性反思是指教师从技术层面对教学进行审视，发现自己教学优势和不足。实践性反思指教师对学生的学习意向和动机的反思，对于社会、学校和班级环境的反思，对于自身经验和行动意义的理解和诠释。教师的解放性反思指向由于权力、社会、文化和历史的原因而被扭曲的沟通，主张教师应揭示、批判具有压迫性和支配性的事物，并且努力把批判性的意识付诸行动。当然教师反思能力、认识自我能力的提升又会反过来促进教师实践能力的提升，这两者是双向互动循环作用的。

　　　　这是我当老师的第六个年头了，为什么这些'问题学生'还是让我痛心疾首。好言好语的教育也进行了，惩罚也用过，为什么对他们都不奏效？我真是没有出路了，有时候我在想是不是我不适合做教师，我是很想成为一名好老师的，可是这些问题学生把我给击败了。[②]

---

　　① 陈向明等：《搭建实践与理论之桥——教师实践性知识研究》，教育科学出版社 2011 年版，第 153—154 页。
　　② 案例来源于访谈教师的教育日志。

这是一位教师的教育日志，从中可以看出这位老师对问题学生的教育方式有"言语教育""惩罚"，但收效甚微，显然其教育能力不足导致无法应对问题学生，由此产生了对自我的否定和怀疑"我想我是不是不适合做教师"。但这位教师是一位有自我意识而且向善的教师——"我是很想成为一名好老师的"，当他面对棘手的"问题学生"时，该教师的教育教学能力无法帮助他解决这个问题，她对自身的教育教学能力进行了技术性反思。

> 以前，我放大了这些孩子身上的问题，没有更多去思考孩子身上为什么会出现这些问题，总是为平息问题而解决问题，所以不能从根源上发现导致学生问题的原因，因而也无法寻找到解决问题的根治办法。当我试图走进学生时，我把他们当成一个与我一样的'人'来对待时，我发现每个人身上的问题都不是偶然的，他们背后都或多或少有不幸的故事，他们变成如今的样子并非他们自己造成的，我意识到作为他们的老师我有责任帮助他们，这需要我更有耐心、智慧，对他们进行全方位的教育和引导。①

这位有自我意识的教师，不甘心自我被面前的'问题学生'击败，也即对当前自我的这种存在方式感到不满，虽然也曾对自我是否适合做教师有过怀疑，但是经过反思后，她发现导致自己对"问题学生"无所适从的原因是自己以往解决问题的思路、方法太简单化了，没有看到"问题学生"不是偶然发生的，只"为平息问题而解决问题"，甚至对学生矮化或"标签化"处理，所以我不曾"走进"他们，当"我"意识到"作为老师我有责任帮助他们"，我应该以一个与我一样的"人"的姿态去亲近他们时，该教师发现学生的问题不是偶然发生的，他们更需要"我的耐心、智慧""全方面"的帮助。这个案例中教师的自我意

---

① 案例来源于访谈教师的教育日志。

识带领教师战胜了对自我的否定，通过反思自己以往教育过程中的"技术"过失——"放大了问题孩子身上的问题""没有意识到造成他们身上的问题不是偶然的"，反思激发了角色意识的觉醒——"作为老师我有责任帮助他们"，从而改变了自己与问题学生交往的方式，并相信对他们进行全方位的教育和引导可以转化问题学生。

有自我意识的教师会通过理智地复现自我、把控好现在的我，并在筹划更好的行为中反思、认识、发现、更新和实现自我。教育生活中教师的一举一动可能被学生、同事、家长记录。有自我意识的教师不会放弃或忽视任何人为自己做"镜子"的机会，会珍惜他人对我的评价。现行学校文化中的教师间听评课、面对同行或专家的公开课、师生对教师的评价等形式都为教师认识自我提供了契机。有自我意识的教师，会把握好这些机会，借助他人呈现给我的"镜像"，调动理智去客观地认识自我；或者把握住他人为我提供的反思示例或指明的行动方向。当教师有意识地反思自我将自己当前的发展状况与理想的我进行对比时，意味着教师不满足现在的我、希冀成为更好的"我"，所以"他"或者"她"不会坐以待毙而是积极主动采取相应的措施挖掘自己的潜力，改进不足，调整完善自我。例如通过撰写教育日志对日常教学进行反思、通过借助一些仪器设备监控自己的课堂教学、通过参与行动研究借助专家力量发现自我的问题和潜能等等。

教师利用工具实现认识自我实质上是有自我意识的教师为认识自我在执行"自我监控"。教师的自我监控指教师借助工具以文字、音频、视频记录自己的教学过程，将所获得信息当成反馈资源用于改进教育效能的一种方式。能主动对自我进行监控的教师，是教师向善生命的彰显，至少表达了他或她不满于现在"我"的样子，"我"要认清自我，把握好自己的优劣所在，扬长避短更新自我，这样的"我"才是自由的我，自为的"我"。在布厄看来，一个人在自我认知意识下若具有监控自己行为的能力，理性对自己所处的位置、存在问题进行批判性分析，那么他不仅能够反思，而且能将反思的内容变为现实。如一位老师

为认识自我用纸笔对自我的教学进行监控，

> 课前，我在监控本上记录自己的教学设计，保证课堂的流畅
> 性；课中，我随时随地记录我的教学节奏、时间分配、教学设想、
> 突发事件等；课后，我则比较预设课和生成课的效果、检查节奏是
> 否紧凑、时间是否得当……自我监控帮助我发现了自己的教学缺
> 陷：内容多、信息量大；重点不突出；时间使用不当；灌输说教方
> 式居多这些教学缺陷在过去的公开课中都被"重要他人"纠正过，
> 为何自己今天才确认呢？[①]

案例中的教师仅用纸笔为工具记录下自己课堂教学情况，以这种方
式实施自我监控，这次她才真正地意识到自己的问题，其实这些问题在
我原来上公开课时我的同事（"重要他人"）已经帮我"照""问题"，
但为何原来没有确认？而今日借助课堂状况记录，当我将它们回放时，
"我"上课过程中出现的问题——再现出来，借助这种工具把"我"放
大，让我看清了作为教师的我在履行教学职责时的不足："我"教学
"内容多、重点不突出，灌输说教多"。这促动了我真正认识到了"我"
的问题，为更新自我提供了契机。所以说，自我监控可以帮助教师缩小
想像的"我"和现实的"我"之间的差距，还原一个真实的"我"，造
就一个更好的"我"。

如前所论述，无论是作为个人，还是以职业身份存在的教师都生活
于社会之中，社会中与教师交往的人都是教师认识自我的"镜子"。其
中学生是一面"特殊"的"镜子"，此外还有同行、家长都是教师认识
自我不可或缺的"镜子"。当然教师认识自我关键要激发教师的自我意
识，方能利用一切工具或采取一定的方式方法理性地分析自我、审视自
我，反思和更新自我。著名教育家叶澜曾经说过："在追求发展的教师

---

① 吴颖芳：《认识你自己：自我研究对教师专业发展影响的个案研究》，《当代教育科学》2013 年第 15 期。

那里总能找到可能发展的空间；在自觉努力的教师那里，总会拓展出更大的可能空间；在切实行动的教师那里，总会出现相对于昨日之我的真实发展"。① 总之，只要教师拥有自我意识，内蕴于其体内的向上、向善的力量就会驱动他或她努力去正视自我、发现自我、发展自我、更新自我，不断追求，使自己成为更好的"我"——更好的教师。

当然教师认识自我的实现，并非先有"自我意识"再有"镜子"或者先有"镜子"呈现"我"的影像，再用"自我意识"来分析"影像"这样一个有明显时间顺序过程，而是"镜子"与"自我意识"共在，共同作用的结果。教师认识自我的实质是不断地对自我进行剖析、修正，在教师的教育实践所呈现的"镜像"中持续进行，以动态发展的眼光认识自我、逼近自我。

第二节　教师德性实现的关键

教师德性的实现是教师用实践智慧完成教师应尽使命的过程，这个过程中教师基于教师所是，根据身份规定的"应当"去完成教育善的使命，以教育善作为教师应当的行动指针，教育活动才不至于走错方向。教师仅仅知道自己"应当做什么"并不能保证教育善和教师德性的顺利实现，这正是一个善良的人并不一定是一位出色的教师的原因所在。一个好教师必须"德才兼备"，"才"帮助教师将"应当做什么"高效地落实于具体的教育实践中，明了"怎么做"后"高质量地做"。"应当"变为现实，才能确保教育善的真正落实。教师功能是教师明白职业所是与职业当为的互动作用中整体呈现出来的。

教师德性要求教师的教育行动不是一般的实践，而是智慧的实践，即拥有实践智慧的教育。实践智慧所要求的行为方式不是一般意义上的方法陈述，而是正确价值观指导下，运用理性以"中庸"为原则，对

---

① 叶澜：《改善发展"生境"提升教师自觉》，《中国教育报》2007 年 9 月 15 日第 3 版。

变化多端的实践具体问题具体分析之后所采取的最佳行动。它既包含了具体的方法，更意味在实践中调动理智、情感、道德等力量对实践环境整体把握之后采取行动。这需要实践者在实践中对影响实践的各种因素进行合理分析、理性判断，把普遍的原理与具体情境结合，在合理范围内既无过也无不及恰到好处地将实践展开，此过程中实践目的被一步步推进的过程中自然而然地实现。

一 审时度势

审时度势是指实践者发挥主观能动性，实事求是仔细分析、研究实践的时间、条件，审查、判断、推测事物变化发展的趋势。这是人的实践智慧对"度"的合理理解、具体运用，它既关联事物的过去、现实形态，又发挥人的能动性指向未来。

"审时"之"时"包含三方面内涵：

一是事物本身生长、变化、发展所经历的时间序列及内容。此时的"审时"意味着实践者要清楚掌握事物发展变化的时间长度、顺序、特点和内容。事物本身发展之"时"蕴涵着事物发展所具有的"势"。"审时"根据事物发展的本来时间序列前进，才能实现实践欲求的效果，所以，实践者一方面要"应时""顺势"，因势利导才会有合适和恰当的行动；另一方面，若"时机"不成熟，意味着实践者要耐心等待时机，不能急于求成，否则欲速则不达。当然这里的耐心等待"时机"并不是实践者完全被动而无所作为的状态，而是在等待中观察、分析、思考，待事物时机成熟后采取果断而积极的行动。

二是推动事物更好生长、生活的可能时机——"时"是从时间性的角度看待，关乎事物的机遇和空间境遇。此时的"审时"意味着实践者对事物所经历的时间、拥有的条件仔细、客观的审查和分析，把它们作为实践的条件，这些条件为实践的顺利进行直至成功提供了契机。因为时机有稍纵即逝的特点，所以在审时的基础上把握时机对实践尤为重要。

三是指"时弊",即事物生长的某个时间段,可能出现的弊病。审时是为了防微杜渐,把影响事物健康成长的不良因子消除在萌芽状态,确保事物健康生长。

"度势","度"是定夺、估量、估计的意思。"势"也有几层意思。

"势"第一层意思是"趋势",必然的发展方向。叶适将其阐释为"迫于不可止,动于不能已,强有加于弱,小有屈于大,不知其然而然者,是之谓势"①,这个层面上"势"是超越个人意愿的必然趋向。"度势"意味着实践者把将关乎事物存在和发展的一切因素都包含在考虑范围之内,通过观察事物的过去既成状态,分析、展望其可能发展的方向。"对'势'的这种'度',既无一定的程序,也不同于单纯的理论思辨,它包含了经验观察、逻辑推论、理性直觉的交互作用,这种把握世界的具体方式,便体现了基于知行过程的实践智慧。"② 这个层面上实践者的"度势"不是被动地了解"势",度势是为了更好地"顺势""因势利导"。"势"的存在和发展虽然不以人的意志为转移,但并不意味着人在"势"面前完全无能无力。人可以"顺势":"顺势而为""因势利导"甚至"乘势而进"通过积极有为的实践实现自己的价值和理想。例如人们可以根据水流从高流向低的趋势,利用"水势"发电、灌溉等,通过"度势"之后的"顺势而为","合法则性"与"合目的性"在实践中智慧地实现统一。

"势"的第二层意思,是指事物之间相互联系,所谓"物类相应,于势譬犹是也",③ 这一层面的"势"可指一定背景下各种因素、条件所组成的综合状态。世间的万事万物并非孤立存在,而是相互依存、相互制约的,这些因素构成了事物存在和发展的综合背景,它从总的趋势上影响事物存在、发展和变化。例如,植物的生长受土质、气候、水质

① 杨国荣:《物·势·人——叶适哲学思想研究》,《南京大学学报》(哲社版)2011年第2期。
② 杨国荣:《论实践智慧》,《中国社会科学》2010年第4期。
③ 《鬼谷子》,琮琼译注,山西古籍出版社2000年版,第114页。

等因素的影响，在这个意义上"度势"要观察事物不同方面及其相关联系，从综合的视角、总体背景上把握事物之间的关联，分析各种因素影响之下事物发展的趋势。它不仅仅是因果关系的简单推定，而是以事实为依托，在实践中的观察、预测和判断。这需要人的多种能力，如直观、想象、分析、比较等，从更广泛和更普遍的意义上体现了实践智慧的综合性聚集于具体的行动中。

另外，人鉴于以往审时度势所掌握的对事物"时"和"势"的规律性的认识，在尊重事物发展规律前提下，可以通过积极有为地创造条件、创造时机——"造势"，为事物发展创造条件，从而将实践目的最大化实现。

总之，审时度势要求实践过程中人不盲目自大无视事物本身固有的发展时间性、顺序性和不以人的意志为转移的趋向性。实事求是是审时度势首要和根本的实践原则，但这并不意味着人完全只能被动接受现实，人可以运用理智去积极对"时"进行"审"对"势"定"度"具体问题具体分析之后，使自在之物变为自为之物，理智帮助人认识自然又超越自然，实现合目的性与合规律性统一，这样的实践是智慧的实践，是人功能的卓越发挥，即人的德性、人的德性实践。

二 教师审时度势的内涵

教师在教育实践中审时度势是指教师对复杂多变的教育工作、教育环境所在的综合背景进行仔细观察、分析、考量之后形成的恰当判断，用以指导进一步实践的一种行动方式。它是教师已有知识、经验、道德情感、意志在教育实践中对教育规律的把握、将理论与实践结合用以驾驭教育教学、灵活机智应对多变教育环境所需要的综合能力。这也是教师的任务所在：教师依据以往的经验结合现在的条件，判断事物指向何方，根据它的指向来判断、定度和指导学生学习。

具体来说，教师的"审时"包括三方面的内容：

首先，儿童生长有自身发展的时间序列，同时儿童是生活在一定

"时代"的儿童，他所处的时代也为儿童生长指明了方向，因此，教师的"审时"，既要了解、顺应儿童体力、智力、情感和道德等发展的时间顺序和与之相对应的特点，又要把握儿童所处时代对儿童发展的要求。

（1）从个体生长的时间顺序性而言，人的身体和智力的发展在一定时间中呈现一定的不可逆的顺序性，例如，儿童身体发展的时间顺序：七个月会坐起来，八个月会爬行，一岁左右会行走和开始说话。如皮亚杰在临床观察基础上，发现儿童认知发展经历由低到高的四个阶段：感知—运动智慧阶段、前运算阶段、具体运算智慧阶段和形式运算智慧阶段，而且每个阶段有相应的特点，前一阶段是后一阶段必经的阶段，不可跨越。教师"审时"就是对学生所处的年龄阶段的身体、认知、品德发展的内容和特点有清楚的认识和掌握，以此为基础抓住学生发展的最佳时节采取相应的教育措施促进学生最佳成长。中国第一部教育学专论《学记》中就有"蛾子时术之。"告诫教育者遵循学生成长的规律，根据年龄阶段、智力发展确定教育内容，选择教育方法，如同农夫耕作要根据时节来播种、施肥，顺应时节才能长出丰硕果实。若学生身体、心理、品德还未发展到一定阶段，则需要"等待时机"但这种等待并非消极等待而是"创造性等待"。"创造性等待"来源于柏格森生命哲学，所谓"创造性等待"指为学生成长"留有时间"，但这种等待又不是被动地等待，而是在等待时间过程中教师不断地为学生成长提供走向成熟的能量。心理学中格赛尔双生卵子爬楼梯实验，向人们证明了儿童发展的身心成熟是学习顺利推进的前提，当儿童身、心、智力尚未发育成熟，进行所谓的"超前"教育将是"事倍功半"，不仅耗费了大量的教育资源而且有害于儿童身心健康。若当教师通过对儿童发展进行分析之后，发现错过了儿童某阶段的教育时机时，这时需要教师积极有为地采取相应的补救措施进行所谓的"补时"教育。正如农作物因为天气原因错过了最好的栽种时令，人们可以利用掌握的知识，搭建棚子创造出适合该作物生长的时令环境，为农作物的重新生长创造时机。

教育中也有如此情况，可能由于各种原因，致使某些学生错过了最好的语言发展时机，这时需要教师利用其专业知识，营造教育环境，提供教育资源，帮助学生弥补错过的教育时机，使相对落后的语言能力经过弥补之后得到发展。例如一些学生经教师指导学会了更恰当的说话、更流畅、优美地用语言表达思想、情感和与人沟通交流。这个意义上教师的"补时"也即为一种"造势"，创造教育时机和契机弥补学生某方面发展的不足，使他们能迎头赶上，为进一步学习奠定更好的基础。

（2）从个体所处的时代而言，教师"审时"包括把握时代、社会对人才发展的要求，根据人所生活的时代背景和时代要求开展顺应时代的教育，把学生培育成为一个能立足社会甚至引领时代发展的人才。每一个时代有每一个时代发展的要求，农业时代要求人安扎于土地、工业时代要求人具有标准作业的能力、信息时代要求人具有个性化的创新能力。时代对人才的要求就是教育善的内容之一，是教师工作所应实现的目标。如果背离时代要求，社会已经发展到信息化时代，而教师漠视时代对人才发展要求，没有恰当回应时代的呼唤，将会造成人被社会淘汰，这是教师功能滞后导致学生不能健全发展的恶果。

其次，当前班级授课制下，教师"审时"还要求教师对身边偶发的教育时机准确把握，对个体学生或全部学生进行"适时"教育，这是教师教育智慧。例如，被大家熟知的陶行知"三颗糖"的教育案例，就是陶行知先生抓住处理学生打架的这次机会，帮助学生分析其行为动机、表现后通过三次给糖机会引导学生主动反思自己的行为，进而改过自新的教育案例。此意义上的"审时"更考验教师的教育机智，在意想不到的情况下，教师敏锐地洞察到教育时机，果断机智采取行动，这不单是教师教育技巧或技术的表达，而且是教师以学生为中心、理解学生、启发学生，转化学生，帮助学生内生成长的动力和能力。这个意义上教师审时度势还显明教师对学生的关怀品质，反映出教师积极的价值取向。

再次，教师对学生发展中可能出现阶段性"时弊""隐患"给予预先判断，尽可能做到防微杜渐，防患于未然。例如，学生在青春期开始有谋求独立的欲求，这原本是好事，但一些学生为显示自我、标榜自我出现一些极端的思想和行为，此阶段学生更易受到同伴群体的感染和影响。教师如果没有注意到学生在此阶段发展表现出来的不良兆头，学生可能因理性发展不完善，在不良环境影响下，误入歧途，导致学生发展受挫。为帮助学生平稳度过所谓的"危险期"，教师要利用自身的专业知识和能力对学生发展的阶段性"问题"做好提前预判，引导学生合理表达自己的思想、行为。

教师在具体的教育实践中的"度势"有三个方面内容：

首先，教师"度势"体现在教师要善于观察学生以往学习状况、现在的学习条件、情绪状况、思维动向，推断或挖掘出学生可能发展的方向和趋势。正如《论语》中孔子教学生时"视其所以，观其所由，察其所安"① 这就是他在定度学生发展可能的趋势的具体做法，以此帮助学生"长善而救其失"，助力学生更好成长。这个意义上教师"度势"是为了"顺势"而为，借助学生体内或者环境所提供的"势气"，顺"势"助其一臂之力，激发学生内在学习动力或者帮助学生抓住良好的学习契机，顺势而为"事半功倍"。例如，某教师发现某些学生特别擅长逻辑思维，为这类学生提供适合于他们逻辑思维训练的课程，使有这样优势的孩子能够把优势变为特长。教育中有"顺势"当然也有教师发现学生某些不良成长势头，利用专业知识和能力，将这些"势头"扼杀或阻止在萌芽状态。这也是考验教师"度势"和驾驭"势"能力的时候。学生是未成年人，其理性发展还不充分，无法完全辨别真伪、好坏、优劣，有因不良环境影响"畸形"发展的可能，这时需要教师对学生趋势进行合理"定度"，发现其中不良因子和可能趋势，当机立断，采取果断措施使学生不良学习状态得到遏制或逆转。

刘老师发现班上的孩子最近刮"攀比风"，这种攀比不是比学

---

① 《论语》，陈晓芬译注，中华书局 2016 年版，第 15 页。

习，而是物质消费上的攀比，已经有一些学生不顾自己家庭经济承受力一味地要求吃穿用都是名牌。针对这样的情况，该班主任进行了一次系列班级主题活动。先设计了一项调查活动，学生调查父母和全国人均收入、工作时间、工作性质，消费支出等情况，帮助学生获得投入与产出的初步概念。第二项活动是引导学生调查全国贫困人口的数量、生活状况，并实地探访一些贫困家庭，通过体验式教育，让学生在真实情境中审视自己的消费行为。第三，开展讨论和撰写相关主题作文对自己的消费行为进行反思，从而教育学生树立正确合理的消费观。①

该教师发现学生发展不良趋势后主动"度势"开展系列教育活动，学生在教师引导之下对金钱的获取和消费有了更加理性的认识，更加尊重父母的劳动，逐渐从盲目攀比高消费的氛围中走出。

教师"度势"之后除"顺势"或"逆势"还有"造势"的需要。"造势"是教师发挥主观能动性，创造时机，为学生提供适合于他或她学习的内容、环境和资源，使潜藏于学生体内的学习欲望、效能在各种因素综合作用下彰显出来。魏书生老师曾经教过一个慢班，发现该班学生的学习潜能、学习动力和信心都没有被激发出来，于是利用公开课为学生"造势"培植他们的尊严和信心。具体造势过程如下：

课前，他跟学生商量："魏老师要讲公开课了。"学生们说："别在我们班讲，到那个好班讲。"他问："为啥?"学生们说："我们什么都不会。""不会才要学。"学生说："学也学不会，我们紧张。""上课又不是打仗，紧张什么。""上课是我们的弱项。""是弱，不弱咱能到这儿来嘛! 千万别想向老师们展示咱们有多强，需要展示一个真实的状态：我们很弱、起点很低、成绩很差，但我们

---

① 案例来源于对 S 校某教师的访谈记录。

绝不自甘放弃，我们会从很低的起点上一点点朝前挪、一步步朝前走。展示循序渐进、不断向前的状态怎么样？"学生们说："那他们不嫌我们慢？""不嫌，咱们不是慢班嘛！"学生问："老师您讲什么课？""讲小说《最后一课》。""那咱们提前预习一下吧！"

"预习什么呢？"魏书生问学生。学生说："生字。""这课几个生字？""4个。""4个生字还记不住吗？""老师，这点事肯定没问题，肯定给你记住。""还有什么""生词"魏书生又问："几个""7个，有点多。"学生答道。"那去掉一个。""还是有点多。""去掉四个，剩下3个怎么样？""3个可以啦！"魏书生在问："还有什么？""还有文学常识，小说三要素……"大家都一一做了预习，信心百倍地准备好了。

上课的时候，老师们全来了，教室坐得密密麻麻的。"我往前面一站，学生们乐了，心领神会嘛！谁也不紧张。"

魏书生开口问："咱们该学哪课书啦？""《最后一课》。"学生响亮地回答。"《最后一课》的体裁是什么？""小说。""预习了吗？""预习啦！""预习什么？""生字。""几个？""4个。""谁会？""全会！""好，还有什么？""生词。""几个？""3个。""谁会？""全会！""还有什么？""文学常识。""怎么样？""全会！""真的假的啊？谁来说说？"学生们个个踊跃举手，课上得热火朝天、兴高采烈，老师们看得目瞪口呆。"这是咱们全校最差的一班学生吗？学生学习积极性怎么这么高呢？真是难以想象啊！"[①]

此案例中，魏书生老师通过创造时机，营造学生被承认、接纳的机会，在公开课中创造学生"大显生手"的机会，激发他们对自我的信心，学生从中收获了成功的喜悦，进而拥有了前进的动力和信心。

教师审时度势是教师实践智慧的具体应用，它不是一般意义上教师随

———————————

① 参见刘彩琴《魏书生的教育人生》，《人民教育》2013年第5期。

机应变没有原则的"识时务者为俊杰"的"聪明"表现。而是教师直面教育现场的复杂性，调动个人已有知识、经验、道德情感、意志等多方面素质所呈现出来的一种综合能力系统，它反映的是教师将个体于教育之中的一种直面生活、直面教育，以之安身立命的生活品质、状态和境界。如范梅南所言："这种智慧和机智表达了我们的存在。"①

三　教师审时度势的实现机制

（一）教师知识是基础

教育实践中教师的"审时度势"不是教师一时的雕虫小技，也不是教师灵机一动的"偶得"。这种看似教师"高超的技能"或者"偶得"之中有其必然性，此必然性源于教师的知识。知识是教师实践智慧的基础，虽然教师审时度势并非是教师知识堆积的必然结果，但是没有知识教师断然不能在教育实践中实现"转识成智"的突变。正如石中英教授指出的"人们所有目的的实践行为，都是受知识支配的，或者说，是由知识建构的，一种目的的实践行为背后，就有一套知识基础的存在，不存在没有任何知识基础的有目的的实践行为"。②

教师将其功能卓越地展示出来需要多方面知识作为支撑，关于教师应该拥有哪些知识，国内外众多学者已经做出了很多研究，例如舒尔曼（1987 年）③ 将教师知识分为学科知识、一般知识、课程知识、教学法知识、学习者知识、教育环境知识、教育目标及价值的知识。国内学者④一般将教师知识分为本体性知识、条件性知识和实践性知识。无论如何划分教师知识，划分的一个前提是对知识本身的认识。以往对知识的很多

---

① ［加］马克思·范梅南：《教学机智——教育智慧的意蕴》，教育科学出版社 2001 年版，第 15 页。

② 石中英：《知识转型与教育改革》，教育科学出版社 2001 年版，第 221 页。

③ Shulman L.，"Knowledge and Teaching：Foundations of the New Reform"，*Harvard Educational Review*，Vol. 57，No. 1，1987，pp. 1 – 23.

④ 林崇德、申继亮、辛涛：《教师素质的构成及其培养途径》，《中国教育学刊》1996 年第 6 期。

理解，都把知识游离于主体之外。知识是认识主体与认识客体互动建构的结果。若人没有参与知识建构过程，那么这样的人仅是杜威曾经指出的"拥有许多信息的人"。信息变为知识需要主体参与建构，将其主体化为个人知识"教师知识应该是注入教师丰富的实践知识的有机结构，它以启人求智为基本价值指向，最需要拒绝板结僵硬，僵化封闭往往意味着教师专业智慧的窒息死亡"①。与一般人拥有的个人知识不同，虽然教师个人拥有广博的知识是优秀教师必备的条件，但教师的个体知识的意义和价值最终需要转化为在实践中运用其知识变为促成学生成长的能力，否则，教师的个体知识并没有发挥其应尽的功效，不但不能增长智慧，反而可能阻碍教师原有的对教育实践的热情。有德性的教师一定是"睿智的人"，他不拘泥于知识的普遍效力而是力求把掌握的知识与所遇到的具体实际结合起来，超越知识原有的形式，使知识带有"个性"色彩，因材施教、因地制宜地助力学生成长。

教师教育实践中的审时度势需要教师以已有的知识为基础来审视、判断和定度学生学习过程中经历的"时"或"势"。它根本上是教师关于学科的知识、学习知识、学生知识、实践知识等知识影响下，教师教育观的外化。换言之，实践智慧所表现出来的审视度势是以知识为内容所构成的教师教育观的外化。也即是说教师有怎样的学科知识、学习知识、学生知识、实践知识会影响教师教育观的形成，反过来教师的教育观又会影响教师获取相应知识的学习，而教育观以知识为载体在教育实践中又表现为教师具体如何判断学生学习最佳时机、学生学习发展的趋势，应该以何种方式促进学生更自主地学习等问题，总之，教育实践中教师知识拥有的多少、知识建构的程度如何、知识更新的水平都会直接影响教师对教育现场中各要素的判断，我们完全可以说教师有怎样的知识，如何表达其知识，对教育实践的成败至关重要。

---

① 杨继利：《关注教师作为一个完整的人的生存与发展》，《中国教育学刊》2015 年第 12 期。

（二）教师的教育敏感是前提

"敏感"原本是一个生物学术语，指生物对某一因素的感受性能较强，后来被引申到人类社会群体中，表示社会个体生理或心理上对某一因素感觉敏锐、反应迅速的性能。黑格尔认为："'敏感'一方面涉及存在的直接的外在的方面，另一方面也涉及存在的内在本质。"[1] 据此，可知敏感是个体介入现象，去发现本质或规律的中介力量。它暗示着对事物或现象有高度的关注和反应，引发主体对事物的认识逐渐深入。故，敏感是形成智慧的前提。教育敏感是教师的一项心理功能，指教师能敏锐地捕捉教育中的现象、行为、资源、手段等诸因素与学生成长之间关联的一种心理功能。它以直觉的形式表现但却源于教师对上述因素的认识和判断，从中预感到某种可能的发展进程，从而促使教师积极主动地按照教育目的采取理性实践。归纳起来教育敏感具体表现为对学生的敏感、对教育资源的敏感、对教育情境的敏感。

正因为教师会敏锐地捕捉教育信息，他才不至于当教育时机出现在眼前时若无其事，而是积极地把握教育时机，促成学生发展。上课时教师问问题，学生回答问题这是课堂教学的常态，就是这样一种在很多老师看来"正常"的教学，教育家苏霍姆林斯基[2]走进课堂却发现了问题——孩子们回答问题的词语干瘪，没感情。他深知小学阶段是儿童语言发展的关键期，意识到错过这个时机可能影响儿童的语言表达。于是和同事一起探讨原因，发现是孩子从进学校开始，学校封闭的生活割裂了与学生原来生活的联系。在找到原因之后，老师把孩子们领出教室，在花园、溪水边，蓝天下、草地上……教会学生观察、思考，词语在脑海之中形成画面，带着画面、情感进入孩子的大脑，孩子将所见所感所想所悟形象地表达出来，语言、情感在情境之中变得越来越丰富。

有教育敏感，教师就不会畏惧躲避教育问题，而是积极主动地去

---

① ［德］黑格尔：《美学》（第 1 卷），朱光潜译，商务印书馆 1996 年版，第 167 页。

② ［苏］B. A. 苏霍姆林斯基：《给教师的建议》，杜殿坤编译，教育科学出版社 1984 年版，第 23—26 页。

"审"、去"度"教育中可能存在的"时"与"势"，旨在达到教育效果的最大化。中国俗语"多一事不如少一事""事不关己高高挂起"都是告诫人少去"惹事"。而有教育敏感的教师却是主动地去"惹事""揽事"。在电视剧《恰同学少年》中家庭贫寒、生活拮据的蔡和森拾起阔少刘俊卿丢弃的窝窝头，遭到刘同学的耻笑时，徐特立老师见此情状并没有视而不见，而是当着众多围观学生的面掰开蔡和森手里的窝窝头往嘴里送。若"事不关己"徐老师完全可以走开，但他意识到这可能是一个教育好契机，于是不仅"自找苦头"把从垃圾桶拾回的脏窝窝头吃了，而且建议校长在全校开展节约教育。这样一个教育事件，不仅帮助蔡和森摆脱了窘境，而且借此时机趁势在全校开展教育，以点带面制止了"浪费"继续发展的态势，在学生中形成尊重劳动、节约粮食的好风尚。

有教育敏感，教师凭借专业知识和经验的积累，能"嗅"到教学现象、教育现场、教育资源中隐而未见的教育潜能。教师的教育敏感是一种职业敏感，教师利用其专业智能从纷繁复杂的教育活动中，捕捉出其中的教育价值，把各种因素合理组织起来，既能增强教育的针对性、计划性，又能灵活应对教育中可能出现的突发情况。低年级学生上课的参与性很强，多数学生希望能被老师点名起来发言，可是一位学生好几次发言都是没回答正确被同学耻笑。老师为维护该生自尊心和好学的欲望，于是，课后与该生协定，如果知道答案，该生就举右手，如果不知道就举左手。老师这小小的举动源于敏感于孩子身心健康的重要性，敏感于该生想获得同学的承认、尊严的心理需求。当老师观察到教育现场的细微动态时，从现象中发现了潜藏的问题，针对该生采取相应措施，在教师帮助下孩子的尊严被保护，学习积极性因亲其师而增强。

教师的教育敏感是一种职业敏感，是教师功能出色发挥的必要条件，其本质是教师对职业之爱，对学生的关心。"关心意味着一种关系，意味着关心者对被关心者的尊重和理解。当真正关心一个人，就会认真去倾听他、观察他、感受他，愿意接受他传递的一切信息，关注被关心者的需要，也感受到一种要帮助他的愿望，这是一种关心关系的连接和交流。"① 教师因为关心学生，所以会倾听学生的心声，观察学生的表现，留心学生的需要，理解学生的感受；就会从有益于学生成长的角度去思考、选择教育内容、教育资源、教育手段；就会主动思索这些因素怎样组织才最有益于学生，怎样才是最适合学生的教育，怎样才能帮助学生学得更自主、更愉快、更高效等等。总之，拥有一颗对教育敏感之心的教师，以对学生的爱、对教育的爱作为动力之源推动着他或她去发现教育中的问题、思考问题、分析问题，审时度势，有条件利用条件，没有条件创造条件，尽其所能选择最佳方式方法帮助学生成长，让爱在教育中传递。

（三）教师理论联系实际是关键

个人进入教师职业之前或正式或非正式地接受过一些理论知识的学习，当其进入教育现场以教师身份出现的时候，需要将已经习得的理论知识在实践中进行个性处理，个性化处理成功与否，效果如何，关键在于教师理论联系实际进行具体问题具体分析的能力。

所谓理论是概念、观点、原理的体系，是人们对事物的认识从感性升华到理性后，抽象、概括出来的具有普遍性的思想体系，它总是主体在一定时空对一定事物状况认识的反应。理论具有抽象性、普遍性、相对稳定性和深刻性的特点。不同的理论因为研究者研究视角、使用的方法、概念、研究的条件不同，呈现出来的理论即使面对的是同一个对象也可能有不同的结论。例如，对同一事物，道德家会从"德"的视角分析，美学家则以"美"的标准来审视，数学家则看到的是事物的数量、几何关系等。从这个意义上说理论总带有某种主观价值旨趣。不仅如此，由于人的认识能力和认识程度的有限，对事物认识过程中可能有正确、科学的理论，也有错误的理论，还有介于正确与错误之间的理论。教师在实践中理论联系实际的前提是用正确的理论才不会误导

---

① ［美］内尔·诺丁斯：《学会关心：教育的另一种模式》，于天龙译，教育科学出版社2014年版，第33—34页。

实践。

"实际"在中文中有多重含义。其一，有"现实、实在"的意思，这个意义上的"实际"指客观事物存在的一切、现实状况，包括事物的属性、关系、结构、功能、形态等等。这个层面上的实际有两种：一是客观实际，即客观存在的事物，它的客观存在状态就是客观实际；一是主观实际，即一定条件下人们对客观事物的反映，也就是人们对事物认识所形成的理论这一种事实状态。"实际"的另一层含义类似于英文中的"practice"，实践、行动的含义。从这个层面看，"实际"是事物在实践中的过去、现在和未来的统一。无论实际取哪种含义，"实际"都具有现实、生动、复杂和富有变化的特点。

鉴于实际至少有两重含义，"理论联系实际"至少也有两种意思，联系是关联、应用、符合的意思。一种是表示某种理论与现实相符，这个角度更多关注理论本身是否有效的问题。另一种是理论是否与现实行动适切，理论是否能在实践中发挥应有的功效。教师在教育实践中理论联系实际既需要关注理论本身的效度问题，这是有德性的教师对职业不断完善的自觉要求；更要关注理论如何与具体实际相结合，从理论指导和应用中找到对学生而言最适合的教育教学内容、形式。这个意义上教师理论联系实际不仅仅是技术层面对内容、方法的选择，更体现了价值和情感层面，是教师对教育善的坚守和执着，对自我生存境域的不断超越。

教师的实践智慧能否出现关键需要教师将习得的教育理论与实际结合，具体问题具体分析，才能正确地审时度势，取得最佳教育效果。而这不是无条件的，需要的条件是理论本身的正确性、对实际判断的准确性和联系的科学性。理论是否正确的判断标准要看理论是否与所反映的对象一致，以及一致的程度多少，表明正确率的多少。正确的理论可以来自专家，他们经过系统研究、论证提出的理论，教育中这类理论有关于儿童心理发展的相关理论、学习理论、课程理论、教学法原则等；也可以来自教师本人在实践中总结归纳的理论，例如李吉林老师的"愉快教育"，魏书生的班级管理理论。教师在教育过程中应用一些经过检验科学、正确的理论把它们应用到教育实践中，可以根据儿童成长的"时节"顺势而教。例如，教师懂得儿童认知发展的相关理论，遵循理论指导循序渐进地进行教学，帮助学生从直观思维顺利发展到抽象思维，也可以避开儿童发展的不利趋势，逆势而为。若教师对理论奉行照搬照抄的"拿来主义"的态度则必死无疑。出现这种现象的原因：一方面可能对理论没有内化透彻，另一方面对实践认识不足。例如，不少学校派教师到杨思中学、杜郎口中学学习这些学校自创的教学模式，几乎都难逃"似我者死"的厄运，失败的关键在于没有将理论联系实际在实践中进行再创造。或者对自己所处学校的实际情况认识不足。一般来说，认识实际需要客观，不能主观或削足适履地认识实际；认识实际需要具体，而不能抽象。在具体的时间、地点、人物、教育资源、教育环境中寻找他们之间的关联；认识要全面而不能片面，从事物的内在联系，全局，全面发展的过程中认识事物；联系实际须动态而不能僵化地把握实际。

教师在实践中坚持理论联系实际，当面对复杂的教育现场蕴涵的"时"和"势"才能做出准确的把握，不至于"刻舟求剑"。理论相对而言是稳定的、单调的，而实际是复杂、多样、多变的，如果用静止的眼光去套用理论，这样的实践失败是必然的。只有理论联系实际，教师在教育实践中根据自己所在教育现场的实际状况来运用理论，才能根据现实学生状况，发现其中可能潜藏的教育时机或发展趋势，透过这些教育现象的事实，用教育理论作为利器，方能更好地抓住问题的本质，助力学生更好成长。

教师在教育过程中理论联系实际智慧地进行教育教学，在教育中的概括是"教学有法而无定法"。教师已经习得教育教学的相关理论、知识，意味着教师已经知晓常规的教育内容、方法，但是有德性的教师并非是机械地应用习得的知识，而是具体问题具体分析：面对差异的学生、不同的教育资源、教育环境，教师因人而异，因材施教这是教师德性的最佳表达方式，也是教师教育智慧的最高境界，这种境界是教师对学生、教育资源、教育环境等因素进行理性分析的基础上，将理论联系实际践行"教学有法而无定法"。当然，教育实践的生成性、动态性、参与因素多样等造成了教育实践的复杂、多变，这期间教师理论联系实践可能不能一步到位，教师需要不断地反思——行走在理论与实践之间。通过反思排除其中不合适的成分，调整理论或者调整实践方式，如此在反思—实践—反思的良性循环中才能使理论与实际尽可能地契合，才不至于白白耗费师生的教育精力、浪费教育资源。教师的教育智慧在正确理论与恰当的教育实践中生成，师生都是教师实践智慧的受惠者——享受实践智慧带给他们幸福的教育生活。

第三节　教师德性的实现

一　德性的实现：成己成物

人的德性就是美好的人性，即人超越生物性将人的属性出色卓越地展陈。当人明了"自己是谁"意味着在明确自我意识指引下，根据角色身份选择与之匹配的行为方式，也即规定了"该做什么"和"该如何做"，这二者的结合呈现出来的就是人的实践智慧，而人之所以感受到人性的美好是因为在实践中智慧地展示人的力量，人有能力来实现作为人存在的意义和价值。所以说实践智慧是人德性实践的方式，也是人的力量呈现的过程。

孤立的人终究无法生存，人的生存是自我与他者共同协作维系的，因此若要将人性出色地表达出来，表明自我与他者都要在成长、发展中获得前进的力量。所以，人的德性是人与他者双赢：互相促进，共同发展，它不仅仅是成己，而是成己与成物一体的过程。

（一）德性实现是"己"与"物"融合的结果

人是在"己"与"物"之间成己成人，从而德性得以实现。显然，人力量的壮大不是自然生长的结果，而是伴随着身心素养的不断健全而形成的，这个过程，人逐渐摆脱自然属性成为一个自主自立的人，成己成物需依托于人的素质，成己成物的实现又会增强人的力量。而从个体的角度看，人力量的壮大，将人性彰显意味着个人发挥主体性，主动完善自我，自觉修己自律，使自己发展成一个完整人格的人，即"成为自己"，这个角度看，人的德性在成己过程中彰显，德性即成己。但个人生存的生活世界是由客观世界、社会世界与人的主观世界组成的统一体，生活世界中的一切他者（事、物、人）都影响着"我"，若要"成己"就须主动地将自我敞开，以宽广的心胸与他者交往，达致主客融合的状态。这种主客融合的生存状态，是主体将客体主体化，"我"不是将客体看作手段加以利用的对象，而是从生存视角将"对象"的成长纳入到"我"的幸福生活之中，与"我"一同生活。因为周遭的一切都与我的幸福直接相关，所以，我必须主动参与到对象性的交往实践中，通过主客互动既成己又成物——成就世界、成就他人，可见人幸福地生存须成己成物互助共建。成物的过程把本然的对象纳入到属人存在的范围之内，将外在于人的客体变为主体的一部分，同时，人对世界及自身的认识、理解和把握也随之展开，凝结为人类的知识和智慧，知识和智慧既内化为人性能力和精神世界，又制约着人们进一步与世界交往的方式和内容。从这个角度看，人德性的实现是成己成物互动共建的结果。从类的角度看，人将自己从动物世界中分离出来成了孤独者，一方面人要保持这种"高傲"的姿态确保自身与其他动物的不同，但人为生存又不得不与世界联合，寻求与他者的联合，否则人将"孤独"地死去。人如此矛盾的生存特征规定着人既要在关系中拓展自己的力量，将自身融入到他者之中，又要在与他者融合时不失去"自我"，保留那份"独特"性。为解决这种矛盾的生存境遇，人只能在"生产性"实践中成己成物，如此不仅人可以摆脱孤独而且能获得幸福。所以说无论是作为个体的人还是从类的角度分析人，人德性的实现都是成己成物互动关联的结果。

成己是人求生存的自然动力。人的生存不仅是活着，而且是努力为着更美好的生活而活着，对"好"的追求，对更好的期望与向往是内蕴于人体内的一股自然力，它促动着人，只要存在着、只要活着，就努力向上、不断自我更新、超越现在，向更美好的未来前进。正是这股自然力给以人继续生存下去的动力，否则失去对更美好生活的追求、生活没有动力、没有目标，百无聊赖无意义苟且偷生只表明此人还存在，但已不是"活"的生存状态，如鲁迅所言"有的人活着但已经死了"，严格意义上这样的生存已经不是人的生活而退化为动物式存在。所以说，人只要活着，只要选择继续活下去，总是朝着"成己"去努力。他不满足现存的存在状态，这股生命的自然力会带动他主动去突破当下的实在，努力发掘各种未知的可能性，成为更好的自己。这点亚里士多德早有论述，我国学者赵汀阳认为人对美好生活的追求是自成目的性，这种生存方式表明人在追求美好生活过程中展现自己、实现自己、成为自己。正因人有成己的自然力，身体上，人逐渐摆脱他人的辅助，开始独立行走，哪怕这个过程中会跌倒摔伤，也会爬起来再走；心理上，儿童逐渐摆脱对父母、权威的依赖，逐渐用理性思索属于自己的为人处世的内容和方式。人的一切行为都指向要成为一个独立的自己，不成己便没有存在的意义和价值。

（二）德性的实现是"己"与"物"相互作用，创造意义的过程

成己成物互相作用，创造人生意义，将人的德性实现。按照梁漱溟先生的观点，"人类生命的意义在创造，……创造可分别为两种：一是成己，一是成物。成己就是在个体生命上的成就，例如才艺德性等；成物就是对社会或文化上的贡献，例如一种新发明或功业等。"[①] 可见，人通过成己成物这两种创造性实践，实现对意义的追寻。"人是寻求意义的存在，人无法忍受无意义的生活。人的存在是创造意义的过程，人的世界是有意义的生活世界。'有意义'则是人类生命活动的肯定，'无意义'则是人类生命活动的否定。"[②] 所谓"有意义"主要指"从

---

① 马秋帆编：《梁漱溟教育论著》，人民教育出版社1994年版，第266—267页。
② 孙正聿：《哲学修养十五讲》，北京大学出版社2004年版，第177页。

实现某种目的来看，有关的人、物或观念有积极的作用。反之，如果对实现以上目的没有作用或价值，则它们便没有意义"。① 对意义的追寻，吸引着人去实现自我，通过成物显示出人的力量。一方面人不断地完善自己，提升自己，积聚了成物的力量，使得对世界的认识、对世界的改造更能将合目的性与合规律性统一起来，故这个意义上成己是成物的前提。但成己并非是人孤独的自我修养，而是人与外界交涉中自为的自由，这种自由"正是在他物中"依赖他物，在对他物的创造性实践中，人的自由本质：精神，才得到展现。所以黑格尔说："自由意志就是主观与客观的统一"，② 这表明成物既是人成己带来的结果，同时成物又提升了人成己的境界。成己成物的交互实践，彰显人存在的价值和意义。

存在主义特别强调人通过创造实现自己的意义。存在主义的代表人物海德格尔认为过去的哲学将主客二分，没有将"存在"，特别是"此在"的意义揭示出来。他认为此在作为世上一种与众不同的存在者，在于作为"此在"的人能从一种被规定的东西入手去解释存在的意义，只有人才能提出存在的意义，并试图解答这一意义。人的"此在"即人的"在此"，在"世界之中"，这"在之中"，意味着人需要与世界中的物、人打交道。与物打交道的形式是"烦忙"，人与人打交道的方式是"麻烦"。人在"世界之中"的"烦忙"或"麻烦"是与他者息息相关"最切近"的交涉。交涉的过程是成己成物的过程，也是显出意义的过程，意义随着此在"在世界之中"产生，它包括认识自我和认识世界，改变自我和改变世界。可见，在存在主义看来，人为意义而存在，世界也因"此在"有了意义。据此，可以认为追寻意义是人存在的方式，而意义根植于成己成物之中。

此外，中国儒家非常强调成己，认为成己方能使人成为真正意义上的"人"，《大学》开篇曰："大学之道在明明德"，"明明德"即告诫

---

① 杨国荣：《意义世界的生成》，《哲学研究》2010 年第 1 期。
② ［德］黑格尔：《法哲学原理》，范扬、张企泰译，商务印书馆 1961 年版，第 20 页。

读书人的任务在于成己。并且认为成己是成物的前提，不能成己焉能成物、成人。《中庸》中有"诚者，非自成己而已也，所以成物也"。① 表明儒家成己的精神源泉来自"诚"，"诚"可以成己、成人、成物。认为"唯天下至诚者，能尽其性"，又解释说"自诚明谓之性""天性自诚"。"诚"虽然不是一个具体的事物，却因"诚"消弭了彼此的界限，非我纳入我之中，都成为成己的一部分，这样看来成物其实也是成己，"诚"说明成己成人成物都是发自主体内心、主动积极、自觉自愿的完善，既表达了作为人应有的真诚情感，也凸显出"为仁由己"，成就一切所有最终须落实到"己"身上。

（三）德性之成己并非自私，成物也非无私

需要指出的是成己不是自私，而是自爱，成物也非无私，也是自爱。成就自我是自爱的高级状态，"为我"才能维系"我"的存在，"我"本是"你""我""他"中的一个，可以"为你""为他"也当然可以"为我"，所以说"为我"本是中性的，不具有价值偏向。但"为我"可以导向自爱，也可能变为自私。成己是自爱的表现。自爱是对自身的身体、精神、人格、权益、价值的关心和爱护，它是人的一种美德，它并不因为爱己而排斥爱他人。因为一般来说"不仅他人，而且我们自己都是我们情感和态度的'对象'，对他人的态度和对自己的态度不但不矛盾，而且基本上是相互连接的。……所以有能力爱人者身上，我们都可以看到，他们也爱自己。就'对象'与人本身的关系而言，爱在原则上是不可分割的。正真的爱是生产性的表现，它包含着关心、尊重、责任和认识。它并不只是一种为他人所影响之意义上的'感情'，而是一种努力使被爱者得以成长和幸福的行动，这种行动来源于他自身的爱的能力"。② 而自私则将自我与他者对立起来，排斥他者的利益，通过损害他者来利己。尽管为己是人的本性，但自爱虽然从爱自己开始，同时将爱延伸至他人、他物，并通过"生产性的爱"使

---

① 《中庸》，李春尧译注，岳麓书社 2016 年版，第 74 页。
② ［美］埃·弗洛姆：《为自己的人》，生活·读书·新知三联书店 1988 年版，第 129 页。

他者成长，把他者纳入到我的生存空间之内，这样模糊了"我"与"非我"的界限，实现对"我"的超越和扩展。

虽然人类发展史中不少思想家鼓吹自私自利的必然性，甚至极端者认为人与他者的关系是狼和羊的关系，但人类生活并非如此。另外一些思想家认为人性是"善"的，是"无私"的，这种思想显然也忽视了社会中"恶"的客观存在。这两类思想都没有很好地处理好"己"和"非己"的关系。"己"与"非己"的统一不是在于用自己来消灭他者，也不在于对"自我"和"他者"做外在的处理，而只有将"己"与"非己"作为共生共存，持续发展，内在统一的关系，这种内在统一是人自由意志的体现，人类生活因此而延续。

其实，"己"与"非己"是辩证转化的关系。这样成己有利于成物，成物又增加了成己的力量，"非己"变为"己"的一部分，如此在自我力量拓展中"己"与"非己"实现了内在的统一。这样成己既是背离自己去成物，又将"物"变为己的力量，如此辩证转化，所以人的每一个行动从根本上既是利己又是利他，唯此人的生活方能因成己、成物而达成了和谐共生，互惠的同时幸福相伴而生。

成就自己是爱自己的表现，成物是爱物的表现，这是成熟人格所具有的"生产性爱"（弗洛姆语），这种爱不是将对方占为己有，而是在保持对方独立性的前提下，爱对方，尊重对方：尊重对方的客观实在性、理解对方。尊重的爱，意味着用适合于对象的方式与之交往，从而交往双方都从中获得新生力量，唯此，人尽其性，物尽其性，德性就是这种爱的产物。这样的爱的实践，中国儒家将其概括为"仁"，西方的亚里士多德将其定义为"公正"。虽然名称有别，但都是从对方，与对方和谐共生的角度，将彼此属性最大发挥，互相成就实现的最佳生存状态，这样的生存状态，人出色地将人性呈现，享受着其中伴随的幸福。用解释学的观点来诠释成己成人，认为爱他者、理解他者是希望从他者那里来理解自我，其最终的目的仍旧在成己上。成物的过程人要超越原来对物的认识，摆脱原来视野的束缚，形成新的视野，把自身对物、对自然、对世界的认识带入到一个新天地，从而人在成物过程中力量丰盈，自我得到扩展，拓展和丰富了自我的人性力量，成己成人中人存在的价值得以实现，人的德性彰显，自我实现的人享受着由成己成人带来的幸福生活。

二　教师德性的实现：成己成人

如学者塔布斯在《教师的哲学》中指出的："在一个充满变革的时代，教师更需要的是一种确定自我存在方式的哲学，而非有关实践的技术或策略。"[1]教师之为教师的存在方式是由"教师是什么"决定的。"'是本身'只是一种意向行为和追问活动，但是一旦将'是'后面的宾语具体化"，[2] 就意味着教师变为具体的人——更具体地说是专门促进学生成长的人。这表明"教师"不仅仅是一种角色身份表现为形式上的"成就学生"，或是穿在人身上的一件"外衣"，而是做教师的人本身的生存方式。

（一）"以教师为业"，教师德性的实现就是教师自我价值的实现

正如亚里士多德发现的，每个活的生命支撑其继续存在下去的力量在于其心中希望下一刻比现在更美好，对未来美好状态的希望与向往是现在努力的动力。否则，生命难以维系。所以，每一个在教师岗位的人都自然地希望通过今天的努力进入更美好的明天，正是这种对更好生活的希望，推动教师尽其所能地对学生的学习"操心"。当教师不是从工具性的角度而是从自我生存的角度对待教育教学时，他会意识到："上课不是自我无所谓的牺牲和时光的消耗，而是生命活动，专业成长和自我实现的过程；自己的角色不是"知识"的"传话筒"，也不再是促进学生发展的工具，而是把握自我生活、展现自我的生命创造。只有这

---

① 参见杨帆《主人、仆人，抑或精神之师——〈教师的哲学〉导言》，《北京大学教育评论》2011 年第 2 期。

② 余闻婧：《发现与解放——教师操心的教育意义》，博士学位论文，华东师范大学，2013 年，第 7 页。

样，教育才会成为教师生命意义的实现过程。"① 教师所做的一切都是为己的，他用心备课、富有激情地上课，耐心地引导学生……教师如此的工作状态完全心悦诚服、心安自足。他不把一切非我之人和事物看作纯粹的外在之物，而是把他们视为"我"生命的一部分，为了生活地更美好，调动自由意志与周遭一切和谐共生。这样，外在制度、不如人意的教育环境、学生的淘气都不视为异己或阻碍我成长的力量，反而教师主动地基于现实，调动教育智慧，尽其所能做得更好。这样教师的生命与学生的生命因教育而共同成长：由在某方面的无知变为有知，由知之不多到知之更精，由能力弱小到逐渐强大等等。学生在教师的协助之下不断成长，教师陪伴学生成长时，自身也得到成长，"成就学生"的过程转变为成就更好自己的过程，这个意义上教师实现了马克思所言的人的真正自由的生存状态。如此，把教育作为自己生存方式的教师，为教育所做的一切付出，展现出的教师功能的出色和卓越，形式为成人，实为成己，故从这个意义上教师德性的实现表达为成己成人，成人达己。

生存论认为，人的生活总是某种境遇下的存在，它总会涉及一定的人、事物、时间、地点、方式等，这意味着生存于其中的人必须对境遇进行完整全面地考量和谋划，对相关因素做全面考量才能形成正确的判断，从而用行动表征人可能的本真性存在。对此，海德格尔认为这是生存论的一个主要任务——从存在的角度去探明、澄清人的完整性、整体性。② 为此，需要人的实践智慧，对自我存在以完整考虑或者说对自我存在进行完整地"操心"。对教师而言，这种存在方式不仅仅是"操心"如何按照制度的规约日复一日地重复无聊而繁重的事务性工作，这样只会燃尽教师全部的活力、激情，而是在复杂的教育实践中用完整、总体的视野去理解和审视"什么是教师？""如何成为一个正真的教师？"如何做教师，我更幸福"。为此，他或她自觉地按照教育活动本身内在规律和要

---

① 冯建军：《论教师生命发展的策略》，《当代教育科学》2006 年第 10 期。
② ［德］海德格尔：《存在与时间》，陈嘉映译，生活·读书·新知三联书店 2006 年版，第 280—282 页。

求去思考、行动，而不是用外在的结果、报酬这类"外在善"来点燃自己的教育热情，他将对教师职业的认同自动融化在成就学生的教育活动之中。显然，在当前这样的教育环境下，教师坚守这样的存在方式需要教师的智慧，更需要教师的职业信仰——"以教育为业"。

（二）"以教师为业"，教师德性的实现就是教师成就他人

"以教师为业"，教师方能找到教育带给他的持久快乐。教师每天与孩子们在一起，工作琐碎、繁杂难免。对一些教师而言，仅把"教师"作为自己谋生的职业，如果这个过程中找不到"乐趣"很可能将教育变为一种应付。"学校生活越来越充塞规则主义与惯例主义，教师的职业生涯越来越渗透黯然失色的无力感和无动于衷；愈是飘荡着虚无主义和愤世嫉俗。"① 要改变这种状况，需要教师在教育过程中"以成就学生为乐"来激活教师自身之"善"——爱上教育、爱上学生、爱上生活。梁启超先生曾做过"趣味教育与教育趣味"的演讲。他主张把趣味当做目的而不是作为手段，教师"以教育为唯一的趣味"来实践趣味的教育。他认为"趣味教育的人，是要趁儿童或青年趣味正浓而方向未决定的时候，给他们一种可以终身受用的趣味。这种教育办得圆满，能够令全社会整个永久是有趣的"。②

那么教师如何把教育当成一种趣味？梁启超认为：一是教育好比种花，"我自己手种的花，他的生命和我的生命简直合并为一，所以我对着他，有说不出来的无上妙味……教育事业正和养花一样，教育者和被教育者的生命是合并为一的；教育者所用的心理，真是俗语说'一分钱一分货'，丝毫不会枉费"。③ 二是教学相长，"教人和自己研究学问是分离不开的。自己对于自己所好的学问，能有机会终身研究，是人生最快乐的事，这种快乐，也是绝对自由，一点不受恶社会的限制。……从事教育职业的人，一面是教育，一面是学问，两件事完全打成一片。

---

① ［日］佐藤学：《课程与教师》，钟启泉译，教育科学出版社 2004 年版，第 268 页。
② 夷夏：《梁启超讲演集》，河北人民出版社 2004 年版，第 49 页。
③ 夷夏：《梁启超讲演集》，河北人民出版社 2004 年版，第 51 页。

所以别的职业是一重趣味，教育家是两重趣味"。① 另外也可借鉴罗素的观点，罗素认为使工作有趣主要有两因素：一是技能的运用，一是建设性②。教师的工作既有技能的要求，又有建设性，因此教师可以从提高教学艺术和建构属己的教育风格上找寻教育趣味。有了教育趣味，教师在教育生活中享受着教育带给他的独特的精神享受，就会超越"靠教师为生"的职业状态，转向"以教师为业"。这样的教师不再以外在的规范作为职业行动的准则，而是以对教育善的自觉追求，去钻研教学，去建构师生有意义的生活，去服务于"帮助学生成长"的使命，他懂得教师是谁，并努力去践行对教师身份的理解，他深深地认同自己职业的特殊性，并义无反顾地投入到这种富有意义的教育实践中去。他用自己的智慧、汗水、爱、尊重、激励浇灌学生，"学生的成长"是对教师灵魂的最好慰藉，更是对其生命的回报，他在促进学生成长的志业中，展示自己，成为自己。

"以教师为业"者将不是奔忙于因促进学生成长所带来的物质满足，而是享受学生、家长和社会给予他的"获得性尊严"、体味灵魂的富足。在助力学生成长的过程中，教师实现了手段善与目的善的统一，教师的生命与学生的生命合二为一。他越出色地将功能发挥，就越体现了个体作为教师的价值，成为自我实现的人，成为享受幸福生活的人。所以"成为你自己，你现在所做、所想、所追求的一切，都不是你自己"③，这句尼采在 100 多年前发出的呐喊，他希冀那些"套着舆论和怯懦的枷锁"的人能够自己为自己负起责任，勇敢地去追求生命的解放和寻找属于自己的真正幸福。

生存论认为，实践即生存。因此，教师要成为一个幸福的教师，从来没有其他的路径，只能在"做教师"过程中脚踏实地地一步步超越自己，这个过程本身的报酬就足以让教师体味到快乐和幸福。所以维系

---

① 夷夏：《梁启超讲演集》，河北人民出版社 2004 年版，第 52 页。
② ［英］罗素：《幸福之路》，吴默朗、金剑译，中央编译出版社 2008 年版，第 158 页。
③ ［德］尼采：《疯狂的意义》，周国平译，天津人民出版社 2007 年版，第 9 页。

教师"以教育为业"的途径，就是在做教师的过程中，找到做教师的趣味，让教师感受到因自己力量的强大，助力了学生更好成长，师生都逐渐变得越来越优秀，慢慢地优秀变成了师生的一种习惯。这种成就感、习惯能进一步增强教师的自我认同，激发他向更"善"的目标前进。因为人从来就不是一个固定不变的抽象物，而是神奇的生成者、创造者，人的开放性、未完成性既扎根于对现实的"我"的认识，又超越现实的"我"，把自己带入一个理想的"我"的状态，这样往复循环，"人的生活就是人存在的两个领域之间的斗争和相互作用，是给定的实际领域和高级的理想领域之间的一种经常被打破又不断恢复的平衡，人就在这个过程中不断地生成自身，去开启存在的空间与意义"①，人实现了自我创造、自我发展、自我完善、成就了这个世界上独一无二的自己。因人能不断地超越自我，逼近自我，人的生活才显露出丰富多彩的内容，活在其中的人才感受到生活的幸福与美好。所以"喜爱德性的人都是这样的人，他们自在地富于享乐。他们的生活无需像佩挂一件外在的装饰品那样来添加快乐，而是自身就已经拥有快乐"②。

三　教师成己成人的黄金法则

教育是师生共度的一段生命历程，这个过程中师生相互影响，共同成长。教师不仅拓展了学生的知识、视野，提升了学生的学习能力，丰富了学生的精神生命，教学相长，教师也因为学生，发现了自我、完善了自我，因为学生进入到教师的生活而拥有了一段独特的生命记忆。教师的生命与学生的生命一起成长，教师成就了学生，学生也成就了教师。教师完整德性的实现需要师生"互知""互悦""互动"。

（一）"互知"才能互相成就

人类的一切实践活动，能否取得成功，都以实践主体对客体的认

① 张剑抒：《人的二重性存在与自由维度的开启》，《社会科学战线》2007 年第 1 期。
② ［古希腊］亚里士多德：《尼各马可伦理学》，邓安庆译，人民出版社 2010 年版，第 61 页。

识为前提，尽管这个过程中主体可以发挥能动性，但客体的属性在客观上规定了实践可能达到的限度。从认识论角度看，一定意义上教师与学生是互为主客关系，客体的实在性是主体认识的起点和限度。这意味着教育活动的顺利进行，以教师对学生的认识为前提，学生当前的实存状况是教师工作的起点，学生潜在的可能性规定着教师努力的限度。当然，教育是师生共同的生命历程，能否使这段生命历程成为彼此人生中一段幸福的经历，需要师生共同努力，为此，师生都需要走近对方，去认识对象，互相了解、互相理解，才能走进对方，对对象做全面的认识和把握，方能知己知彼，有的放矢，才有可能创造共同幸福的生活。

所谓"互知"是指师生在认识上的相互理解。这个意义上的理解是"处于特定教育世界中的师生与理解对象沟通，在感情、认知与行为上筹划并实现生命可能性"，① 其实质是解释学所言的理解者与被理解者视界的融合。视界是达成理解的基础，由知识、能力、行为、态度与价值观等构成。所谓视界融合不是一个视界顺从另一个视界，也不是两者简单的物理累加，而是对话双方商谈达成的针对特定话题的共识。融合意味着理解者与被理解者消除了对立，相互渗透，双方因达成共识形成了一个新的有机整体。

无论从教师作为专业人员的职责使命来说还是从学生的未成熟性需要教师教育引导来讲，师生"互知"中，教师应发挥主导作用。如果说教师德性的最高境界是"因材施教"，那么首先要求教师对施教的"材"进行认识、甄别：学生当前的知、情、意、行处于何种状况，在哪方面存有潜质，有怎样的学习风格，成长背景如何？等等。总之，教师既要认识学生的现有视界，如知识、能力、价值观等现存状况；也需要发现其未来视界的可能性，如发展的趋势、愿望等。正如杜威的《民主主义与教育》得出的一个结论："教师必须有超前性的理解，把

---

① 熊川武、江玲：《理解教育论》，教育科学出版社 2005 年版，第 24 页。

生长的连续性作为永恒的标语，把儿童现在的生活和他们未来发展衔接起来，和他们打成一片。"① 为此，教师首先需要倾听学生。倾听意味着教师放下长者身份，"倾斜身体"与学生平视，去听、去观察学生。倾听不仅仅是一种行为态度，它折射出教师对学生的关心、关爱和平等的情意，反映到教学中，表现为教师在行动中，以自己的积极行动置身于学生学习的具体情境，与学生一起体验其中的意义。唯有学生感受到教师的尊重、平等、关爱，学生才会消除对教师的戒备敞开自己，把真实的自我呈现在教师面前。其次，师生双方真诚对话。所谓真诚对话是指教师以平等的身份加入到学生的学习世界，引导每个学生都以语言或非语言的方式实质性地"在场"参与到教育教学活动中，而非形式上"在场—一问一答"。它是师生打开彼此思维，相互投射已知的经验，产生新经验的过程，这个过程师生均须要"在场"，"场"不仅指知觉到的环境，还包括认知意义，它包括物质环境中的某些事件（即被知觉到的物质环境）。这说明师生尽管同处同一物理空间正在进行"对话"，如果认知或心理上彼此却处于不同的场域，那么在教育中没有产生实质性"对话"。我们认为师生对话要达到理想状态，可以参照哈贝马斯的理想的沟通情境的三个标准：每一个参与主体均可参加讨论；各人均可质疑任何问题，可在讨论中阐述任何异议，并可表达其态度、愿望和需要；没有参与者会受到外部或内在的禁制，如果有禁止行为发生参与者可以行使上诉的权利。② 第三，师生的视界融合。视界犹如人生活的一个熟悉的领地，在这里人可以安逸生活，但固守原来视界会失去新鲜活力，当人走出属己的领地或者自己的领地被他人进入时，会因为新环境的出现而表现出排斥、困惑或恐惧，但他可能学到新的东西。对师生而言视界的融合就是在倾听、对话沟通后，交换思想、观点、认识后，进入对方视界彼此融入，建构新的视界，这意味着自我生命因为新鲜血液

① ［美］约翰·杜威.《民主主义与教育》，王承绪译，人民教育出版社 2001 年版，前言第 23 页。

② 阮新邦、林瑞：《解读沟通行动论》，上海人民出版社 2003 年版，第 48 页。

的输入有了更新和发展的能量。

需要指出的是虽然教师要理解学生并不意味着教师让学生放任自流，在"理解"的名义下不作为，而应该严慈相济，因为"儿童的生活既需要自由也需要秩序。他们需要受到控制的自由以及那种将自由推向前进的控制"。① 尽管在师生"互知"中强调教师应担负更多的责任，但并不意味着学生只需被动等待教师去理解自己、认识自己。学生作为一个成长中的人，随着理智发展逐渐成熟，也应用客观的态度、眼光去认识教师、理解教师。当学生理解了教师的良苦用心时，他能更好地配合教师，更加主动地学习；当学生熟悉了教师的教学风格时，他能更好地根据教师的教学风格来组织自学提高学习效率。学生走进教师、认识教师实质上是学生主动地将教师吸纳为自我发展完善的力量，而教师因学生的发展完善增强了自我效能感。

所以，无论是教师还是学生，"互知"本质都是以对方为镜更好地认识自己，从对方的视界中汲取有益于自身成长、成人的养料，故"互知"才能成己成人。

（二）"互悦"才能互相成就

人是理性的动物，更是充满情感的理性动物。"一个真正意义上的人，应该是一个有情感的人"，② 中国儒家也认为"人者，仁也"，认为具有仁爱之心的人才能称之为人。人的情感有些是与生俱来的，如，喜怒；有些是后天习得引发的，如敬畏、移情等。但情感不会无缘无故地出现，它一定是在某种情境下，人置身于一定的关系中被引发出来的。因而情感其实是人在对象性关系下，被对象引发的一种心理反应。例如，当人欲望被满足时，表现为愉悦；当人行动失败时丧气等等。心理学的研究证明人的认识并不一定会导致行为，从认识到行为的中介是情感为核心的意象系统，特别是人类的幸福生活离不开积极的情感支撑。

---

① ［加］马克斯·范梅南：《教学机智——教育智慧的意蕴》，教育科学出版社 2001 年版，第 84 页。

② 参见朱小蔓《情感德育论》，人民教育出版社 2006 年版，自序第 5 页。

对教育而言，师生享受幸福的教育生活所需要的积极情感由师生彼此"悦纳"引发，故从这个意义上师生彼此的成己成人，需要双方"互悦"。

所谓"互悦"是指师生彼此换位思考、彼此尊重、互相悦纳。

对教师来说，教育作为一项准公共事业，多数情况下，他无权选择学生，这表明不管学生可爱与否，出现在他面前的学生他都必须"照单收下"，形式上的接纳，并不意味着情感上的接纳，特别是一些老师被安排到所谓的"差班"去教学时，多数老师难以激起愉悦的心情。为什么？"差班"被很多教师定义为"问题学生"组成的班级，这表明教师并非全面地看待学生，接纳学生，他所能接受的是学生的成绩。殊不知所谓的"差生"给以了教师更大的发展空间、更能彰显教师的"人性"。这个意义上教师德性的前提是教师不带任何偏见地接纳学生。这是教师德性对生命敬畏的表现。学生是未成年人，未成熟性，预示着不完美，同时也包含着希望。怀抱着教育信念的教师，不会将学生一棍子打死，而是相信学生，因为自己的教鞭下可能有瓦特、有爱因斯坦、有爱迪生。接纳学生，如同父母接纳孩子一样，是教师义不容辞的责任，这表明教师既要接纳学生的优点，也需要接纳学生的缺点，哪怕学生不可爱，至少一个有德性的教师能尊重学生，尊重学生作为一个完整的人，给予他完整人应有的待遇。这个意义上尊重是教师首要的德性。

接纳拉开了师生彼此走进对方的序幕，师生可能不再对立或排斥，但尚不足以带来彼此生活的愉悦。为此，教师需要更进一步——"移情"，移情才能共情，师生共筑融入教育活动所需的共同情感基础。"移情"是霍夫曼提出的一个概念，是一种"代替性的情感反应，即更针对他人的处境而不是自觉的情况的一种情感反应。可以是愉快的移情（对别人的快乐的反应），也可以是不愉快的移情（对别人的困苦的反应）"[①]，这里特别强调教师要将心比心，教师不能用教师的权威身份压

---

① ［美］马克林、诺尔士主编：《道德发展心理学》，方能御译，台湾商务印书馆1993年版，第144页。

制学生造成师生对抗，当教师把自己置身于学生之中，回想自己曾经也身为学生，学生正品尝的酸甜苦辣咸，自己曾经也经历过、自己也曾经是孩子。以这样的情感态度来看待学生，才能与学生同喜同悲，更好地理解学生。如此，学生的一切表现都不会是不可理喻的，而是可以理解的，读懂了学生，师生共享情感，使得教育中的师生不是孤独的"独行者"而是相互扶持的友人。而真正的朋友如亚里士多德所言其实是另一个自己，这样让朋友成功其实是自己成功，朋友喜乐也是自己喜乐。师生不是彼此孤立或对立的两个生命，而是命运与共，休戚相关的共同体，双方为着共同期望的美好生活而努力奋斗。

"互悦"的最高表现形式是师生彼此欣赏，这意味着师生都从对方身上感受到了美，由此心生愉悦之情。对学生而言，由于其天然的向师性会导致他自主或不自主地欣赏、崇拜那些有德性的教师。现实的教育生活中，学生也会因为某些偏见排斥某教师，因排斥老师而排斥教师所教的学科，这从根本上损害学生自身的利益。为更加健康愉悦地成长，一方面学生可以适当宣泄对某教师的不满，同时，家长和其他老师要引导学生多看某教师的优点，给以该教师客观的评价。这样学生才能逐渐消除对某教师的误解，发现老师的可爱。对教师而言，教师欣赏学生，是教师素养的体现，是教师德性使然。学生虽然力量相对弱小，但并不意味着他不可以给人间带来真善美。尽管学生行为表现可能"稚嫩"但教师不可嗤之以鼻，谁都是从弱小长大成人的。教师带着欣赏的眼光看待学生，他是在欣赏涌动的生命力，学生因教师欣赏而赢得尊严，这份来自教师的鼓励，会内化为继续前进的动力，既是教师对学生更好未来的期望，也是学生成为更好的自己的信心来源，皮格马利翁效应证明了教师期望带给学生强大的学习动力。这样师生互相欣赏，彼此眼中看到的都是希望和更美好的未来。

（三）"互动"才能互相成就

"互动"既是"互知""互悦"的前提，又是"互知""互悦"的具体表现。师生在教育中的互动既有精神层面的"互动"，例如心领神会；也有实践层面以显性方式表现出来的活动参与、对话等。社会学认为互动是增加人相互理解、沟通人情感的主要方式，角色互动理论认为互动一定是角色之间的互动，角色在互动中形成，一方的参与是另一方角色存在的条件和依据，否则角色名不符实。从这个意义上说教育活动就是师生之间的互动，没有互动教育无法展开，也无从达成教育目标，师生互动使教师成为名副其实的教师，而学生因师生互动与教师、与同学交往，扩大了其视界获得成长，所以说师生"互动"才能互相成就。

　　教育实践中可能一些看似热闹的课堂活动并非互动，而一些学生静静地聆听教师的讲述却在积极地与教师、文本进行"互动"。我们所言"互动"是师生视界的融合，他们由心灵上的理解转化为行动上相互配合，必须包含三个因素：一，师生主动地"动"，而非被迫地"动"。这表明在教育中师生遵循自我意志的自由选择，自主地"动"起来，以往学界将课堂互动划分为命令式互动、协商式互动、互不干涉式互动等，① 这是用"形式"的动掩盖了只有主"动"才可能视界融合，被动只能加深师生的敌视和对抗与融合背道而驰。显然学生迫于教师压力或无奈而"被迫"行动，不符合主动性要求，因而不是真正意义上的互动。二，交互性。这说明真正的互动，无论是有形或无形之"动"，师生双方都朝着彼此的方向前进，意味着他们都试图走出原来自我的领地，打破孤立或静止的状态，这样师生在"动"的过程中，被同一主题吸引则可能形成交集，从而引发彼此更积极的投入到下一步行动中去。三，发展性。教师与学生的互动并非单纯为了动而动。生命科学的经典名言"生命在于运动"表明"动"是推动人生命维系和发展的根本存在方式。从生命哲学层面理解师生"互动"表明师生生命是积极而活跃的存在，而"互动"是为了生命更好地成长，师生积极从周遭环境中汲取成长的力量，如此师生"互动"不仅是师生生命存在的需要，而且是师生为了更好地生存、发展，故师生"互动"包含明显的

---

① 张紫屏：《课堂有效教学的师生互动行为研究》，博士学位论文，上海师范大学，2015年，第17页。

发展指向性，如此才能证明教师存在的意义和价值，学生才会因"互动"得到成长。

《易经》认为"变则通，通则久"，"变""通"是生命保持生生不息的运动规律。教育活动中师生"互动"实质是师生为改变自我、实现自我所做的努力，"互知""互悦"都是互动，也都是为了教育生活更加美好而采取的积极行动，所以教师成己成人在根本上立足于互动，在互动中实现成己成人。

结　　语

　　教师是专业助力学生成长的人，教师功能的实现需要教师的理智德性与道德德性有机统一，在实践中以智慧的形式整体呈现在教育活动现场，所以，教师德性关键不在于用抽象的德性概念或者德目来描述，而是具体的、动态的，在教育实践中，出色地践行教书育人的功能。教师教书育人的功能出色履行时，学生获得了成长，教师实现了自我价值，成就了学生的幸福也就有了自己的幸福。"幸福乃是在完满生活中德性的实现"，[①] 教师的合德性的实践活动就是以智慧且道德的方式帮助学生成长，成为自己。因此，"迷恋学生的成长"是教师职业生活的主题，教师在迷恋学生成长的过程中，德性的教师无时无刻不在关心、关注、期待、回应学生成长的需要，调动自己一切能量使学生不仅学会而且会学、乐学。学生学得快乐，教师快乐着学生的快乐；学生幸福，教师幸福着学生的幸福，也经历着自己成长的幸福，这就是教师德性实践给以教师最好的馈赠。

　　教师德性的实践造就了教师教育过程的幸福。教师教育过程的幸福包括教师工作过程中享受工作带给他的幸福和学生幸福地学两个方面的内容。这两个内容是紧密相关的，教师工作直接指向学生，既要让学生当下幸福地学又为学生以后幸福生活打下基础，而学习过程中的幸福既是作为人存在本身的需要，也要为未来可以继续地拥有幸福生活做好准

[①]　《亚里士多德全集》（第8卷），苗力田译，中国人民大学出版社1992年版，第310页。

备。所以幸福是教育的实然和应然的教育目的，是教育德性所指向的"善"，是目的善、过程善也是结果善。为此，教师德性的实践既是为了幸福也应该是在幸福的过程中引向师生的更加幸福生活的实践。

什么是幸福，不同的人有不同的理解和感受。一种幸福观认为幸福在于与神同行。还有认为感官物欲的满足是幸福。也有人把灵魂合德性的生活才称为幸福……不论怎样定义幸福，幸福总归是作为主体的人，把客体（对象）变为自我一部分的那种满足状态。所以本研究把幸福理解为主客体交往过程中，客体变为主体一部分时，主体获得的那种状态，是人的本质力量实现时的那种状态称为幸福。幸福必然伴有快乐，但快乐显然不能等同于幸福，幸福也不意味着没有痛苦。快乐是消费性，因而是短暂的，而幸福则不然，虽然幸福伴有快乐但是比快乐更长久，幸福可以超越时空对人形成持久的精神愉悦，它不会随时间消逝，可以与人终身相伴，因而幸福可以成为人终身的价值追求目标。

教师德性是实现教师幸福的手段，教师德性创造了师生教育过程的幸福。教师德性是教师功能的出色发挥。教师行使教育功能时，需要面对的客体有：教材（知识）、教法、学生、同事、家长、教具等等，也即是进入教育世界，为促进学生发展，教师需要接触的对象都是教师认识和需要把握的客体，与这些客体相交往都是为服务学生成长。因而在这个过程中教师德性就体现在教师与这些客体交往时，能把客体变为自身的力量，使它们能成为教师功能出色发挥的一部分，这个过程就是主客体相互融合统一的过程，是客体主体化的过程。因此这个过程以主体不断地去提高自身的主动性、积极性，去能动地提高主体自身的普遍性。所谓主体的普遍性是指主体把越来越多的客体变成自身生活与活动的一部分，使主体赖以生活的对象范围越来越广阔。① 主体普遍性的发展水平决定着其所能掌握的客体的层次、范围、程度；反过来，后者也反映主体的普遍水平。所以这个过程是主体客体化与客体主体化辩证统

---

① 夏甄陶：《认识的主—客体相关原理》，湖北教育出版社1996年版，第235页。

一的过程。在高度的普遍性实现之时，主客体因高度融合、统一而合二为一，解决了对立实现了人与人、人与物、人与自然的和谐，因此这个时候的人是游刃有余的自由人，是幸福的人。所以，幸福对教师而言并非遥不可及，幸福随时伴随教师左右。当教师成功设计了一套教案时，教材内容变成了教师力量的一部分时，教师收获了其中的幸福；当教师对学生的帮助被肯定时，教师看到学生的成长时，教师是幸福的。"我觉得能跟孩子有心灵交流。教师从孩子身上汲取很多的快乐。我觉得最快乐的是我的想法通过学生展现出来了，这种快乐是其他职业所不能比拟的！"① 当教师在困难中不知道如何处理一个教学难题时，同事的帮助让他渡过了难关，这时教师是幸福的；当教师处于困境中，学生的体谅、关心，这是教师幸福的时刻。"我的咽喉炎是老毛病，教学这十多年，几乎每年都要犯一次这个职业病，但是令人欣慰的是每一年犯病的时候总是我最幸福的时候，有孩子送上的润喉片、有家长煮的银耳汤、有孩子从家里带来梨子等等，而且孩子们知道我说话不方便，都特别配合我用手势开展教学。能遇到这么多的好学生、好家长是我的幸福，也是支持我一直走下去的幸福力量来源。"② 所以说，教师德性就是教师把自己的主体性发挥越充分，其对客体做用力就越大，就越能产生强大反作用力，这种反作用力是客体主体化后产生的力量，它就是"幸福"，是教师德性所创造的幸福。

教师德性的实践造就了教师教育结果的幸福。从某种意义上说，教师德性实现时就伴随着幸福，这种幸福是德性所带来的结果，过程与结果是一致的。这里需要特别强调的是教育结果的幸福，是针对幸福的超越时空性、精神性而言的。幸运的学生遇到一个"好老师"会影响学生一辈子，这个学生也会把教师的"好"一辈子记在心里。教师的"好"无非就是当时帮助了学生、影响了学生或者改变了学生，这种

① 檀传宝、班建武：《绿色教育师德修养：做一个配享幸福的教育家》，北京师范大学出版社 2014 年版，第 66 页。
② 案例来源于 A 校教师的访谈记录。

"好"也就是教师功能发挥得好，而它所带来的幸福体验却永久地留在了学生心里。另外对教师而言，教师德性实现意味着在自己的努力下，学生在他的帮助下健康成长，学生的身上延续着教师的力量，教师看到学生的成人，获得的欣慰既是对孩子们成人的高兴，也是对自己努力的肯定和认同，借着学生，教师实现了自我作为人存在的意义和价值，这种结果的影响是久远的，因而教师的幸福也是持久的。

参考文献

论著

（一）中文论著

《论语》，陈晓芬译注，中华书局 2016 年版。

《孟子》，万丽华、蓝旭译注，中华书局 2016 年版。

《诗经》，中华书局 2006 年版。

《左传》，中华书局 2006 年版。

Strauss，A & Cobian，J.：《质性研究入门：扎根理论研究方法》，吴芝仪，廖梅花译，嘉义涛石文化 2001 年版。

包利民：《生命与逻辑》，东方出版社 1996 年版。

晁乐红：《中庸与中道——先秦儒家与亚里士多德伦理思想比较研究》，人民出版社 2010 年版。

陈桂生：《教育原理》，华东师范大学出版社 2012 年第 3 版。

陈建淼：《"师生双主体"办学思想的区域实践》，人民日报出版社 2011 年版。

陈建翔、王松涛：《新教育：为学习服务》，教育科学出版社 2002 年版。

陈向明等：《搭建实践与理论之桥——教师实践性知识与研究》，教育科学出版社 2011 年版。

陈向明：《质的研究方法与社会科学的研究方法》，教育科学出版社 2000 年版。

陈友松主编：《当代西方教育哲学》，教育科学出版社 1982 年版。

成有信：《教育学原理》，大象出版社 1993 年版。

程颐：《河南程氏遗书》（卷第七），国家图书馆出版社 2003 年版。

单中惠：《西方教育问题史》，人民教育出版社 2011 年版。

邓晓芒：《中西文化心理比较讲演录》，人民出版社 2013 年版。

丁钢：《文化的传递与嬗变》，上海教育出版社 1990 年版。

冯契：《认识世界和认识自己》，华东师范大学出版社 1996 年版。

葛兆光：《中国思想史》（第一卷），复旦大学出版社 2014 年版。

《鬼谷子》，中华书局 2016 年版。

韩愈：《韩昌黎文集校注》，上海古籍出版社 2014 年版。

何怀宏：《伦理学是什么》，北京大学出版社 2015 年版。

何齐宗：《教育原理与艺术》，中国社会科学出版社 2004 年版。

华东师大教育系、浙江大学教育系：《西方古代教育论著选》，人民教
　　育出版社 2001 年版。

黄向阳：《德育原理》，华东师范大学出版社 2000 年版。

江畅：《西方德性思想史概论》，人民出版社 2017 年版。

教育部师范教育司：《教师专业化的理论与实践》（修订版），人民教育
　　出版社 2003 年版。

金一鸣：《教育原理》，安徽教育出版社 1995 年版。

金哲、邓伟志：《21 世纪世界预测》，上海文化出版社 1996 年版。

瞿葆奎主编，徐勋、施良方选编：《教育学文集 教学》（上册），人民
　　教育出版社 1988 年版。

联合国教科文组织：《反思教育：向"全球共同利益"的理念转变?》，
　　联合国教科文组织总部中文科译，教育科学出版社 2017 年版。

联合国教科文组织国际教育发展委员会编著：《 学会生存——教育世界
　　的今天和明天》，华东师范大学比较教育研究所译，教育科学出版社
　　1996 年版。

梁漱溟：《中国文化要义》，上海人民出版社 2011 年版。

刘次林：《幸福教育论》，人民教育出版社 2003 年版。

刘次林：《以学定教——道德教育的另一种思路》，教育科学出版社 2008 年版。

刘铁芳：《走在教育的边缘》，华东师范大学出版社 2006 年版。

刘云祖：《从传统到现代——当代中国社会转型研究》，湖北人民出版社 2000 年版。

马秋帆编：《梁漱溟教育论著》，人民教育出版社 1994 年版。

《毛泽东选集》（第 2 卷），人民出版社 1952 年版。

牟宗三：《生命的学问》，广西师范大学出版社 2005 年版。

钱穆：《现代中国学术论衡》，九州出版社 2012 年版。

全国十二所重点师范大学联合编写：《教育学基础》，教育科学出版社 2014 年第 3 版。

阮新邦、林瑞：《解读沟通行动论》，上海人民出版社 2003 年版。

石中英：《知识转型与教育改革》，教育科学出版社 2002 年版。

宋希仁：《西方伦理思想史》（上卷），中国人民大学出版社 1985 年版。

孙正聿：《哲学修养十五讲》，北京大学出版社 2004 年版。

檀传宝、班建武：《绿色教育师德修养：做一个配享幸福的教育家》，北京师范大学出版社 2014 年版。

檀传宝等：《走向新师德——师德现状与教师专业道德建设研究》，北京师范大学出版社 2009 年版。

檀传宝：《教师伦理学专题——教育伦理范畴研究》，北京师范大学出版社 2000 年版。

唐汉卫：《教育学基础》，山东人民出版社 2010 年版。

田文：《教育学》，哈尔滨工业大学出版社 1997 年版。

万俊人：《现代西方伦理学史》，北京大学出版社 1992 年版。

万俊人：《现代性的伦理话语》，黑龙江人民出版社 2002 年版。

王道俊、郭文安：《教育学》，人民教育出版社 2009 年版。

王道俊、扈中平：《教育原理》，福建教育出版社 1998 年版。

王国银：《德性伦理研究》，吉林人民出版社 2006 年版。

王海明：《伦理学导论》，复旦大学出版社 2009 年版。

王华：《美德论——传统美德与当代公民道德建设研究》，山东人民出版社 2002 年版。

王荣德：《教师职业伦理》，重庆大学出版社 2013 年版。

汪子嵩：《亚里士多德关于本体的学说》，人民出版社 1983 年版。

吴安春：《德性教师论》，人民教育出版社 2003 年版。

吴菲：《不跪着教书》，华东师范大学出版社 2004 年版。

夏甄陶：《认识的主—客体相关原理》，湖北教育出版社 1996 年版。

熊川武：《反思性教学》，华东师范大学出版社 1999 年版。

熊川武、江玲：《理解教育论》，教育科学出版社 2005 年版。

荀子：《荀子》，北京中华书局 2006 年版。

严元章：《中国教育思想源流 》，生活·读书·新知三联书店 1993 年版。

杨斌编：《什么是真正的教育——50 位大师论教育》，福建教育出版社 2010 年版。

杨林国：《追寻教师美德：斯霞教师德性解读》，东南大学出版社 1970 年版。

杨林国：《追寻教师美德：斯霞教师德性解读》，东南大学出版社 2007 年版。

杨启亮主编：《追求合适：基础教育课程与教学变革》，南京师范大学出版社 2011 年版。

杨韶刚：《西方道德心理学的新发展》，上海教育出版社 2007 年版。

叶澜：《教育概论》，人民教育出版社 1999 年版。

叶澜：《教育理论与学校实践》，高等教育出版社 2000 年版。

夷夏：《梁启超讲演集》，河北人民出版社 2004 年版。

于淑云、黄友安：《教师职业道德、心理健康和专业发展》，首都师范大学出版社 2007 年版。

余秋雨：《世界华文散文精品·余秋雨卷》，广州出版社 2000 年版。

余维武、朱丽：《教师的职业道德素养》，福建教育出版社 2011 年版。

余闻婧：《教师的操心》，华东师范大学出版社 2015 年版。

张纯美、洪静媛：《中外教育思想荟萃》，上海文化出版社 2014 年版。

张道勤：《直解：书经》，浙江文艺出版社 1997 年版。

张焕庭主编：《西方资产阶级教育论著选》，人民教育出版社 1964
　　年版。

赵汀阳：《论可能的生活》，中国人民大学出版社 2010 年版。

郑杭生：《社会学概论新修》，中国人民大学出版社 1994 年版。

郑金州：《教育通论》，华东师范大学出版社 2000 年版。

钟启泉：《课程的逻辑》，华东师范大学出版社 2008 年版。

钟文芳：《西方近代初等教育史》，上海科技教育出版社 2006 年版。

周辅成：《西方伦理学名著选辑》（上卷），商务印书馆 1987 年版。

周洪宇等：《第三次工业革命与中国教育变革》，湖北教育出版社 2014
　　年版。

朱熹：《四书章句集注》，中华书局 2011 年版。

朱熹：《朱子语类》，中华书局 1986 年版。

朱小蔓：《教育职场：教师的道德成长》，教育科学出版社 2004 年版。

朱小蔓：《情感德育论》，人民教育出版社 2006 年版。

［巴西］保罗·弗莱雷：《被压迫者教育学》，华东师范大学出版社
　　2014 年版。

［德］恩斯特·卡西尔：《人论》，甘阳译，上海译文出版社 2004 年版。

［德］哈贝马斯：《后形而上学》，曹卫东等译，译林出版社 2001 年版。

［德］海德格尔：《存在与时间》，陈嘉映译，生活·读书·新知三联书
　　店 2006 年版。

［德］海德格尔：《路标》，孙周兴译，商务印书馆 2000 年版。

［德］赫尔巴特：《普通教育学》，李其龙译，浙江教育出版社 2002
　　年版。

［德］黑格尔：《法哲学原理》，商务印书馆1979年版。

［德］黑格尔：《美学》（第一卷），朱光潜译，商务印书馆1996年版。

［德］黑格尔：《哲学史演讲录》（第二卷），贺麟、王太庆译，商务印书馆1995年版。

［德］尼采：《疯狂的意义》，周国平译，天津人民出版社2007年版。

［德］席勒：《审美教育书简》，张玉能译，译林出版社2009年版。

［法］涂尔干：《道德教育》，陈光金、沈杰、朱谐汉译，上海人民出版社2001年版。

［古希腊］赫西阿德：《工作与时日·神谱》，张竹明、蒋平译，商务印书馆1991年版。

［古希腊］亚里士多德：《尼各马科伦理学》，苗力田译，中国社会科学出版社1990年版。

［古希腊］亚里士多德：《尼各马可伦理学》，邓安庆译，人民出版社2010年版。

［古希腊］亚里士多德：《尼各马可伦理学》，廖申白译，商务印书馆2013年版。

［古希腊］亚里士多德：《物理学》，张竹明译，商务印书馆1992年版。

［古希腊］亚里士多德：《亚里士多德全集》（第八卷），苗力田译，中国人民大学出版社1991年版。

［古希腊］亚里士多德：《亚里士多德全集》（第九卷），颜一译，中国人民大学出版社1994年版。

［古希腊］亚里士多德：《亚里士多德全集》（第三卷），秦典华译，中国人民大学出版社1994年版。

［古希腊］亚里士多德：《亚里士多德全集》（第四卷），颜一译，中国人民大学出版社1996年版。

［荷］斯宾诺莎：《伦理学》，贺麟译，上海人民出版社2009年版。

［加］大卫·杰弗里·史密斯：《全球化与后现代教育学》，郭洋生译，教育科学出版社2000年版。

［加］马克斯·范梅南：《教学机智—教育智慧的意蕴》，教育科学出版社2001年版。

［加］马克斯·范梅南：《生活体验研究》，宋广文等译，教育科学出版社2003年版。

［加］迈克尔·富兰：《变革的力量——透视教育改革》，教育科学出版社2004年版。

［美］A. J. 赫舍尔：《人是谁》，隗仁莲译，贵州人民出版社1994年版。

［美］R. 基思·索耶：《剑桥学习科学手册》，徐晓东等译，教育科学出版社2010年版。

［美］阿拉斯代尔·麦金太尔：《伦理学简史》，龚群译，商务印书馆2003年版。

［美］埃里希·弗洛姆：《弗洛姆行为研究讲稿》，吴生军编译，北方妇女儿童出版社2004年版。

［美］埃里希·弗洛姆：《为自己的人》，生活·读书·新知三联书店1988年版。

［美］费兰克·梯利：《伦理学导论》，何意译，广西师范大学出版社2001年版。

［美］古德曼：《社会学导论》，卢岚兰译，中国台北桂冠图书公司1996年版。

［美］汉娜·阿伦特：《反抗"平庸之恶"》，陈联营译，上海人民出版社2014年版。

［美］汉娜·阿伦特：《人的境况》，王寅丽译，上海人民出版社2009年版。

［美］黑泽尔·E. 巴恩斯：《冷却的太阳———一种存在主义伦理学》，万俊人等译，中央编译出版社1999年版。

［美］肯尼斯·A. 斯特赖克、乔纳斯·F. 索尔蒂斯：《教学伦理》，教育科学出版社2007年第4版。

［美］理查德·克劳特（Richard Kraut）主编：《布莱克维尔〈尼各马可伦理学〉指南》，刘玮、陈玮译，北京大学出版社 2014 年版。

［美］罗伯特·诺齐克：《无政府、国家和乌托邦》，姚大志译，中国社会科学出版社 2008 年版。

［美］马格丽特·赫姆莉、帕特丽夏·F. 卡利尼编：《从另一个视角看：儿童的力量和学校标准——"展望中心"之儿童叙事评论》，仲建维译，高等教育出版社 2005 年版。

［美］马克林、诺尔士主编：《道德发展心理学》，方能御译，台湾商务印书馆 1993 年版。

［美］麦金太尔：《德性之后》，龚群等译，中国社会科学出版社 1995 年版。

［美］内尔·诺丁斯：《学会关心——教育的另一种模式》，于天龙译，教育科学出版社 2003 年版。

［美］诺尔曼·丹森：《论情感》，魏中军、孙安迹译，辽宁人民出版社 1989 年版。

［美］索尔蒂斯：《教育的定义》，转引瞿葆奎《教育学文集：教育与教育学》，人民教育出版社 1993 年版。

［美］唐·库什曼、卡恩：《人际沟通论》，宋晓亮译，知识出版社 1989 年版。

［美］托马斯·雅诺斯基：《公民与文明社会》，柯雄译，辽宁教育出版社 2000 年版。

［美］亚伯拉罕·马斯洛：《动机与人格》，许金声等译，中国人民大学出版社 2007 年版。

［美］余纪元：《亚里士多德伦理学》，中国人民大学出版社 2011 年版。

［美］约翰·杜威：《民主主义与教育》，王承绪译，人民出版社 1990 年版。

［美］约翰·杜威：《学校与社会·明日之学校》，赵祥麟等译，人民教育出版社 1994 年版。

［日］佐藤学：《静悄悄的革命》，李季湄译，长春出版社 2003 年版。

［日］佐藤学：《课程与教师》，钟启泉译，教育科学出版社 2004 年版。

［苏］B. A. 苏霍姆林斯基：《给教师的建议》，杜殿坤编译，教育科学
　　出版社 1984 年版。

［苏］巴班斯基：《教育学》，李子卓、杜殿坤、吴文侃译，人民教育出
　　版社 1986 年版。

［苏］《列宁全集》（第五卷），人民出版社 1985 年版。

［苏］马卡连柯著，吴式颖等编：《马卡连柯教育文集》下，人民教育
　　出版社 1985 年版。

［苏］契尔那葛卓娃等：《教师道德》，华东师范大学出版社 1982 年版。

［西］萨瓦特尔：《教育的价值》，李丽、孙颖屏译，北京大学出版社
　　2012 年版。

［英］安东尼·吉登斯：《现代性与自我认同》，生活·读书·新知三联
　　书店 1998 年版。

［英］戴维·伯姆：《论对话》，李·尼科编，王松涛译，教育科学出版
　　社 2004 年版。

［英］罗素：《伦理学和政治学中的人类社会》，肖巍译，中国社会科学
　　出版社 1992 年版。

［英］罗素：《西方哲学史》（上），何兆武、李约瑟译，商务印书馆
　　1963 年版。

［英］罗素：《幸福之路》，吴默朗，金剑译，中央编译出版社 2008
　　年版。

［英］马尔霍尔·海德格尔：《存在与时间》，亓校盛译，广西师范大学
　　出版社 2007 年版。

［英］约翰·怀特海：《教育的目的》，徐汝舟译，生活·读书·新知三
　　联书店 2014 年版。

［英］约翰·怀特海：《思维方式》，刘放桐译，商务印书馆 2010 年版。

［英］约翰·怀特海：《再论教育目的》，李永宏等译，教育科学出版社

1997 年版。

（二）外文论著

Alexander Crant, *The Ethics of Aristole*, Vol. I, London, Longmans, Green, and Co., 1885.

B. Williams, *Ethics and the Limits of Philosophy*, Cambridge MA: Harvad University Press, 1986.

Cf. Edward Shils, *Reflections on Civil Society and Civility in the Chinese Intellectual Tradition*, Edited by TuWei-ming, Harvard University Press, CambridgeMassachusetts, London, England, 1996.

Chris Higgins, *The Good Life of Teaching*, Wiley-Blackwell, 2007.

David T. Hansen, *Exploring the Moral Heart of Teaching*, Teachers College Press, 2001.

Freire, Paulo, *Pedagogy of the City*, New York Continuum, 1993.

Grossman, P. L., "Teacher's Knowledge", in L. W. Anderson ed. *Inernational Encyclopedia of Teacher Education*, Kidlington, Oxford, UK: Elsevier Science Ltd, 1995.

Hare, W., *What makes a good teacher?*, Ontario: The Althouse Press, 1993.

NcNeil, J. D., "Politicsof Teacher Evaluation", in J. Millmaned. *Handbook of Teacher Evaluation*, Beverly Hills Sage, 1981.

R. S. Peters, *Ethics and Education*, London, George Allen and Unwin, 1966.

SharanB. Merriam. *Qualitavive reserch: a guid to design and implementation*, San Francisco: Josey-Bass, 2009.

Sockett, H., *The Moral Base forTeacher Professionalism*, Teachers College Press, 1993.

工具书

《中国大百科全书·哲学卷》，中国大百科全书出版社 1987 年版。

冯契：《哲学大辞典》，上海辞书出版社 1992 年版。

顾明远：《教育大辞典》（增订本），上海教育出版社 1997 年版。

罗念生、水建馥：《古希腊语汉语词典》，商务印书馆 2004 年版。

中国社会科学院语言研究所词典编辑室编：《现代汉语词典》（第 6
版），商务印书馆 2012 年版。

论文

（一）中文论文

敖艳：《正确认识自我，让自己真正成为名师》，《贵州教育》2016 年
第 11 期。

保罗·韦地：《好教师的素质》，《教学与管理》2000 年第 4 期。

毕田增：《教育生命视域下的教师专业发展论纲（一）》，《黑龙江教育
学院报》2006 年第 1 期。

陈桂梅：《教师角色的"变"与"不变"》，硕士学位论文，陕西师范
大学，2006 年。

陈凯、檀传宝：《教师自我的隐蔽、浮现与彰显——论新中国教师角色
的历史变迁》，《当代教师教育》2010 年第 4 期。

陈淑珍、薛海滨：《临沂市中小学生身体健康状况调查分析》，《临沂医
专学报》2000 年第 1 期。

陈向明：《从师生关系看教育的本质》，《教育学术月刊》2014 年第
11 期。

成尚荣：《名师的基质》，《人民教育》2008 年第 8 期。

成有信：《社会主义教育本质是大生产性与阶级性的统一》，《北京师范
大学学报》1980 年第 10 期。

程大琥：《试论名师的基本特征》，《中国教育学刊》2000 年第 6 期。

程龙：《安徽省中小学生心理健康状况调查》，《中国校医》2009 年第
4 期。

邓志伟：《促进新课程实施过程中的教师角色转变》，《全球教育展望》
2005 年第 9 期。

丁钢：《基于技术的教学：如何重新定位教师角色》，《现代远程教育研究》2017 年第 3 期。

丁立群：《亚里士多德实践哲学中的德性与实践智慧》，《道德与文明》2012 年第 5 期。

段作章、傅岩：《教育的本质究竟是什么》，《学术研究》1983 年第 3 期。

范永丽：《山西省中小学生心理健康状况调查研究》，《教育理论与实践》2012 年第 16 期。

冯国芳：《当代大学生心目中的好教师形象》，《思想·理论·教育》2001 年第 6 期。

冯建军：《论教师生命发展的策略》，《当代教育科学》2006 年第 10 期。

傅淳华、杜时忠：《论学校制度情境中的教师平庸之恶》，《教师教育研究》2013 年第 7 期。

龚群：《麦金太尔的德性伦理观》，《伦理学研究》2009 年第 4 期。

龚郑勇：《草根教师的日常困境：被道德化与被计量化》，《青年教师》2011 年第 11 期。

巩建华：《国外教师角色研究述评》，《上海教育科研》2011 年第 10 期。

顾明远：《教育的本质就是生命教育》，《课程·教材·教法》2013 年第 9 期。

郭建如：《社会变迁、教育功能多元化与教育系统的分化：全球的视野》，《教育学术月刊》2010 年第 10 期。

何良安：《为了幸福——亚里士多德德性伦理研究》，博士学位论文，复旦大学，2007 年。

洪菲菲：《教师主体地位的"虚"让出》，《中小学数学》（小学版）2015 年第 3 期。

胡金平：《从教师称谓的变迁看教师角色与知识结构的转变》，《南京师大学报》（社会科学版）2007 年第 3 期。

黄伟：《教学对话中的师生话语权——来自课堂的观察研究》，《教育研究与实验》2009 年第 6 期。

黄伟：《教学对话中的师生话语权——来自课堂的观察研究》，《教育研究与实验》2009 年第 6 期。

姜立东：《赏识教育应该有原则性》，《中小学管理》2010 年第 10 期。

金生鈜：《何为好教师？——论教师的道德》，《中国教师》2008 年第 1 期。

乐先莲：《教师与知识——教师角色的知识社会学分析》，《全球教育展望》2006 年第 8 期。

雷鸣强：《教育的本质是主体间的文化传递》，《教育科学》1998 年第 4 期。

李长伟：《何为教育智慧——从亚里士多德实践智慧的角度分析》，《教育理论与实践》2013 年第 7 期。

李方安：《论教师自我发展》，《教育研究》2015 年第 4 期。

李怀君：《本质在关系中——关于哲学结构主义断想》，《探索》1986 年第 5 期。

李君、高峰：《从教育的起源看教育的本质》，《改革与开放》2016 年第 8 期。

李克敬：《关于教育本质讨论的情况》，《中国社会科学》1980 年第 4 期。

李影：《"好教师"：基于家长视角的调查与分析》，硕士学位论文，西北师范大学，2011 年。

廖全明：《我国中小学生心理健康问题的研究进展》，《保健医学研究与实践》2007 年第 4 期。

廖申白：《德性的"主体性"与"普遍性"——基于孔子和亚里士多德的观点的一种探讨》，《中国人民大学学报》2011 年第 6 期。

刘彩琴：《魏书生的教育人生》，《人民教育》2013 年第 5 期。

刘次林：《从教育的矛盾性和目的性看教育的本质》，《株洲教育学院学报》（综合版）1998 年第 2 期。

刘次林：《师德之反思：德性视角》，《教育发展研究》2015 年第 15 期。

刘俊娉：《从教师隐喻的变化看教师角色变迁》，《基础教育》2008 年第 4 期。

刘丽群：《路径依赖：教师角色转变的深层困境》，《教育学术月刊》2012 年第 6 期。

刘良华：《教师自传中的个人知识：关于"好教师"的调查研究》，《北京大学教育评论》2008 年第 1 期。

刘宗南：《论教师专业发展的德性之维》，《教育研究与实验》2010 年第 6 期。

卢曲元：《论教育的本质——兼评"教育是阶级斗争的工具"》，《湖南师院学报》（哲学社会科学版）1979 年第 5 期。

鲁芳：《欲望与人的价值实现》，《吉首大学学报》（社会科学版）1998 年第 1 期。

鲁洁：《教育：人的自我建构的实践活动》，《教育研究》1998 年第 7 期。

鲁洁：《教育本质试探》，《教育研究与实验》1984 年第 8 期。

鲁洁：《做成一个人——道德教育的根本指向》，《教育研究》2007 年第 11 期。

马文珠、栗洪武：《"成为你自己"：教师教育信仰的价值归依》，《基础教育》2017 年第 6 期。

梅云霞：《优秀教师专业成长的动因——基于 2009 年〈小学语文教师·人物〉的内容分析》，《教育理论与实践》2010 年第 9 期。

孟庆霞：《习近平教育公平思想的内核及民生价值》，《黑龙江教育学院学报》2018 年第 2 期。

苗小军：《教育即对话》，博士学位论文，西南大学，2011 年。

聂敏里：《亚里士多德论理智德性》，《世界哲学》2015 年第 1 期。

裴亚丁：《新课改中的"中年教师困境"：问题、原因与对策——以 Y 小学为例》，硕士学位论文，华中科技大学，2011 年。

彭玉玲、郭家芳：《浅谈教师的素质》，《教师育人》1999 年第 10 期。

沈骑：《困惑·理解·误构——基于后现代知识观的教师角色研究》，《教育发展研究》2008 年第 2 期。

石中英：《当代知识的状况与教师角色的转变》，《高等师范教育研究》1998 年第 6 期。

宋兵波：《简论教师主体》，《河北师范大学学报》（教育科学版）2001 年第 12 期。

孙亚玲等：《中美优秀教师的教学理念及行为比较》，《教育科学研究》2015 年第 2 期。

谭继培：《教育即建构——教育建构论》，硕士学位论文，西南大学，2011 年。

谭伟：《论教育的本质及教育技术的历史使命》，《中国电化教育》2017 年第 6 期。

檀传宝：《提升教师德性配享教育幸福》，《中小学德育》2013 年第 1 期。

唐爱民：《道德成长：教师专业成长不能遗失的伦理维度》，《课程·教材·教法》2010 年第 2 期。

唐热风：《亚里士多德伦理学中的德性与实践智慧》，《哲学研究》2005 年第 5 期。

陶志琼：《关于教师德性的研究》，《华东师范大学学报》（教育科学版）1999 年第 1 期。

田虎、贾玉霞：《基础教育教师培训的问题探源与体制改革——基于对 X 省参培教师的调查分析》，《当代教师教育》2016 年第 12 期。

田慧生：《时代呼唤教育智慧及智慧型教师》，《教育研究》2005 年第 2 期。

王晨、陈雯：《"善治"中的教育建构———亚里士多德〈政治学〉解读》，《高校教育管理》2008 年第 5 期。

王凯：《教学作为德性实践》，博士学位论文，华东师范大学，2008 年。

王立华：《对好教师的角色追寻》，《当代教育科学》2008 年第 4 期。

王丽、马建富：《中小学生心目中好教师的特征》，《江苏技术师范学院学报》2010 年第 2 期。

王丽君：《教师角色变迁的历史透视》，《中国高等教育》2006 年第 8 期。

王能昌、海默：《亚里士多德的德性论》，《南昌大学学报》（人社版）2001 年第 10 期。

王沛、关文军、王阳：《中小学教师教育教学能力的内涵与结构》，《课程·教材·教法》2010 年第 6 期。

王升、赵双玉：《论一般教师向优秀教师的转变》，《教育研究》2008 年第 8 期。

王彤：《教育智慧：教师诗意的栖息地》，《社会科学家》2002 年第 2 期。

王艳：《教师道德反思——从教师德性和教师职业道德关系角度分析教师德性建设》，《天津市教科院学报》2008 年第 8 期。

王子淳：《学会做人：教育的本质》，《淮阴工学院学报》2005 年第 12 期。

旺明帅：《好教师的关键特征——2003—2012 美国年度教师解读》，《教育发展研究》2012 年第 24 期。

毋丹丹：《传统教师德性的现代诠释》，博士学位论文，西南大学，2013 年。

吴康宁、程晓樵、吴永军、刘云杉：《教师课堂角色类型研究》，《教育研究与实验》1994 年第 4 期。

吴耀武：《当代教师角色转换的困境及其出路》，《陕西师范大学学报》（哲学社会科学版）2016 年第 1 期。

吴颖芳：《认识你自己：自我研究对教师专业发展影响的个案研究》，
《当代教育研究》2013 年第 15 期。

吴忠民：《20 世纪中国社会转型的基本特征分析》，《学海》2003 年第
3 期。

夏立容：《信息时代的标准及特征》，《自然辩证法研究》1998 年第
8 期。

谢翌、黄波、齐新林：《学生生活体验中的好教师：现象学视角》，《当
代教师教育》2016 年第 9 期。

徐廷福：《论我国教师专业伦理的建构》，《教育研究》2006 年第 7 期。

徐玉珍：《论"好教师"——"教师评价"的评价》，《课程·教材·
教法》1997 年第 11 期。

许晓璠：《认识自我的途径：内省和他人反馈》，硕士学位论文，西南
大学，2016 年。

薛晓阳：《教师教育的理想：技术标准亦或道德信仰》，《教师教育研
究》2016 年第 6 期。

严玉梅：《论中外电影中的优秀教师形象》，硕士学位论文，福建师范
大学，2016 年。

杨国荣：《实践智慧》，《中国社会科学》2012 年第 4 期。

杨国荣：《物·势·人——叶适哲学思想研究》，《南京大学学报》（哲
社版）2011 年第 2 期。

杨国荣：《意义世界的生成》，《哲学研究》2010 年第 1 期。

杨继利：《关注教师作为一个完整的人的生存与发展》，《中国教育学
刊》2015 年第 12 期。

杨建朝：《论传统文化视域下的教师德性培育》，《当代教育科学》2015
年第 20 期。

杨乐强、夏海：《教育的生存论维度及其启示》，《武汉大学学报》（哲
学社会科学版）2014 年第 11 期。

杨启亮：《规约与释放：教学实践智慧的选择》，《教育理论与实践》

2002 年第 11 期。

易连云、毋丹丹：《论关系存在中当代教师德性的消解与回归》，《教育
　学报》2012 年第 10 期。

余宏亮：《教师角色焦虑的三维透视》，《全球教育展望》2016 年第
　7 期。

余卫东：《"认识自己"的三面镜子》，《哲学研究》2012 年第 12 期。

俞宣孟：《"本质"观念及其生存状态分析——中西哲学比较的考察》，
　《学术月刊》2010 年第 7 期。

岳欣云：《"迷失"与"回归"——试论教师自我意识对教师生命发
　展的作用》，《当代教育科学》2006 年第 8 期。

张爱琴、谢利民：《教师角色定位的本质透视》，《教育评论》2002 年
　第 5 期。

张传萍：《师生教学关系走向：从主客体走向主体间交往》，《襄樊学院
　学报》2001 年第 12 期。

张传有、刘科：《明智——一个道德的人必备的理智德性》，《南京理工
　大学学报》（社会科学版）2004 年第 8 期。

张旦生、张振该：《间接规制：师德治理的有效路径》，《中小学管理》
　2015 年第 4 期。

张华：《教师角色的迷失与澄明》，《西南大学学报》2010 年第 3 期。

张剑抒：《人的二重性存在与自由维度的开启》，《社会科学战线》2007
　年第 1 期。

张杰：《幼儿教师专业伦理困境研究》，博士学位论文，西南大学，
　2015 年。

张凌洋、易连云：《专业化视域下的教师专业道德建设》，《教育研究》
　2014 年第 4 期。

张楠楠：《教师公正德性的养成与实现》，硕士学位论文，山西大学，
　2012 年。

张人杰：《教师角色冲突解决方法的教育社会学研究之批判》，《华东师

范大学学报》（教育科学版）2007 年第 12 期。

张世英：《"本质"的双重含义：自然科学与人文科学——黑格尔、狄尔泰、胡塞尔之间的一点链接》，《北京大学学报》（哲学社会科学版）2007 年第 11 期。

张振改：《政策工具视角下师德分层治理的路径探索》，《教育科学研究》2015 年第 8 期。

张紫屏：《课堂有效教学的师生互动行为研究》，博士学位论文，上海师范大学，2015 年。

赵敏：《近 30 年我国师德建设伦理学思想的冲突与交融》，《教育研究》2011 年第 2 期。

赵书林：《什么是好教师》，《福建论坛》2007 年第 5 期。

赵旭东：《从社会转型到文化转型——当代中国社会的特征及其转化》，《中山大学学报》（社会科学版）2013 年第 3 期。

郑富兴：《好人与好教师》，《教育学报》2014 年第 10 期。

郑信军、吴琼琼：《论教师的教学伦理敏感性及其发展》，《教育研究》2013 年第 4 期。

钟启泉：《课堂话语分析刍议》，《全球教育展望》2013 年第 11 期。

钟祖荣：《论教育的本质及定义》，《高等师范教育研究》1991 年第 3 期。

周洪宇：《论第三次教育革命的基本特征及其影响》，《中国教育学刊》2017 年第 3 期。

周建平：《生命性教师德性：教师德性观的重建》，《当代教育论坛》2007 年第 10 期。

朱新卓、陈晓云：《教师职业的特殊性与专业性》，《高等教育研究》2012 年第 8 期。

卓德刚：《越俎代庖，勿言课堂话语权——以人教版小学数学"圆的面积"为例》，《新课程》2017 年第 5 期。

（二）英文论文

Fallona，Catherine，2000，Manner in teaching：a study in observing and interpreting teacher's moral virtues, *Teaching & Teacher education*, Vol. 16, No. 7.

H. Hansen, D. T., 1992, The emergence of a shared morality in a classroom, *Curriculum Inquiry*, Vol. 22, No. 4.

网络资源

百度文库：《北碚实验中学骨干教师管理办法》https：//wenku. baidu. com/view/b5009b47d15abe23492f4d1a. html，2022 年 2 月 18 日。

会昌县教育局：《关于评选和表彰 2012—2013 学年全县"优秀教师"、"优秀班主任"、"优秀教育工作者"的通知》，https：//ishare. iask. sina. com. cn/f/30IAWdVpLZF. html，2022 年 2 月 18 日

教育部：《2020 年全国教育经费执行情况统计快报》http：//www. moe. gov. cn/jyb_ xwfb/gzdt_ gzdt/s5987/202104/t20210427_ 528812. html，2022 年 2 月 21 日。

教育部：《2020 年全国教育事业发展统计公报 . 》http：//www. moe. gov. cn/jyb_ sjzl/sjzl_ fztjgb/202108/t20210827_ 555004. html，2022 年 2 月 21 日。

教育部：《教育部国家统计局财政部关于 2020 年全国教育经费执行情况统计公告》http：//www. moe. gov. cn/srcsite/A05/s3040/202111/t20211130_ 583343. html，2022 年 2 月 21 日。

石扉客：《读书为了赚大钱娶美女？解读尹建庭事件》，天涯论坛，http：//bbs. tianya. cn/post-140-262189-1. shtml，2022 年 2 月 17 日。

武安市第十一中学：《关于践行五种精神评选优秀教师、优秀教育团队实施方案》https：//www. docin. com/p-1397091515. html，2022 年 2 月 18 日。

习近平：《决胜全面建成小康社会 夺取新时代中国特色社会主义伟大胜利——在中国共产党第十九次全国代表大会上的报告》，新华网，http：//www. xinhuanet. com//politics/19cpcnc/2017 — 10/27/c_

1121867529. htm，2022 年 2 月 21 日。

报纸

习近平：《做党和人民满意的好教师——同北京师范大学师生代表座谈时的讲话》，《人民日报》2014 年 9 月 10 日第 2 版。

叶澜：《改善发展"生境"提升教师自觉》，《中国教育报》2007 年 9 月 15 日第 3 版。

于静靖：《"优秀教师"为何用紫外线灯照射孩子》，《新华每日电讯》2012 年 5 月 27 日第 4 版。

附　　录

附录一　教师访谈提纲

1. 请您阐述一下职前和职后对教师这一称谓的理解。
2. 请您分享自己从教以来最成功的一个教育案例。
3. 您心目中优秀的教师有怎样的表现？实现您所描绘的优秀状态，可以从哪些方面着手？
4. 您认为有哪些因素在助力教师成为优秀教师上发挥巨大作用？

附录二　教师日志

一　我被击败了（廖老师）

今天非常沮丧，沮丧的原因来自于自己的无力。这种无力感已经有一段时间了。对 A 我已经倾入了很多的时间和精力，可是他总不消停，每天都要找点事来考验我的智慧和耐性。因为父母离异，爸爸教育方式暴力，因为他调皮爸爸隔三差五把他打得皮开肉绽，我很可怜这孩子，但是他也让人嫌弃，因为他总喜欢用拳头打人。好几个家长都反映了自己孩子被 A 欺负了，遇到这种情况我得让他家长来，可是他爸爸总是说有事情，让年迈的奶奶来学校，每次奶奶都伤心地落泪让我多帮帮这孩子。的确 A 是一个很聪明的孩子，如果有良好的家教，应该可以成才的。所以一直以来我总是记住大学老师对我的教导，"不要放弃任何一个孩子，因为你的教鞭下可能有瓦特、爱迪生"。是的，我总想尽力把这孩子身上的坏习惯纠正过来。可是小 A，太让我失望了，前天还答应我中午好好午休，结果今天中午又在班上大闹天宫。虽然我作为他的班主任不到 2 年时间，但这已经是我当老师的第六个年头了，为什么个"问题学生"还是让我痛心疾首？好言好语的教育也进行了，惩罚也用过，为什么对他们都不奏效？我真是没有出路了，有时候我在想是不是我不适合做教师，我是很想成为一名好老师的，可是这个问题学生把我给击败了，我好累。

二　"以生为本"还有很长的路要走（刘老师）

今天以专家身份被青新小学邀请去听他们学校例行推门课。听了几节课下来，让我不免还是有些忧心忡忡。新课改"新"了吗？教师改了什么？哪些改变了？哪些没有改变？大学专家在轰轰烈烈地提出各种教学理念、模式和方法，而下面一线中小学还是实实在在落实教师一言堂。学生成为课堂学习的主人还远没有达到。国家发展需要文明的公民，而文明的公民产生于文明环境中生长的人。教师权威是必要的，但是教师权威以尊重学生为前提，不被尊重的儿童，没有习得和感受过尊重，如何能去尊重他人。"请尊重学生"！课堂教学过程中感受到的是教师的傲慢，神气，对学困生的鄙视和漠视。"把学生当人看"，作为教育者我们身上肩负着国家的重托，人民的期盼，孩子们的未来，教育和教师任重道远。

附录三　课堂观察实录

一　总也倒不了的老屋（三年级语文）2016 年 10 月 21 日

T：什么叫补丁？

S：破的地方补上了。（老师表扬了"学生说得很好"）

T：呈现老屋图片，老师让学生猜猜老屋多大了？

S：80，90，100 岁。

T：你们是怎么认定这幢老屋这么大年纪了？

学生们七嘴八舌，老师不住地表扬学生"你观察的真仔细""你分析的也很有道理"。

T：古老、孤独、破旧的老屋——与课题名称形成对比，为什么老屋总也倒不了？

S：小猫想寻求帮助（今晚有暴风雨）——老师归纳老屋遮风避雨。

T：老师在黑板书写暴（BAO）字，同时让学生观察书写暴字的书写方式，并组词，

S：学生组成"暴风雨""狂风暴雨"。

老师让学生读的时候加上动作、表情和语气一起来感受老屋的"老"，学生们朗读完毕。

T："孵"字怎么读，如何记住这个生字宝宝？

S：读作"fū"，由一个"卵"字加浮水的"浮"字一边就可以记住了。（老师表扬了该生说得很具体，并夸他是个识字小能手）

T：老母鸡找不到孵小鸡的地方心情会怎样？

S：很伤心、担心和害怕。

T：老师听出了你的害怕，老屋帮助小猫，所以老屋会帮助老母鸡（老师此时的预测需要有依据）我们也要学老屋当他人需要帮助时我们也一样善于助人（应该是乐于助人，该教师表达有误）

二 比较小数的大小复习课（三年级），2017 年 3 月 12 日

上课起立，学生背诵少年强则国强。

T：同学们，小数是我们身体的哪个部分？

S齐：我们的头。

T：那么头的左边和右边，是？

S齐：左边第一个位是个位数，表示几个几，左边第二位数是十位

数表示几个十，第三位数是几个百位数，表示几个百，等等；头右边的第一位是十分之一，第二位是百分之一，第三位是千分之一等等。

T："等等"说明了什么？老师自问自答，说明了无穷尽。

T：今天要学习比较数的大小，同学们翻开课本第40页，老师讲你们记录：1. 比较数大小，先要统一单位；2. 看他们整数部分，整数部分大的这个数就大；3. 整数部分相同的再看小数部分，先看十分位，十分位数大的这个数就大。（既然是复习课，为什么老师不让学生自己回忆巩固知识，而是始终是她一个在讲，同学负责记录。的确，学生很高效地知道了如何比较大小，但是学生自己不可以归纳吗？他们原来是如何比较的，他们是如何思维的，他们会出现怎样的错误，老师完全不关注学生所思所想，只是自己讲。）

T：讲完后，练一练，先认真读题。第一题谁来回答？

老师点到了左边第一排第二位同学；学生回答正确。

T：第二题，何权杰，您真的知道吗？这个时候其他同学都在交头接耳，并没有认真听何同学答题。（显然同学之间没有学会倾听，尊重他人）

学生何权杰同学坐最后一排中间位置，他答出了这题，老师说："不错说明这节课你听讲了"（带着讽刺口吻），这个时候有学生自己在下面讲习题答案，有几个同学所陈述的表达方式与该老师的不一样。这时老师发话了："吴老师没有说过的话不要乱说？"（不允许学生试误？为什么？是怕学生出错还是维护教师权威？）

T：第三题谁回答？刘小二，你回答？

学生刘小二是左边最后一排第一位的同学，不知道他是没有听到老师点名让他回答问题，还是本身就不屑于回答老师提问。

T：老师叫你，你不知道站起来吗？（吴老师语气生气和愤怒）此时，刘小二站起来了。

学生刘小二没有回答出来这个问题。老师又恶狠狠地加了一句"反正老师叫他，他也是不知道的"。（离下课时间还有二十多分钟学生刘

小二一直站着直至下课，其间老师没有让他坐下，也没有再让他回答问题）

T：齐读 0.48 小于 0.54，完成书本练习 10.

T：右边第五位同学回答"0.30 元 = 0.3 元，1.80 元 = 1.8 元"。

T：0.04 元是多少钱？0.4 元又是多少钱？

S 齐：0.04 元是 4 分钱，0.4 元是 4 角钱。

T：所以同学们不能随便去掉 0，否则会出现"违法"的事情，表述要精准，（这个时候为什么没有让学生讨论哪些 0 去掉了会影响数字大小，哪些 0 去掉不影响数字大小？）

T：做下面这题把相等的数连起来"。

S：4.40 元 = 4.400 元。

T：在 4.40 元后面再加 0 数字大小不变，那么哪些数字加 0 后数字大小会变呢？要想加 0 后数字大小不变又需要怎么做呢？（这几个是老师非常好的提问，它们能引发学生思考，区分哪些加 0 的情况会影响数字变化，哪些又不影响？此时老师从讲台边缘走到了教室中间，一个女学生一直盯着吴老师）。

T：为什么老师走到哪你盯到哪？（语气很凶）。

S 女生：专心听讲，为什么不可以跟着老师。

其他 S：她也想做老师。

T：9.00 是最简小数吗？9.00 = 9. 吗？

T：认真读题完成第四题。

T：李少仅，0.27 = 0.27 还要你写吗？（这个同学写了一个 0.27 = 0.27 老师用挖苦的语调）。

下课铃声响起。

致　谢

　　每次拿起前人的文本总是先翻看致谢，这是一种怎样的"德性"，到现在我都难以言说清楚，终于到自己写致谢的时候，又是一种怎样的"德性"？这"德性"与我论文所写的"德性"是否有关联。仔细思索它们之间是有关联的，我之所以喜欢看别人的致谢，其实是想从他人的成长历程中看到"向善"的力量，而正是这种"向善"的力量是德性的源泉。

　　如亚里士多德所言每个人都有一颗自然向善的心，也许就是在这颗自然向善之心的激励之下，每一个读博的人都经历了苦不堪言的磨练但都坚强地坚持到底。原来我不能理解，博士毕业答辩时学长们为何泪水涟涟，当这个时间来临时，我也成了他们中的一个。读书的这几年有欢喜：这欢喜来自于读懂一本书，想清楚文章的脉络或是收到远方家人的一封家书；有愉悦：这愉悦来源于与师友的交流或战胜自我之后的欢欣；有苦寂也有悲凉：这苦寂来自一连读几遍可能还无法抵达某个大家思想的要旨……个中滋味只有读博之人才能体会。但即使再难，咬咬牙哭过、烦过、唠叨过后仍旧拿起书本静静地啃起来，也许正是这一股内蕴的向善力量激励着读博的学子不断地超越自我，成为更好的自己。

　　促使我去进修的另一个源泉是我想成为一名"好教师"，虽然那时还不清楚好教师到底应该是什么样子，但我不满意自己做教师的状态是事实。"好教师"是我自己的一个职业追求，因为在教学的几年中困于自己的学识不足，深感自己离好教师还有差距。我自知自己能算得上是个"好人"，虽然算不上道德高尚，但心地善良，与学生能较好地相处，但我知道我离学生期望的"好教师"还有差距。所以，为成为一名理想的"好教师"我必须进一步学习，也正是带着这一追求开始了我教师德性的研究。原来我所追求的好老师应该是把教师功能出色发挥的教师，是一个能帮助学生成长之时实现自我价值的教师，是将学生的命运与自我实现融为一体的教师。博士毕业后回到江西师范大学工作，在老师们、同事们和学生的帮助下，我理论联系实际，虽然没有完全实现好教师的理想，但多少有了些进步，没关系，我已经走在成为一名"好教师"的路上了。

之所以没能实现理想中的"好教师"状态与自己原来的不学无术密切相关。17 岁之前懵懂贪玩，突然在高中的某一天觉悟到再不读书考不上大学的危险，于是发奋图强。与大部分学生一样，大学四年是 60 分万岁的四年。接下来的研究生 3 年，在各种兼职生活中时间飞逝而过。等到真工作时，才真切地感受到原来错过了太多的读书好时光。再一次重返校园读书其实是一种心灵慰藉，弥补自己曾经错过的读书时光。博一期间单纯地看书的日子是很惬意的，因为太久没有知识的滋养，它们滋润了我饥渴的心田。博二开题之前，读书的日子总体上是很愉悦的，边看书，边写笔记，有所思时，在键盘上敲上几个字，一天时间一晃而过，简单而充实。

很幸运在上师大遇到了很多"好教师"。我的导师刘次林老师是一位学识渊博、幽默风趣、严而有慈的老师。无论是在读书还是在论文写作过程中，遇到困难找导师，他总能帮我打开心窍，让我豁然开朗，虽然很多时候能理解老师的意思，可是笨拙的我把思想转化为文字时，却又是一副苦不堪言的状态，这时老师总是宽慰我说多写写就好了。师门每个月雷打不动的读书会是老师鞭笞学生读书的一种方式，虽然老师从不批评学生，但是也从不失一位教师的严格。每次读书会结束我们想偷偷懒时，老师的"鞭子"自动会上来"咱们下次的读书会是什么时间?""你们多读一些经典的书""开学一来各位得汇报假期读了哪些书?""来见老师，得把写的东西带过来，不能白见老师"。是呀，人是有惰性的，没有老师的鞭策，可能师弟师妹们会像我原来一样浪费掉大好的读书时光。夏正江老师学问功底的深厚让学生们佩服不已，陈建华老师治学严谨达到了锱铢必较的境界，陈永明老师儒雅谦逊的大师风范，张民选老师学贯中西思路开阔，黄向阳老师儒雅的学者风范，王建军老师敏锐的思维……在上师大我有幸遇到了如此多的"好老师"。

不仅幸运地遇到了好老师，还幸运地遇到了许多好朋友。室友杨小玲我们一起上资料室看书、一起吃饭、一起讨论论文、一起聊家常、彼此互相鼓励共度了飞逝的三年时光。师兄潘端伟在师门中以自己的行动做了一个好大哥的榜样，师弟福建、小宋老师，师妹钱晓敏、赵冰倩、朱明敏、周诗婷、周莉、赵剑宇、张慧、高碧玉、王玉娟他们总是在我需要的时候第一时间为我提供帮助。感谢各位朋友在上海给予我的帮助，你们在我生命中留下了美好的回忆。

到我这个年纪再外出读书其实是很艰难的。因为毕竟是上有老下有小的年纪了。可是为了能让我安心读书，婆婆和妈妈轮流帮我照顾儿子，本该我孝敬她们的时候，却不得已让她们来帮我。如果不是为了我，母亲可以陪伴在父亲身边，二老相互照应，父亲也就不会孤零零一个人在家，每每想起心中满是愧疚。丈夫张远鑫是一个从不说累却默默地支持我的人，他总是一位最好的倾听者，我隔三差五写作过程中的急躁、郁闷、苦水都通通往他身上倒，他毫无怨言地全部接受着。我知道他自己的工作已经很忙，经常晚上加班到凌晨，还要接受我各种莫名其妙的发泄，真谢谢他的支持和包容。儿子张黎想长大了，虽然很多时候他非常想我陪他，想我做好吃的给他吃，但是知道妈妈要看书没时间，还宽慰我"妈妈你论文写完了就好了！"

读博期间和博士毕业后单位很多同事都给予我无私的关心和支持，真心的谢谢亲爱的同事们。此次论文得以出版感谢江西师范大学教育学院给予的支持，感谢中国社会科学出版社编辑许琳老师耐心细致地帮我校稿。

是呀，这么多人帮助我，我怎能后退，人生的路没有一帆风顺的，不经历风雨如何见彩虹！不辜负自己、不辜负老师、不辜负家人、不辜负朋友，带着他们的祝福我继续前进吧，向理想中的自己前进，向更好的自己前进，这是我的"德性"。